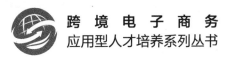

跨境电子商务网络营销

■ 主编◎隋东旭　邹益民　刘佳禄

清华大学出版社
北京

内 容 简 介

跨境电子商务网络营销是跨境电子商务交易的重要组成部分。本书共 9 章，分别是绪论、跨境电子商务网络市场分析、跨境电子商务网络市场消费者分析、跨境电子商务产品开发与选品管理、跨境电子商务产品定价管理、跨境电子商务产品促销管理、跨境电子商务产品渠道管理、跨境电子商务营销与策划、跨境电子商务营销实施效果评价。本书可以作为电子商务、国际贸易相关专业的教材，也可以作为相关从业者的参考用书。

本书封面贴有清华大学出版社防伪标签，无标签者不得销售。
版权所有，侵权必究。举报：010-62782989，beiqinquan@tup.tsinghua.edu.cn。

图书在版编目（CIP）数据

跨境电子商务网络营销 / 隋东旭，邹益民，刘佳禄主编. —北京：清华大学出版社，2024.4
（跨境电子商务应用型人才培养系列丛书）
ISBN 978-7-302-66085-9

Ⅰ. ①跨…　Ⅱ. ①隋…　②邹…　③刘…　Ⅲ. ①电子商务—网络营销—高等学校—教材　Ⅳ. ①F713.365.2

中国国家版本馆 CIP 数据核字（2024）第 072589 号

责任编辑：邓　婷
封面设计：刘　超
版式设计：文森时代
责任校对：马军令
责任印制：杨　艳

出版发行：清华大学出版社
　　　　　网　　址：https://www.tup.com.cn，https://www.wqxuetang.com
　　　　　地　　址：北京清华大学学研大厦 A 座　　邮　编：100084
　　　　　社 总 机：010-83470000　　邮　购：010-62786544
　　　　　投稿与读者服务：010-62776969，c-service@tup.tsinghua.edu.cn
　　　　　质量反馈：010-62772015，zhiliang@tup.tsinghua.edu.cn
印 装 者：小森印刷霸州有限公司
经　　销：全国新华书店
开　　本：185mm×260mm　　印　张：15.5　　字　数：363 千字
版　　次：2024 年 4 月第 1 版　　印　次：2024 年 4 月第 1 次印刷
定　　价：59.80 元

产品编号：088311-01

前　言
Preface

近年来，快速发展的跨境电子商务逐渐成为我国出口贸易新的增长点，为出口贸易注入了新活力。跨境电子商务网络营销是跨境电子商务运营人员和营销专员典型的工作任务，同时，该课程也是跨境电子商务专业、国际贸易专业、电子商务专业的核心课程之一。

在电子商务的诸多发展分支中，网络营销无疑是影响最大、适用范围最广、产生的效果最好、最受企业欢迎的一支。特别是在当今这样一个科技日新月异的时代，人们获取信息的模式正在发生改变，企业靠传统媒体和手段开展营销的成本越来越高，过程越来越困难，效果也越来越差。于是，各种基于网络环境的营销整合和传播模式开始引起企业关注。网络营销以其较低的门槛、广泛的适用面、良好的经济效益深受企业和社会的好评。目前，网络已经成为当代企业吸引并抓住客户、传播营销理念、展示产品特点、沟通市场信息、驱动市场和促进销售发展的主渠道。网络营销的前景无限。

在跨境电子商务网络营销中，网络是工具，营销是目的。工具要围绕目的服务。既然网络和技术是工具，而工具本身具有越高级、越成熟就越简单的特点，所以本书不会过多地介绍网络和技术，而是将重点放在跨境电子商务网络营销的观念、理论、模式、策略以及网络环境下的企业营销创新模式上，通过国内外典型企业的案例分析揭示成功背后的秘诀。

本书根据跨境电子商务类专业的人才培养要求进行编写，由9章组成，分别是绪论、跨境电子商务网络市场分析、跨境电子商务网络市场消费者分析、跨境电子商务产品开发与选品管理、跨境电子商务产品定价管理、跨境电子商务产品促销管理、跨境电子商务产品渠道管理、跨境电子商务营销与策划、跨境电子商务营销实施效果评价。

本书在编写过程中，整合了一线教育专家和企业管理者的意见和建议，精益求精，力求打造一本实用、易用、好用的应用型教材。本书具体特点如下。

第一，主题突出，内容覆盖面宽，专业术语规范。选材知识点融汇基础性与时效性，引导读者理解跨境电子商务营销的核心概念、原理及惯例，深入浅出，以便读者透彻、准确理解。

第二，全书按主题划分为9个章节，系统阐述跨境电子商务营销的核心理论，并补充大量最新理论及实务素材。

第三，本书附带相关电子教案、多媒体课件、二维码信息、电子试卷、跨境电子商务业内最新动态等配套教学资源,将教材建设与课程建设紧密结合在一起。本书以培养学生综合能力及实务操作能力为宗旨,实用性强,辅以对跨境电子商务网络市场调研、跨境电子商务消费者分析等知识的深入阐述,理论与实践操作案例相得益彰。

第四,本书图文并茂,便于教师授课及读者自学,可达到举一反三、触类旁通的教学效果。

本书体系完整、内容全面,适合作为高等学校跨境电子商务、国际经济贸易、电子商务类专业的教材,也可作为跨境电子商务培训用书。

本书由隋东旭、邹益民、刘佳禄担任主编。

由于编者水平有限,本书不足之处在所难免,选择的资料(包括典型案例等)有一定的局限性,出现的疏漏还望批评指正。我们将在今后的教材编写中,及时吸取最新应用成果和成功案例,不断完善和提高编写水平,为推动跨境电子商务发展做出应有贡献。

作者
2024 年 1 月

目　　录
Contents

第1章　绪论 1
  1.1　网络营销认知 2
    1.1.1　网络营销的概念与特点 2
    1.1.2　网络营销的内容与职能 4
    1.1.3　网络营销的流程 6
    1.1.4　网络营销与传统营销的关系 7
    1.1.5　网络营销战略 9
  1.2　跨境电子商务营销认知 12
    1.2.1　跨境电子商务营销概念与模式 12
    1.2.2　跨境电子商务营销技巧与思维 14
    1.2.3　跨境电子商务营销发展趋势 16
  复习与思考 17

第2章　跨境电子商务网络市场分析 18
  2.1　跨境网络营销环境 19
    2.1.1　跨境网络营销环境的含义 19
    2.1.2　跨境网络营销宏观环境 20
    2.1.3　跨境网络营销微观环境 21
  2.2　跨境网络营销市场调研 24
    2.2.1　跨境网络营销市场调研的含义 24
    2.2.2　跨境网络营销市场调研的特点 24
    2.2.3　跨境网络营销市场调研的内容 25
    2.2.4　跨境网络营销市场调研的步骤 26
    2.2.5　跨境网络营销市场调研的方法 27
  2.3　跨境电子商务网络市场预测 30
    2.3.1　跨境电子商务网络市场预测的概念及作用 30
    2.3.2　跨境电子商务网络市场预测应遵循的原则 31
    2.3.3　跨境电子商务网络市场预测的程序 31

　　　　2.3.4　跨境电子商务网络市场预测的方法 31
　2.4　跨境电子商务网络市场分析 32
　　　　2.4.1　全球跨境电子商务网络市场分析 32
　　　　2.4.2　中国跨境电子商务出口市场分析 34
　　　　2.4.3　中国跨境电子商务进口市场分析 35
　　　　2.4.4　跨境电子商务平台分析 37
　复习与思考 47

第3章　跨境电子商务网络市场消费者分析 48
　3.1　跨境网络消费者概述 49
　　　　3.1.1　跨境网络消费者的概念 49
　　　　3.1.2　跨境网络消费者的特征 52
　　　　3.1.3　跨境网络消费者行为研究 54
　　　　3.1.4　跨境网购的现状及建议 56
　3.2　跨境网络消费者购买行为分析 58
　　　　3.2.1　个体消费者购买行为分析 58
　　　　3.2.2　跨境买家采购行为分析 63
　3.3　跨境电子商务组织买家 64
　　　　3.3.1　跨境电子商务组织市场概述 64
　　　　3.3.2　跨境组织买家类型及采购模式 65
　3.4　跨境电子商务消费者权益保护 66
　　　　3.4.1　网络消费者权益概述 66
　　　　3.4.2　网络消费者权益保护现状及问题 67
　　　　3.4.3　跨境电子商务争议解决 76
　　　　3.4.4　我国电子商务经营环境的相关规定 78
　复习与思考 83

第4章　跨境电子商务产品开发与选品管理 84
　4.1　跨境电子商务产品开发 85
　　　　4.1.1　跨境电子商务产品开发定义 85
　　　　4.1.2　跨境电子商务产品开发的流程 85
　　　　4.1.3　跨境电子商务产品开发的原则与方法 86
　4.2　跨境电子商务选品管理 87
　　　　4.2.1　跨境电子商务选品认知 87
　　　　4.2.2　跨境电子商务选品方法 90
　　　　4.2.3　跨境电子商务选品工具 92
　　　　4.2.4　跨境电子商务主流平台选品 97

复习与思考 107

第 5 章 跨境电子商务产品定价管理 108

5.1 跨境电子商务产品定价认知 108
　　5.1.1 定价的概念与术语 108
　　5.1.2 定价考虑的因素 109
　　5.1.3 商品成本核算 112

5.2 跨境电子商务产品定价方法 116
　　5.2.1 成本加成定价法 116
　　5.2.2 市场渗透定价法 117
　　5.2.3 市场撇脂定价法 117
　　5.2.4 其他定价方法 118

5.3 跨境电子商务产品定价策略 120
　　5.3.1 心理定价策略 120
　　5.3.2 折扣定价策略 121
　　5.3.3 成本差异化定价策略 122
　　5.3.4 数量差异化定价策略 123
　　5.3.5 市场差异化定价策略 123
　　5.3.6 顾客承受能力定价策略 123
　　5.3.7 套餐定价策略 124

　　复习与思考 124

第 6 章 跨境电子商务产品促销管理 125

6.1 跨境电子商务促销与促销组合 126
　　6.1.1 促销认知 126
　　6.1.2 促销组合 127

6.2 跨境电子商务站内营销与推广 127
　　6.2.1 跨境电子商务店铺营销活动 127
　　6.2.2 跨境电子商务平台活动 135

6.3 跨境电子商务站外营销与推广 138
　　6.3.1 搜索引擎的认知 138
　　6.3.2 社会化媒体营销 147
　　6.3.3 视频营销 157

　　复习与思考 158

第 7 章 跨境电子商务产品渠道管理 159

7.1 跨境电子商务产品渠道认知 159
　　7.1.1 渠道的相关概念、策略与类型 159

		7.1.2 渠道设计方案建设	161
7.2	跨境电子商务产品渠道选择		164
		7.2.1 加工制造渠道	164
		7.2.2 批发渠道	165
		7.2.3 代销渠道	166
		7.2.4 自制/DIY 渠道	166
7.3	跨境电子商务产品供应商选择		168
		7.3.1 供应商的概念与作用	168
		7.3.2 确定供应商类型	168
		7.3.3 寻找供应商的方法	169
		7.3.4 供应商询价	170
复习与思考			171

第8章 跨境电子商务营销与策划 ... 172

8.1	跨境电子商务营销策划概述		174
		8.1.1 营销策划的定义与特点	174
		8.1.2 营销策划的内容	176
		8.1.3 营销策划的作用	177
8.2	跨境电子商务品牌营销方案的策划		178
		8.2.1 跨境电子商务品牌管理概述	178
		8.2.2 跨境电子商务品牌策划	181
		8.2.3 跨境电子商务品牌营销	190
8.3	跨境电子商务产品营销方案的策划		201
		8.3.1 产品	201
		8.3.2 产品组合策略	201
		8.3.3 产品生命周期	202
		8.3.4 跨境电子商务卖家在产品生命周期各阶段的运营策略分析	207
		8.3.5 跨境电子商务产品销售计划的制订	210
8.4	跨境电子商务活动营销与策划		211
		8.4.1 活动营销的概述	211
		8.4.2 跨境电子商务的热门活动	212
		8.4.3 跨境电子商务活动营销方案的策划	213
复习与思考			214

第9章 跨境电子商务营销实施效果评价 ... 215

9.1	跨境电子商务营销实施效果评价体系		217
		9.1.1 营销实施效果评价的定义与主要内容	217

| | 9.1.2 营销实施效果评价模型 | 218 |
| | 9.1.3 营销实施效果评价流程 | 219 |
9.2 跨境电子商务营销实施效果评价方法与指标 | 219
| | 9.2.1 跨境电子商务营销实施效果评价方法 | 219 |
| | 9.2.2 跨境电子商务营销实施效果评价指标 | 223 |
复习与思考 | 235

参考文献 | 236

第1章 绪 论

教学目标

- 了解网络营销的概念与特点。
- 了解网络营销的内容与职能。
- 了解跨境电子商务营销的概念。
- 了解跨境电子商务营销的概念与模式。

学习重难点

重点

- 掌握网络营销的流程。
- 了解网络营销与传统营销的关系。
- 掌握跨境电子商务营销发展趋势。

难点

- 掌握网络营销的流程战略。
- 掌握跨境电子商务营销技巧与思维。

案例导入

YesWelder 的社会化媒体营销

2018 年上线的 YesWelder 是专注于焊机、焊帽等焊接类目产品的 DTC（direct to consumer，直接面对消费者）品牌。从最早的 OEM 转型亚马逊 B2C 模式之后，近两年 YesWelder 开始发力品牌建设，以直接面向消费者的形式，通过社交媒体和内容营销等方式，尝试打造一个消费者认同感和忠诚度极高的品牌。令人惊讶的是 YesWelder 作为一个工业产品品牌，在社交媒体和内容营销方面独具一格，收获了一大批忠实粉丝。许多用户还会积极与品牌互动，在社交媒体上分享他们和 YesWelder 的故事，自发成为品牌大使，甚至还在焊机上贴上标新立异的贴纸彰显自己对产品的理解，诠释个性，表达对品牌的信任和喜爱，让更多人认识 YesWelder。

YesWelder 中文意为叶氏焊接，5 位创始人有着十多年焊接类目 OEM 经验，长期为国外焊机品牌提供产品加工服务，也擅长运营海外电子商务平台，如 eBay 等。

YesWelder 从 2019 年开始进行品牌建设，最初是通过谷歌广告投放提升品牌认知，每月流量保持在 30%~50%的增长。但在 2020 年新冠疫情暴发时，YesWelder 的焊帽产品关键词被谷歌误判为"Mask"，导致它的 Google Merchant Center（商家中心）账户被封。当时谷歌是 YesWelder 的最大流量来源，创始团队本以为这会对品牌销量造成很大的影响，然而在销售停滞的两三周过后销量再次回升和增长。YesWelder 从 Shopify 后台看到是因为 Facebook 和 Instagram 等社交媒体为其带来了相当高的销售转化;此外,刚启动不久的 YesWelder 博客内容也大受欢迎;YesWelder 的邮件营销因为更注重内容而非推广,也获得较高的点击率。

焊工是一个职业荣誉感很强也富有个性的群体,如果品牌辐射到这群人,那么能让其对品牌产生极高的忠诚度并口碑相传。目前焊机受众集中在一部分黏性较强的 40~60 岁男性,YesWelder 希望通过社交媒体吸引年轻男性和少部分女性。YesWelder 开始重视 Facebook、Instagram、Pinterest 等社交媒体的运营和内容输出,摸索不同平台的受众群体特点,传播品牌内容。

Instagram 是 YesWelder 运营时间最长的社交媒体平台。Instagram 的用户群广泛,更为年轻化,女性用户占比高。早期 YesWelder 通常都发布一些符合焊机产品调性、非常"硬核"的照片,此后,YesWelder 在 Instagram 上发布了许多用户使用 YesWelder 产品的短视频,这些短视频播放量很高,播放量从 5 万次到几十万次不等——为品牌官网带来许多自然流量和转化,一定程度上也提高了 YesWelder 的 Facebook 广告投放效果。

在 Pinterest 网站上,YesWelder 分享的内容更多的是技巧应用类型的图片和视频的干货——如何更换电池、如何设置焊机等实用性问题。目前 YesWelder 也开始尝试在 TikTok 上做原创内容,不断地尝试新的平台,获得新的受众,也根据不同平台的用户特点和平台属性创造匹配相应平台的社交媒体内容。

平台多样,不同平台的内容调性、分发规则也各不相同,使得原创内容生产和分发成为耗时耗力的大工程——YesWelder 开始尝试把产品赠送给不同平台的 KOC(key opinion consumer,关键意见消费者),通过博主的内容生产能力分享到更多社群中。YesWelder 也和 KOC 逐渐建立社交关系,渗透他们的粉丝群。

以 YouTube 为例,YesWelder 经常赠送一些产品给 YouTuber 试用,并且不限制和约束其创作内容,YouTuber 完全可以用自己擅长或喜欢的方式拍视频或照片。焊工是一个非常垂直细分的人群,博主为 YesWelder 创作的视频聚焦于如何使用焊机产品或者技术教学视频,给用户带来有价值的学习内容,使得视频观看量很可观。在海外许多人把 YouTube 当作技能学习的视频平台,在 YouTube 专门搜索焊工视频的人通常也是购买意向很大的潜在客户,这是 YouTube 成为 YesWelder 流量第二大来源的主要原因。

现在,越来越多的 KOC 主动寻求和 YesWelder 合作,这些 KOC 认为 YesWelder 的粉丝基础也能为他们带来流量、内容和曝光率。

1.1 网络营销认知

1.1.1 网络营销的概念与特点

1. 网络营销的概念

网络营销是企业利用网络进行品牌宣传、商品或服务营销的一种策略活动,其最终目的是吸引消费者进入目标网站并购买商品或服务。网络营销借助互联网（包括移动互联网）满足消费者需求，为消费者创造价值。它不是某种方法或某个平台的应用，而是包括规划、实施、运营和管理等在内的整体活动，且始终贯穿于企业的整体运营活动中。

总体来讲，凡是以互联网为主要平台开展的各种营销活动都可称为网络营销，但需要注意以下几点。

1）网络营销不等于网络销售

网络营销是网络销售的一种形式，它不仅可以促进网络销售，还有助于提升企业的品牌价值，加强企业与消费者的联系，改善消费者服务，等等。网络销售的推广手段除了网络营销，还包括传统媒体广告、印发宣传册等传统方式。

2）网络营销不等于电子商务

网络营销和电子商务均基于互联网开展。电子商务的核心是电子化交易，强调的是交易方式和交易过程；而网络营销不是一个完整的交易过程，它只是电子商务中的一个重要环节，为促成电子化交易提供服务支持，起到重要的信息传递作用。

3）网络营销是手段而不是目的

网络营销是综合利用各种网络营销方法、工具、条件，并协调它们之间的相互关系，从而更加有效地实现企业营销目的的手段。

2. 网络营销的特点

由于互联网具有营销所要求的信息传播特性，网络营销呈现出以下特点。

1）跨时空

营销的最终目的是占有市场，由于互联网具有超越时间约束和空间限制进行信息交换的特点，脱离时空限制达成交易成为可能，企业能有更多的时间和更大的空间进行营销，可随时随地提供全球性营销服务。

2）交互式

互联网可以展示商品目录、连接数据库并提供有关商品信息的查询，可以与顾客进行双向沟通，可以收集市场情报，可以进行产品测试与消费者满意度调查等。

3）多媒体

互联网可以传输多种媒体的信息，如文字、声音、图像、视频等信息，使得为达成交易进行的信息交换以多种形式存在，可以充分发挥营销人员的创造性和能动性。

4）人性化

网络促销是一对一的、理性的、消费者主导的、循序渐进式的，是一种低成本与人性化的促销，避免推销员强势推销的干扰，并通过信息提供和交互式交谈与消费者建立长期良好的关系。

5）整合性

网络营销由商品信息与收款、售后服务等营销要素组成，是一种全程营销渠道。企业同时可以借助互联网将不同的传播营销活动进行统一设计规划和协调实施，以统一的传播口径向消费者传达信息，避免不同传播的不一致性产生的消极影响。

6）高效性

云存储可储存大量信息供消费者查询，可传送的信息数量与精确度远超过其他媒体，并能适应市场需求，及时更新产品或调整价格，因此能及时有效了解并满足顾客的需求。

7）经济性

利用互联网进行信息交换，代替以前的实物交换，一方面可以减少印刷与邮递成本，可以无店面销售，免交租金，节约水电与人工成本；另一方面可以减少由于迂回多次交换带来的损耗。

1.1.2 网络营销的内容与职能

1. 网络营销的内容

网络营销涉及的范围十分广泛，具体来说，主要包括以下8个方面的内容。

1）网上市场调查与数据挖掘和分析

网上市场调查是指利用互联网交互式的信息沟通渠道实施调查活动，包括通过网络问卷调查等方法收集一手资料以及直接在网上收集需要的二手资料。在大数据时代，基于数据是网络营销的新特点，如何用数据挖掘和分析工具研究网络市场已成为网络营销市场研究的重要内容。

2）网上消费者行为分析

网上消费者行为分析是制定营销策略的重要依据。要开展有效的网络营销活动，必须深入了解网上消费者这一群体的需求特征、购买动机和购买行为模式。互联网已成为许多兴趣爱好趋同的群体聚集交流的平台，一个个特征鲜明的网上社区与社群辅之出现。了解这些虚拟群体的特征和偏好是网上消费者行为分析的重要内容之一。

3）网络营销战略制定

不同企业在市场中处于不同地位，在利用网络营销实现企业的营销目标时，必须制定与企业的营销目标相适应的网络营销战略。网络营销虽然是一种非常有效的营销工具，但企业在开展网络营销时既需要有所投入，又需要承担一定的风险，因而必须进行长远和全面的规划。

4）网络产品和服务策略制定

互联网改变了传统产品的营销策略，已成为一些无形产品（如软件和远程服务）的传输载体。在制定网络产品和服务策略时，必须结合网络特点重新考虑产品的设计、开发、包装以及品牌打造。

课堂小贴士 1-1

营销者不一定需要了解如何生产和制造产品，但需要重点了解产品的功能、使用群体，并挖掘产品卖点和价值等。营销者如果对产品的细节不熟悉，推广产品时将很难达到预期效果。营销者如果不知道产品的功效，就无法与消费者顺利地进行沟通，写作营销文案时也无从下笔，不能将产品完美地融合到文案中。

5）网上价格策略制定

网络作为信息交流和传播的载体，从诞生起就实行自由、平等和信息免费的策略。因此，在制定网上价格策略时不仅要考虑互联网对企业定价的影响和互联网本身独特的免费思想，也要考虑互联网所带来的价格信息的透明化以及定价的灵活性。

6）网上渠道建立

网上渠道对企业营销的影响比较大。例如，戴尔公司建立的网上直销模式获得了成功，解决了传统渠道多层次的选择、管理与控制等问题，最大限度地降低了营销费用。但企业建立网上渠道必须进行一定的投入，同时还要改变传统的经营管理模式。

7）网上促销活动

互联网的最大优势是可以使沟通双方突破时空限制直接进行交流，而且简单、高效和费用低廉。互联网是开展促销活动的有效平台，特别是新媒体的迅速发展为网上促销提供了广阔的活动平台，但开展网上促销活动必须遵守网络信息交流与沟通规则，特别是网络礼仪。

8）网络营销管理与控制

网络营销必将遇到许多传统营销不曾遇到的新问题，如产品质量保证问题、消费者隐私保护问题以及信息安全与保护问题等。这些都是在开展网络营销时必须重视和进行有效控制的问题，否则难以达到预期效果，甚至会产生很大的负面效应。

2. 网络营销的职能

为了清晰地了解网络营销体系的框架结构，还需了解网络营销职能。一般来说，网络营销的基本职能主要表现在以下8个方面。

1）企业品牌推广

网络营销的重要任务之一就是在互联网上建立并推广企业的品牌。知名企业的线下品牌形象也可以在网上得到延伸，如通过互联网快速树立品牌形象，并提高企业整体形象。网络品牌建设以企业网站建设为基础，通过采取一系列的推广措施，使消费者对企业产生正面的认知和认可。在一定程度上，网络品牌价值甚至高于通过网络获得的直接收益。

2）信息搜索

网络营销竞争力的强弱可以通过信息搜索功能反映。企业在营销活动中需要获取各种商业信息，包括价格、对手的发展态势等，这些信息的获取均可以通过多种信息搜索方法完成。信息搜索已经成为营销主体能动性的一种表现形式以及提高网络经营能力的竞争手段。在信息搜索这一职能上，网址推广在几年前被认为是网络营销的主要工作，因为网站所有功能的发挥都要以一定的访问量为基础。

现如今，信息搜索功能已从单一化向集群化、智能化方向发展，这使得网络搜索的商业价值得到进一步扩展。例如，消费者在百度上搜索某本图书，链接的不是某个网上商城的首页，而是这本书的综合信息页面，这个页面显示了书的价格、折扣、消费者评分以及编辑推荐、图书内容简介等信息。并且，该页面还会显示类似"购买本书的消费者还买过""看过本书的消费者还阅读了"等栏目，向消费者推荐其可能感兴趣的相同类型的其他图书。

3）信息发布

网站是信息的载体，通过网站发布信息是网络营销的主要方法之一。同时，信息发布也是网络营销的基本功能。无论采用哪种网络营销方式，网络营销的最终目的都是将信息快速、有效地传送给目标人群，包括准消费者和潜在消费者、媒体、合作伙伴、竞争者等。

互联网作为一个开放的信息平台，使网络营销具备了强大的信息发布功能。通过网络发布信息后，企业可以主动进行跟踪，及时获得回复，也可以与消费者进行交互。可见，网络营销环境下的信息发布效果是其他营销方式无法比拟的。

4）促进销售

与传统营销一样，大部分网络营销方法都与直接或间接促进销售有关。网络营销会极大地增加企业的销售量，提高营销者的获利能力。但促进销售并不限于促进网上销售，事实上，网络营销在很多情况下对促进线下销售也十分有帮助。

5）拓展销售渠道

互联网使营销信息的传播冲破了传统经济时代交通、资金、语言等因素的限制。一个具备网上交易功能的企业网站本身就是一个网上交易场所，实现了企业销售渠道在网上的延伸。网上销售渠道建设也不限于企业网站，还包括建立在电子商务平台上的网上商店，以及与其他电子商务网站建立不同形式的合作等。

6）顾客服务

互联网提供了更加方便的在线顾客服务手段，如形式最简单的常见问题解答（FAQ）、电子邮件、邮件列表，以及在线论坛和各种即时信息服务等。在线顾客服务具有成本低、效率高的优点，在提高顾客服务水平方面具有重要作用，同时也直接影响着网络营销的效果，因此在线顾客服务是网络营销的基本组成内容。

7）顾客关系

顾客关系对于开发顾客的长期价值具有至关重要的作用，以顾客关系为核心的营销方式已成为企业创造和保持竞争优势的重要策略。网络营销为建立顾客关系、提高顾客满意度和顾客忠诚度提供了更为有效的手段，也为其取得长期效果提供了保障。

8）网络调研

网络调研具有调查周期短、成本低的特点。网络调研不仅为制定网络营销策略提供支持，也是整个市场研究活动的辅助手段之一，合理利用网络调研手段对于市场营销策略具有重要价值。网络调研与网络营销的其他职能具有同等地位，它既可以依靠其他职能的支持而开展，也可以相对独立地进行。网络调研的结果反过来又可以为其他职能的更好发挥提供支持。

网络营销的各个职能之间并非相互独立的，而是相互联系、相互促进的，网络营销的最终效果是各项职能共同作用的结果。网络营销的8项职能说明开展网络营销需要通过全面的视角，充分协调和发挥各种职能的作用，使企业的整体效益最大化。

1.1.3　网络营销的流程

网络营销就是指以互联网为主要手段进行的，为达到一定营销目标的市场营销活动。

从营销的角度看，营销的主要目的大致为品牌宣传、新产品推广、实现产品直接销售等几个方面，互联网营销也是如此，最终目的都是达成销售，从而给公司带来利润。网络营销也是企业整体营销战略的一个重要组成部分，从产品的多方位选择、目标客户群体的圈定、制订相关的规划目标，到选择一种切实可行的推广方式，最终开展网上交易，达到企业盈利的目的。它以传统营销理论为基础并扩展，在网上和网下进行推广销售，是企业为实现其销售目的而进行的一种活动。以下为具体流程。

1. 计划阶段

计划阶段的任务是确定开展网络营销的目标，制订网络营销的可行性计划。基本步骤如下。

（1）通过确定合理的目标，明确界定网络营销的任务。

（2）根据营销任务确定营销活动的内容和营销预算。

（3）确定网络营销系统建设的进度，设立相应的监督评估机制。

2. 设计阶段

此阶段的任务包括建立企业的网站或网页，设计网络营销的具体流程。基本步骤如下。

（1）申请域名，创建全面体现营销活动内容的网站或网页。

（2）与互联网连接，树立网上企业形象。

（3）设计营销过程的具体流程，建立反馈机制。

3. 实施阶段

这是网络营销的具体开展阶段，具体实施内容和步骤较多，具体如下。

（1）发掘网络信息资源，广泛收集来自网络的服装市场、消费、流行趋势等网上信息。

（2）开展网上市场调研。

（3）在网上推销产品与服务，促进在线销售。

（4）与客户沟通，通过网络收集客户信息和订单。

（5）将上述信息反馈给企业决策和生产部门。

（6）使网络营销与企业的管理融为一体，形成网络营销集成。

依靠网络与原料商、制造商、消费者建立密切联系，并通过网络收集、传递信息，从而根据消费需求，充分利用网络伙伴的生产能力，实现产品设计、制造及销售服务的全过程，这种模式就是网络营销集成。

上述对网络营销内容和步骤的概括并不是在每个企业都能实现的。由于技术上的限制和企业应用能力的不同，目前国内大多数企业的网络营销活动还停留在网上的宣传活动。

1.1.4 网络营销与传统营销的关系

网络营销并没有改变营销的本质，传统营销与网络营销实质上是企业整体营销战略的两个组成部分。传统营销依靠传统媒体将产品、服务和企业品牌传播给消费者，网络营销依靠互联网将这些信息传播给消费者，营销手段不同，并且消费者消费行为、习惯的改变，使得两者的营销理念、信息沟通模式等产生了一定的差异。但传统营销与网络营销不是相互排斥的，只有两者相互融合，才能更好地实现企业的营销目标。

1. 网络营销对传统营销的冲击

网络营销作为一种全新的营销方式，发展速度快、实践性强。特别是在当前信息化、网络化经济社会中，具有天然的优势。传统营销面临着巨大的冲击，一方面，传统营销活动常用的扩展各种营销渠道、大量的广告投入等被动营销方式并不适合当前的电子商务环境；另一方面，传统营销不仅使营销活动的时间和地域受到限制，还增加了企业的运营成本。

随着电子商务的不断发展，企业和消费者可以通过网络实现多方位、全面的信息交流与共享，消费者的需求与反馈能够被实时接收，实现由消费群体到消费者个人的转变，从而构建了崭新的企业与消费者的关系。同时，网络的透明化、信息的充分共享使企业难以通过核心技术或价格实现盈利。以消费者为主的核心理念才是企业保持竞争优势的制胜法宝。

2. 网络营销与传统营销的区别

网络的特点赋予了网络营销新的特点，使网络营销的基础与传统营销相比产生了极大的改变。两者之间的区别主要体现在营销理念的不同、营销目标的不同、信息沟通模式和内容的不同、营销竞争方式的不同这几个方面。

1）营销理念的不同

传统营销理念，如生产观念、产品观念、推销理念等，主要以企业的利益为中心，未能充分考虑消费者的需求，单纯追求低成本的规模生产，极易导致产销脱节。在网络营销中，企业的营销理念核心是消费者，该理念从消费者的个性和需求出发，寻找企业的产品、服务与消费者需求之间的差异和共同点，并在适当的时候通过改变企业的营销策略满足消费者的需求。

2）营销目标的不同

传统营销注重的是企业利润的最大化，而网络营销强调以消费者为中心，以满足消费者需求、为消费者提供更加优质与便利的服务实现企业价值。

3）信息沟通模式和内容的不同

传统营销依靠传统媒体（如电视、杂志、广播、传单宣传等）单向传播信息，营销者在与消费者沟通时，倾向于说服消费者接受自己的观念和企业的产品，此时消费者处于被动地位，消费者只能根据企业提供的固定信息决定购买意向。但网络营销通过微博、微信等新媒体实现了交互式双向信息传播，企业与消费者之间的沟通及时而充分，消费者在信息传播过程中可主动查询自己需要的信息，也可以反馈自己的意见。

4）营销竞争方式的不同

传统营销是企业在现实空间中与其他企业进行面对面的竞争，而网络营销是企业在网络提供的虚拟空间中与其他企业展开竞争。在网络营销条件下，具有雄厚资金实力的大规模企业不再是唯一的优胜者，所有的企业都站在同一起跑线上，这就使小公司实现全球营销成为可能。

3. 网络营销与传统营销的融合

虽然网络营销对传统营销有巨大的影响,但并不等于网络营销可以完全取代传统营销。网络营销与传统营销是互相依赖、互相补充和互相配合的关系,两者充分整合,逐渐走向融合,才是未来市场营销的发展方向。

鉴于传统营销与网络营销的特点,企业在进行营销时,应该根据企业的经营目标和细分市场整合网络营销和传统营销策略,以低营销成本实现良好的营销效果。同时,企业可以将网络营销作为企业营销策略的一部分,用网络营销的优点弥补传统营销的不足,使营销策略更加完善,进而实现企业的营销目标。

1.1.5 网络营销战略

相对于传统营销,网络营销提高了企业的营销效率,降低了成本,扩大了市场,给企业带来了经济效益和社会效益。由于全球化、信息化和无纸化的特点,网络营销已经成为营销发展的趋势,是企业战略的重要内容。

1. 网络营销战略的概念

网络营销战略是企业市场营销战略的一个子系统,是指企业在现代网络营销理论基础和观念指导下,为实现其营销目标,通过对不断变化的网络市场环境中的营销资源的界定,对配置、构造、调整与协调企业在网络市场的活动的总体和长远设想和规划。网络营销战略具有注重取舍、聚焦效能、强调重大、关注长远的特点。

2. 网络营销战略的目标

网络营销战略的目标是指确定开展网络营销后达到的预期效果,只有确定了目标,才能对企业的网络营销活动做出及时的评价。企业在开展网络营销时可根据自身的特点设定不同的网络营销战略目标。一般来说,网络营销战略目标的类型有以下几种。

1)销售型目标

销售型目标主要是为企业拓宽销售网络,借助网络的全球性、交互性、实时性和直接性为消费者提供便捷的网上销售点。

2)服务型目标

服务型目标主要为消费者提供网上服务。网上服务人员可为消费者提供咨询和售后服务。

3)品牌型目标

品牌型目标主要是在网上建立企业的品牌形象,加强与消费者的直接联系和沟通,提高消费者的品牌忠诚度,为企业的后续发展打下基础。

4)提升型目标

提升型目标主要通过网络营销替代传统营销手段,以降低营销费用、改进营销效率、促进营销管理和提高企业竞争力。

5)混合型目标

混合型目标指同时达到上述目标中的两种或两种以上,如亚马逊将网上书店作为其主要网上销售点，同时建立世界著名的网站品牌，并利用各种网络营销方式和手段提升企业竞争力。

3. 网络营销战略的内容

传统的营销战略分析的内容可以归纳为三部分：一是顾客的需要，二是企业的目标与资源的情况，三是竞争对手的情况。结合网络营销的特点，网络营销战略分析的内容主要包括以下方面。

1）顾客关系再造

网络营销能否获得成功，关键在于企业如何跨越时间、空间、文化，发掘顾客、吸引顾客、留住顾客，通过调查了解顾客的愿望以及提供个性化互动服务再造并维持自身与顾客之间的关系，即企业如何建立并巩固网络顾客的忠诚。

（1）提供免费信息服务。提供免费信息服务是吸引顾客最直接与最有效的手段。

（2）组建网络社群。网络社群是由拥有共同爱好和兴趣的成员组成的网络用户中心，可供大家聚集在一起相互交流信息和意见。网络社群既便于企业与顾客进行一对一的交流和沟通，也便于企业为顾客提供大量的信息。

2）定制化营销

定制化营销是指企业利用网络优势，通过一对一的形式向顾客提供独特化、个性化的商品或服务，以最大限度地满足顾客需求。定制化营销可以提升顾客满意度，培养顾客的忠诚度，提高网络销售效率。

3）建立网络联盟及营销伙伴关系

在网络时代，企业获得竞争优势的关键在于适时获取、分析、运用网络信息，建立网络联盟及营销伙伴关系，充分利用营销伙伴所形成的资源规模化优势。建立网络联盟及营销伙伴关系的具体方式如下。

（1）结成内容共享的伙伴关系。与其他企业结成内容共享的伙伴关系能帮助企业提高其信息可见度，从而向更多网络用户展示自身情况。例如，在网上销售运动自行车的企业与销售运动服装的企业结成伙伴关系，在卖出自行车的同时也会带动运动服装的销售，可提高彼此商品信息的曝光度。

（2）设置交互链接和搜索引擎注册。交互链接和搜索引擎是企业推动交易的重要形式。企业通过交互链接吸引网络用户，使他们点击交互链接继续浏览下去，以提高企业信息的可见度。网络环是一种更为结构化的交互链接形式，在环上将一组相关的伙伴网站连在一起，并建立链接关系，可以使访问者通过一条不间断的"链"访问一系列相关网站，从而获得更丰富的信息。

在搜索引擎注册并提交企业网站信息是寻求营销伙伴的重要手段。搜索引擎目录是高权重的分类目录，可以帮助企业建立营销伙伴关系。

4. 网络营销战略的规划

网络营销战略应与企业整体理念和经营目标一致，企业在确定采取网络营销战略后，要根据战略进行相应规划，包括目标规划、组织规划等。

1）目标规划

设置网络营销目标。在确定采用某一战略的同时，识别与之相联系的营销渠道和组织，提出改进目标的方法。

2）组织规划

企业决定采用某一战略后，其组织结构需要进行相应调整以配合该战略的实施，如增加技术支持部门、数据采集处理部门等。

3）管理规划

企业实施网络营销组织结构变化后必然要求管理的变化，即企业的管理需要适应网络营销的需要。

4）技术规划

企业实施网络营销需要更多的技术投入和支持，因此，技术资金投入、系统购买和设备安装以及营销者培训都应统筹安排。

5. 网络营销战略的实施

网络营销战略的实施应综合考虑企业的规模和整体目标、企业技术支持和应用、企业产品的类型与周期等情况。下面提供一种实施网络营销战略的常见思路，以供参考。

1）确定网络营销组织结构

网络营销工作一般由专门的部门负责。企业可设立营销部门或工作小组，成员主要包括网络营销者、网站运营人员和网络技术人员。企业即使在开展网络营销的初期想要精简网络营销的组织结构，也应保证网络营销工作由专人负责，因为网络营销工作初期任务繁重且兼职人员难以保证工作质量。

2）网络营销预算

企业实施网络营销战略需要有前瞻性，要考虑网络营销的成本和收益。因此，企业应对可能的成本投入有所估计。一般来说，网络营销预算主要包括如下项目：营销部门相关人员的工资；计算机、路由器、打印机等硬件设备费用；空间租用、网站建设、网页制作、搭建数据库等软件费用；网费、广告费等其他费用。

3）构建企业网站

企业网站（包括独立网站和基于第三方平台建立的网站）是网络营销的主要载体，对于企业而言非常重要，网站的好坏会影响网络营销战略的实施效果。网站的功能包括企业管理及文化建设、企业形象展示、合作企业交流、网上销售、消费者服务等。

4）网站推广

企业网站构建好后即可开始进行网站推广，网站推广的过程实际上也是企业品牌及产品推广的过程。网站推广应考虑的因素主要包括：明确企业产品的目标消费群体；分析企业产品的使用者、购买者及购买决策者各有何特点（如年龄、收入水平、受教育程度），他们的上网习惯如何（如感兴趣的内容、常用的购物平台、上网时间）；应该向哪些消费者做网站推广；采用哪种或哪几种推广方式进行网站推广的效果更好；分析竞争对手采用的推广方式及推广效果；如何降低推广成本。

可选择的推广方式包括：网站链接交换；搜索引擎收录和竞价广告投放；其他平台的

广告投放；通过微博、微信等新媒体进行推广；在公司名片等对外资料中标明网址；通过宣传单、广播、报刊等传统媒体进行推广。

5）评估网络营销效果

企业进行网站推广后，其网络营销工作完成了一个阶段，此时，企业可通过该阶段消费者的信息反馈对网络营销效果进行初步评估。评估内容包括：企业网站建设是否成功、功能是否完善；网站推广是否有效；网上消费者参与度如何；潜在消费者及现有消费者对企业网上营销的接受程度如何；企业各部门对网络营销的配合是否高效；等等。网络营销评估指标包括网站访问量、访问者地区分布、访问者访问频率与访问时长、访问者反馈的信息内容、购买转化率等。

6）网络营销的全面实施

初步评估网络营销效果后，企业可改进推广策略并逐步全面实施网络营销。工作内容包括：潜在消费者、经销商与竞争对手的市场调查及管理；面向开发人员的技术交流；面向消费者提供网上咨询与消费者服务；通过企业现有条件和资源策划系列营销活动；等等。

课堂小贴士 1-2

综合评价网络营销战略实施应考虑的问题

①成本效益问题，成本应小于预期收益。②该战略能带来多大的市场机会。③企业的组织结构、文化及管理方式能否适应该战略带来的转变。

1.2　跨境电子商务营销认知

1.2.1　跨境电子商务营销概念与模式

1. 跨境电子商务营销概念

跨境电子商务营销是为了促进跨境电子商务交易达成，发现或发掘准消费者需求，让消费者了解该产品进而购买该产品的活动、过程和体系，是以最少的营销预算找到最合适的消费者、进行最有效的沟通的过程。跨境电子商务营销可以看作"互联网+国际市场营销"。跨境电子商务营销活动是为了满足国外消费者和用户的需求，必须注意产品和劳务的市场适销性。

课堂小贴士 1-3

跨境电子商务营销的目标

在消费升级驱动下的整个跨境电子商务产业的供应链优化升级始终围绕着两个终极目标展开，即降本和增值。

2. 跨境电子商务营销模式

1）搜索引擎营销

搜索引擎是互联网内发展最为迅速的领域之一。互联网就像一个巨型的图书馆，在这个网络图书馆里存在着，并且时时刻刻都在产生着大量的信息。数以万计的信息远超出了我们的想象与掌控。如果没有搜索引擎，也许我们根本无法找到我们想要的目标信息。

搜索引擎营销是一种新的网络营销形式，它所做的就是全面而有效地利用搜索引擎进行网络营销和推广。搜索引擎营销追求最高的性价比，以最小的投入获得最大的来自搜索引擎的访问量并产生商业价值，如图1-1所示。

图1-1 搜索引擎营销概念图

2）电子邮件营销

电子邮件营销是网络营销手法中最古老的一种，可以说电子邮件营销比绝大部分网站推广和网络营销手法都要老。说到电子邮件营销，就必须有电子邮件营销软件对电子邮件营销内容进行发送，企业可以通过使用电子邮件营销软件向目标客户发送邮件，建立同目标客户的沟通渠道，向其直接传达相关信息，用来促进销售。电子邮件营销软件有多种用途，可以发送电子广告、产品信息、销售信息、市场调查、市场推广活动信息等。

3）内容营销

内容营销指的是以图片、文字、动画等为介质向客户传达企业的相关信息，以促进销售，即通过合理的内容创建、发布及传播，向用户传递有价值的信息，从而实现网络营销的目的。内容营销所依附的载体可以是企业的logo、画册、网站、广告，也可以是T恤衫、纸杯、手提袋等。根据载体的不同，传递的介质也各有不同，但是核心的内容必须是一致的。从19世纪至今，伴随着媒体介质的不断演变，内容营销经历了4个阶段：报纸/杂志、广播、电视、互联网。目前，内容营销的主要介质是互联网。

4）网络广告营销

网络广告的收费方式有几种：按效果付费、按点击付费、按每行动成本、按每购买成本、按业绩付费等。网络广告营销投入大，见效快，主要有搜索引擎关键词广告、门户对口网站直接投放广告。

5）社区论坛软文营销

国外社区和论坛的活跃度很高，只要你发言，一般国外用户都会很踊跃地回复。但要注意不要随意发硬广告，否则，往往适得其反，引起国外用户的反感。此时软文营销的重要性开始显现。文章量不在多，有用才行。这种零成本、长期受益的软文营销方式非常适合中小型跨境电子商务企业。

6）视频营销

我们经常会在国外知名网站上看到一些产品的视频广告。随着企业影响力的上升，视频营销显得很有必要，一旦成功，口碑的影响力将无法想象。不过最关键的是视频广告一定要有创意，这样才能形成病毒式营销，直击用户软肋，吸引用户眼球。

1.2.2 跨境电子商务营销技巧与思维

1. 跨境电子商务营销技巧

1）增加数据库的潜在客户

浏览网站的人多，直接购买的人少，绝大部分网站都是让这些浏览网站的人悄悄地来了，又悄悄地走了，失去了非常多的潜在客户，所以一定要用一个技巧，让登录网站的大部分用户都心甘情愿地留下联系方式。这样只要不断地开展让潜在客户乐意接受的数据库营销策略，潜在客户会逐步转成客户。

2）利用客户评价影响潜在客户的决策

绝大部分人都有从众心理，所以购买一个产品的时候，其他购买过的人对产品的评论会对潜在客户的购买决策产生非常大的影响，所以每个产品下面都要合理地放上六七个客户从各个角度对这个产品的好评价。

3）提高客户重复购买的小技巧

优惠券策略：一个客户订购成功之后，一定要赠送客户一张优惠券，然后客户在一定期限内购买产品的时候，优惠券可以充当一定的金额，过期作废。这样客户就会想办法把这张优惠券花掉或者赠送给有需要的朋友。

数据库营销：定期向客户推送对客户有价值的信息，同时合理地附带产品促销广告。如果只是生硬地向客户推送广告，这样效果很差，一定要向客户发送他们喜欢的信息。

> **课堂小贴士1-4**
>
> **跨境电子商务营销的相关理论**
>
> **1. 4P理论**
>
> 随着营销组合理论的提出，出现了4P理论。美国密歇根州立大学教授杰罗姆·麦卡锡（Jerome McCarthy）在1960年将4P理论概括为4类，包括产品（product）、价格（price）、渠道（place）、促销（promotion）。1967年，菲利普·科特勒（Philip Kotler）进一步确认了以4P理论为核心的营销组合方法。
>
> **2. 定位理论**
>
> 20世纪70年代，美国著名营销专家艾·里斯（AL Rise）与杰克·特劳特（Jack Trout）提出定位理论。定位是定位理论中最核心、最基础和最早的概念和观点。里斯和特劳特认为，定位要从一个产品开始，那产品可能是一种商品、一项服务、一个机构甚至一个人，也许就是你自己。但是定位不是你对产品要做的事，定位是你对预期客户要做的事。换句话说，你要在预期客户的头脑里给产品定位，确保产品在预期客户头脑里占据一个真正有

价值的地位。定位理论的核心原理"第一法则"要求企业必须在顾客心智中区隔于竞争者,以此引领企业经营,赢得更好发展。

3. 网络整合营销理论

网络整合营销传播是20世纪90年代以来在西方风行的营销理念和方法。它与传统营销"以产品为中心"相比,更强调"以客户为中心"。它强调营销即传播,即和客户多渠道沟通,和客户建立起品牌关系。与传统营销4P相比,整合营销传播理论的核心是4C:即相应于"产品",要求关注客户的需求和欲望,提供能满足客户需求和欲望的产品;相应于"价格",要求关注客户为了满足自己需求和欲望所可能的支付成本;相应于"渠道",要求考虑客户购买的便利性;相应于"促销",要求注重和客户的沟通。

4. 网络关系营销理论

关系营销是1990年以来受到重视的营销理论,在关系营销的基础上,随着互联网的发展,出现了网络关系营销。网络关系营销是指企业借助联机网络、计算机通信和数字交互式媒体的威力来实现营销目标。它是一种以消费者为导向、强调个性化的营销方式,适应了定制化时代的要求;它具有极强的互动性,是实现企业全程营销的理想工具;它还能极大地简化顾客的购买程序,节约顾客的交易成本,提高顾客的购物效率。

2. 跨境电子商务营销思维

1)全局思维

(1)全市场洞察。营销全市场洞察主要是指区域市场和品类趋势。Facebook、谷歌以及亚马逊平台都有很多工具可以帮助商家做预测和选择,通过大数据分析营销费用投放方向和品类,确定各个市场的广告投放效果,更好地做全市场洞察,指导营销费用投放管理。

(2)全渠道覆盖。大量卖家意识到独立站对于沉淀独立用户、数据追踪和挖掘、独立营销闭环,以及建立渠道品牌、规避电子商务平台规则调整的风险等都是很有必要的,于是开始建独立站。从长远来看,卖家需要合理规划第三方平台、独立站、App和线下各方渠道。

(3)全媒体整合即合理地规划和分配预算到站内流量、付费流量和自然流量,除了头部流量平台,也要关注新兴媒体和区域媒体。从早些年的谷歌,到Facebook、Pinterest等,每一个新兴媒体的兴起都会带来流量红利,因此,先知先觉发掘趋势媒体、整合区域新兴媒体非常重要。

(4)全链路优化。引流到网站之后,整个用户路径在站点上形成的购买转化、广告账号体系的搭建、目标人群的定位、优化手段的选择、测试素材的制作和选取、不同平台本地化内容的发布等,都会影响转化率和最终的投资回报率。

2)品牌思维

品牌是消费升级的必然需求。从消费者角度看,现在年轻一代消费者的个性化需求已不仅仅是物美价廉,还寄托了个人情感表达和价值观认同,这样的消费需求唯有品牌才能承载。从产品运营角度看,品牌是精细化运营的必然产物,电子商务的精细化运营意味着更多的投入,倒逼企业必须做品牌。从竞争角度看,品牌化成为激烈竞争的必然出路。因此,品牌思维对跨境电子商务营销十分重要。

3）创新思维

企业要适应快速发展的市场，要在激烈的竞争中站稳脚跟，就要有创新思维。在海量的跨境电子商务营销中，只有那些充满创意的策划才会赢，因为创新具有重新构造的能量、言说的能力以及分享的力量。

4）热点思维

营销就是要让更多的人看到、听到、被吸引到，而最热门的事情总是最吸引人的，将其运用到销售上就可以成为"引爆点"，让企业产品和服务"搭乘"最新的社会热点"列车"，制造话题来引起大众的好奇心，从而成功进行营销。目前，制造"引爆点"有IP化趋势，可以是创造独立IP形成热点，如智能硬件产品通过众筹首发，聚集一批铁杆粉丝，形成强认同、强关联，赋予产品IP属性之后，再通过自媒体渠道扩散到全网平台；也可以是"蹭IP"，如和大IP绑定，借助高热度、高人气做跨界营销。

5）用户思维

要做好跨境电子商务营销，就要对用户以诚相待，真正做到以用户为中心。营销企业替用户把关，解决用户难题，和用户分享、包容、互动和沟通，这就是用户思维。借助用户体验和用户反馈、分享及互动，从而知道用户的真正所需，准确地抓住用户的"痛点"和"爽点"，然后快速且持续地改进产品，超出用户的预期，刺激消费，增加企业的收益。

6）大数据思维

跨境电子商务营销应该以大数据为先，通过数据实实在在解决营销中的各种问题，而不仅仅靠经验判断。

1.2.3 跨境电子商务营销发展趋势

1. 依托多元渠道发展

跨境电子商务营销渠道的多元体现在两个方面：一是营销市场更趋向多元，其中，欧美购物者趋向从欠发达地区采购，呈现渠道流量下沉的态势。二是营销渠道更趋向多线，除了第三方电子商务平台，独立站、App、新兴媒体、区域媒体营销平台、线下等多种平台成为越来越多跨境电子商务商家的选择。

2. 依托社交大数据发展

大数据的营销价值是随着实名制社区和电子商务的普遍化在用户之间产生人际关系链，并通过这种人际关系链实现交易数据和交互数据的融合，再通过社交数据挖掘分析人类族群自身。在这一基础上，粉丝对品牌而言，就不仅仅是一个占购买总数比例的数字，他们对提高销售业绩、塑造成功的品牌等都发挥着关键性的作用。

3. 依托智能化应用技术发展

无论是Facebook的DPA和DABA，还是谷歌的UAC和UVC，媒体营销平台越来越趋向于集智能化、复杂化为一体，操作可能看起来越来越简单，但是要理解背后为什么这么操作的逻辑则越来越专业和复杂。

 复习与思考

1. 简述网络营销的概念。
2. 简述网络营销的特点。
3. 简述网络营销与传统营销的关系。
4. 简述跨境电子商务营销的概念。
5. 简述跨境电子商务营销的模式。
6. 简述跨境电子商务营销发展趋势。

第 2 章　跨境电子商务网络市场分析

教学目标

- 了解跨境电子商务网络营销的含义。
- 了解跨境网络营销市场调研的含义。
- 掌握跨境电子商务网络市场预测的概念及作用。
- 了解全球跨境电子商务市场分析。

学习重难点

重点
- 跨境网络营销的宏观环境与微观环境。
- 跨境网络营销市场调研的特点与内容。
- 跨境电子商务网络市场预测应该遵循的原则。
- 跨境电子商务平台分析。

难点
- 能够掌握跨境网络营销市场调研的步骤。
- 能够预测跨境电子商务网络市场。
- 能够分析跨境电子商务网络市场。

案例导入

跨境电子商务下如何进行市场调研和市场定位？

跨境电子商务行业正在飞速发展，不断有卖家加入这个行业。然而，很多卖家在开始时却很茫然。不知道什么样的产品适合，不知道哪个市场可以发展。为此，雨果网特意带来了速卖通大学讲师刘小哲关于市场调研和市场定位的分享。

市场定位最重要的就是满足需求。但由于身处国内，中国卖家对海外市场和海外消费者需求的了解无法和国内相提并论。卖家想要做好定位，就需要做一些前期的调研，在不断的积累中，培养对买家需求的敏感度。

在对国外市场调研阶段，卖家要去关注市场国总体物价水平和销售产品所属行业的价格水平。终端零售价格非常重要，只有了解了终端零售价格才有可能清楚海外消费者处于怎样的购物环境中，最终才能更好地给产品定价。而地域、文化等因素有差别，海外消费者的购物喜好与国内消费者相比，一定会有差异存在。所以，调研过程中卖家还要了解海外消费者的喜好。

目前速卖通主要市场国有俄罗斯、巴西、美国、西班牙、法国等国家。卖家可以多和这些国家的朋友交流，进行市场调研。经调研发现，俄罗斯轻工产品价格是中国的 3 倍，巴西吃穿产品价格相当于中国的 2～3 倍，美国整体物价相对于工资水平来说较低，但是也有一部分商品价格很高。美国普通数码周边产品和婚纱产品与我国有较大差别。在美国，一些个性化商品的价格很高，卖家在选品时可以考虑。卖家通过国外消费者的购买需求进行定位，看看自身产品是否具有独特的产品功能和款式；是否拥有价格优势；是否拥有绝对的质量保证；是否国外消费者了解的品牌。可以通过以下途径调研：

（1）可以去国外考察。可以去欧美国家，注意不要去亚洲国家，亚洲国家的习惯和文化背景与我国是相似的，而且卖家的主要市场国大部分偏欧美，俄罗斯消费者的喜好和欧美也是相似的。

（2）多和外国人沟通。最简单的方法就是问问在中国的外国朋友，他们网购什么，这对我们选品是有着提示作用的。

（3）看国外的零售网站。

（4）看看卖家产品在国外类似品牌官方旗舰店的价格是怎样的，可以去模仿和超越。

（5）看国外电影、电视剧。了解国外消费者的生活习惯及日常涉及的生活用品等。

（6）看买家频道，分析销量高的商品的特点和共性。卖家有时会忽略这点，其实看买家频道，就是为了了解买家需求，站在消费者的角度思考分析。

（7）进行数据分析。

此外，目前国内竞争相当激烈，价格战、同质化严重。卖家在选品时要尽量规避这些问题，可以通过细分市场找寻合理定位。

细分市场可以从产品出发，分成中、高、低端细分；也可以做品类专业化，从消费者年龄层、性别等条件进行具体划分；还可以从风格差异化入手，拥有自己的风格，让人轻易记住。

找寻自己的定位具体可以分为三步：第一，前期调研，从细分市场切入，选品、店铺装修尽量统一，给人专业的印象；第二，市场时间的检验，设置一段时间让市场检验产品，看产品是否符合市场需求，可以通过曝光数据、销量、评价等进行判断；第三，在经过检验后，选出明星产品优化发展，调整市场定位。

在定位产品时，卖家可以想想自己的品牌、店铺、商品的记忆点是什么，而不是千篇一律地卖同质化的产品。找对了方向和市场定位，就可以增加产品的附加值，提高客单价。

2.1　跨境网络营销环境

2.1.1　跨境网络营销环境的含义

互联网已经成为面向大众的普及性网络，其无所不包的数据和信息为上网者提供了最便利的信息搜集途径。同时，上网者既是信息的消费者，也可能是信息的提供者，从而大大增强了网络的吸引力。层出不穷的信息和高速增长的用户使互联网络成为市场营销者日益青睐的新资源,企业上网成为20世纪90年代最为亮丽的一道风景,网上的市场营销活动也从产品宣传及信息服务扩展到市场营销的全过程。

互联网自身构成了一个市场营销的整体环境。从环境构成上讲,互联网具有以下五个方面的要素。

1. 提供资源

信息是市场营销过程的关键资源,是互联网的血液,通过互联网可以为企业提供各种信息,指导企业的网络营销活动。

2. 全面影响力

环境要与体系内的所有参与者发生作用,而非个体之间的相互作用。每一个上网者都是互联网的一分子,他可以无限制地接触互联网的全部,同时在这一过程中受到互联网的影响。

3. 动态变化

整体环境在不断变化中发挥其作用和影响。不断更新和变化正是互联网的优势所在。

4. 多因素互相作用

整体环境是由互相联系的多种因素有机组合而成的,涉及企业活动的各因素在互联网上通过网址实现。

5. 反应机制

环境可以对其主体产生影响,同时,主体的行为也会改造环境。企业可以将自己企业的信息通过公司网站存储在互联网上;也可以通过互联网上的信息自己决策。

因此,互联网已经不只是传统意义上的电子商务工具,而是独立成为新的市场营销环境。而且它以其范围广、可视性强、公平性好、交互性强、能动性强、灵敏度高、易运作等优势给企业市场营销创造了新的发展机遇与挑战。

2.1.2 跨境网络营销宏观环境

宏观环境是指一个国家或地区的政治、法律、人口、经济、社会文化、科学技术等影响企业进行网络营销活动的宏观条件。宏观环境对企业短期的利益可能影响不大,但对企业长期的发展具有很大的影响。所以,企业一定要重视宏观环境的分析研究。宏观环境主要包括六个方面的因素,如图2-1所示。

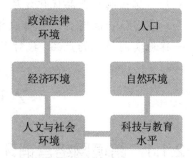

图2-1 跨境网络营销宏观环境

1. 政治法律环境

政治法律环境包括国家政治体制、政治的稳定性、国际关系、法制体系等。在国家和国际政治法律体系中,相当一部分内容直接或间接地影响着经济和市场。所以,我们要进行认真的分析和研究。政策是大势，紧跟政策走才能成就成功的企业。

2. 经济环境

经济环境是内部分类最多、具体因素最多，并对市场具有广泛和直接影响的环境内容。经济环境不仅包括经济体制、经济增长、经济周期与发展阶段以及经济政策体系等大的方面的内容，也包括收入水平、市场价格、利率、汇率、税收等经济参数和政府调节取向等内容。

3. 人文与社会环境

企业存在于一定的社会环境中，同时企业又是由社会成员所组成的一个小的社会团体，不可避免地受到社会环境的影响和制约。人文与社会环境的内容很丰富，在不同的国家、地区、民族之间差别非常明显。在营销竞争手段向非价值、使用价值型转变的今天，营销企业必须重视人文与社会环境的研究。

4. 科技与教育水平

科学技术对经济社会发展的作用日益显著，科技的基础是教育，因此，科技与教育是客观环境的基本组成部分。在当今世界，企业环境的变化与科学技术的发展有非常大的关系，特别是在网络营销时期，两者之间的联系更为密切。在信息等高新技术产业中，教育水平的差异是影响需求和用户规模的重要因素，已被提到企业营销分析的议事日程上来。

5. 自然环境

自然环境是指一个国家或地区的客观环境因素，主要包括自然资源、气候、地形地质、地理位置等。虽然随着科技进步和社会生产力的提高，自然状况对经济和市场的影响整体上处于下降的趋势，但自然环境制约经济和市场的内容、形式则在不断变化。

6. 人口

人是企业营销活动的直接和最终对象，市场是由消费者构成的。因此在其他条件固定或相同的情况下，人口的规模决定着市场容量和潜力；人口结构影响着消费结构和产品构成；人口组成的家庭、家庭类型及其变化对消费品市场有明显的影响。

2.1.3 跨境网络营销微观环境

微观环境由企业及其周围的活动者组成，直接影响着企业为顾客服务的能力。它包括企业内部环境、供应者、营销中介、顾客或用户、竞争者等因素。跨境网络营销微观环境如图2-2所示。

1. 企业内部环境

企业内部环境包括企业内部各部门的关系及协调合作。企业内部环境包括市场营销部门之外的某些部门，如企业最高管理层、财务、研究与开发、采购、生产、销售等部门。这些部门与市场营销部门密切配合、协调，构成了企业市场营销的完整过程。市场营销部门根据企业的最高决策

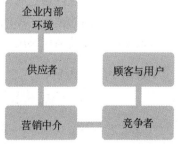

图2-2 跨境网络营销微观环境

层规定的企业的任务、目标、战略和政策,做出各项营销决策,并在得到上级领导的批准后执行。研究与开发、采购、生产、销售、财务等部门相互联系,为生产提供充足的原材料和能源供应,并对企业建立考核和激励机制,协调营销部门与其他各部门的关系,以保证企业营销活动的顺利开展。

2. 供应者

供应者是指向企业及其竞争者提供生产经营所需原料、部件、能源、资金等生产资源的公司或个人。企业与供应者之间既有合作又有竞争,这种关系既受宏观环境影响,又制约着企业的营销活动,企业一定要注意与供应者搞好关系。供应者对企业的营销业务有实质性的影响。

3. 营销中介

营销中介是协调企业促销和分销其产品给最终购买者的公司,主要包括商人中间商,即销售商品的企业,如批发商和零售商;代理中间商(经纪人);服务商,如运输公司、仓库、金融机构等;市场营销机构,如产品代理商、市场营销咨询企业等。

由于网络技术的运用给传统的经济体系带来巨大的冲击,流通领域的经济行为产生了分化和重构。消费者可以通过网上购物和在线销售自由地选购自己需要的商品,生产者、批发商、零售商和网上销售商都可以建立自己的网站并营销商品,所以一部分商品不再按原来的产业和行业分工进行,也不再遵循传统的商品购进、储存、运销业务的流程运转。网上销售一方面使企业间、行业间的分工模糊化,形成"产销合一""批零合一"的销售模式;另一方面,随着"凭订单采购""零库存运营""直接委托送货"等新业务方式的出现,服务与网络销售的各种中介机构也应运而生。一般情况下,除了拥有完整分销体系的少数大公司,营销企业与营销中介组织还是有密切合作与联系的。因为若中介服务能力强,业务分布广泛合理,营销企业对微观环境的适用性和利用能力就强。

4. 顾客或用户

顾客或用户是企业产品销售的市场,是企业直接或最终的营销对象。网络技术的发展极大地消除了企业与顾客之间的地理位置的限制,创造了一个让双方更容易接近和交流信息的机制。互联网真正实现了经济全球化、市场一体化。它不仅给企业提供了广阔的市场营销空间,也增强了消费者选择商品的广泛性和可比性。顾客可以通过网络得到更多的需求信息,使自己的购买行为更加理性化。虽然在营销活动中,企业不能控制顾客与用户的购买行为,但它可以通过有效的营销活动给顾客留下良好的印象,处理好与顾客和用户的关系,促进产品的销售。不同地区的用户有着不同的生活与消费习惯,了解他们的消费习惯有助于卖家提高销售额度以及做好网络市场的调研与预测。

> **课堂小贴士 2-1**
>
> **美国消费者的生活习惯**
>
> 美国是一个移民国家,是民族大熔炉,需求多样化。美国市场重质量、讲品牌,尤其重视产品安全。美国市场的销售季节性强,集中在 2—5 月、7—9 月、11—12 月。美国消

费者注重购物体验，对服务要求较高，特别是售后服务，平时购物使用信用卡消费较多。网购人群逐年增长，年龄段也逐渐增大。美国人的生活习惯有着浓厚的本地特色。

（1）饮食：美国人的饮食比较简单，他们不会因为饮食占用自己大量的时间，注重营养而不是口味，食品种类相对较少。

（2）住房：美国人的房子基本都是自己设计和装修的，提倡个性化，通常愿意把厨房和卧室设计得很宽敞。

（3）衣着装扮：美国人更喜欢宽松舒适的衣服，所以美国人的穿衣风格并不是时尚感十足，而是偏向于休闲风格。

（4）电子通信：美国人很喜欢通过电话、短信与朋友和家人分享自己的心情，他们对手机非常依赖，特别是在社交网络发达的今天，更增加了对手机的依赖。美国的手机特别便宜，通话费也不高。

（5）运动户外：运动和户外是美国人非常看重的两种生活方式，他们愿意花大量的金钱做运动和户外活动。当美国的联邦假日来临的时候，海滩、健身房、旅游山区会有很多人。

（6）文娱生活：美国每年都有很多明星演唱会、大型体育比赛及大制作电影。很多美国人愿意把这些活动作为休闲的主要方式，他们也愿意购买一些周边产品留作纪念。

5. 竞争者

竞争是商品经济活动的必然规律。在开展网上营销的过程中，不可避免地会遇到业务与自己相同或相近的竞争对手；研究对手，取长补短，是克敌制胜的好方法。

1）竞争对手分析

在虚拟空间中研究竞争对手既可借鉴传统市场中的一些做法，但更应有自己的独特之处。

首先要利用全球最好的八大导航网查询竞争对手，这八大导航网分别是 Yahoo、Altavista、Infoseek、Excite、Hotbot、Webcrawler、Lycos、Planetsearch。

研究网上的竞争对手主要从其主页入手，一般来说，竞争对手会将自己的服务、业务和方法等方面的信息展示在主页上。从竞争的角度考虑，应重点考察以下八个方面：

（1）站在顾客的角度浏览竞争对手网站的所有信息，研究其能否抓住顾客的心理，给浏览者留下好感。

（2）研究其网站的设计方式，体会它如何运用屏幕的有限空间展示企业的形象和业务信息。

（3）注意网站设计细节方面的东西。

（4）弄清其开展业务的地理区域，以便能从客户清单中判断其实力和业务的好坏。

（5）记录其传输速度，特别是图形下载的时间，因为速度是网站能否留住客户的关键因素。

（6）查看在其站点上是否有别人的图形广告，以判断该企业在行业中与其他企业的合作关系。

（7）对竞争对手的整体实力进行考察，全面考察对手在导航网站、新闻组中宣传网址的力度，研究其选择的类别、使用的介绍文字，特别是图标广告的投放量等。

（8）考察竞争对手是开展网上营销需要做的工作，而定期监测对手的动态变化则是一个长期性的任务，要时时把握竞争对手的新动向，在竞争中保持主动地位。

总之，每个企业都需要掌握、了解目标市场上自己的竞争者及其策略，力求扬长避短，发挥优势，抓住有利时机，开辟新的市场。

2）竞争对手的类型

（1）愿望竞争者：指满足消费者目前各种愿望的竞争者。

（2）一般竞争者：指以不同的方法满足消费者同一需要的竞争者。

（3）产品形式竞争者：指满足消费者某种愿望的同类商品在质量、价格上的竞争者。

（4）品牌竞争者：指能满足消费者某种需要的同种产品的不同品牌的竞争者。

2.2 跨境网络营销市场调研

2.2.1 跨境网络营销市场调研的含义

对于跨境网络市场调研，学界尚没有明确的定义，此处将其暂且归纳为：在跨境网络营销中，利用IT（information technology，信息科技和产业）技术平台有系统、有计划、有组织地收集、调研、记录、整理、分析与产品、劳务有关的市场数据信息，客观地测定、评价现在市场和潜在市场，获取竞争对手的资料，摸清目标市场的经验环境，为经营者细分市场、识别消费者需求和确定营销目标提供相对准确的决策依据。

2.2.2 跨境网络营销市场调研的特点

无论传统的市场调研采用何种手段和方法，企业都需要投入大量的人力、物力和财力，但得到的结果往往不尽如人意。跨境网络市场调研是在传统市场调研的基础上，借助互联网技术而产生的，有自己的特点和优势。

1. 及时性与共享性

跨境网络营销市场调研的及时性体现在两个方面：一是调研工作实施快，互联网最大的特点就是信息传递速度快，利用其传递调查问卷或查找资料都很快捷；二是调研结果获取快，由于所有的工作都是在计算机上进行的，省去了录入的时间，同时利用计算机处理调研资料，这样企业便能在第一时间获取到调研结果。

同时，世界各地的任何企业机构或者个人都可以在网上发起或参与调研，调研结果也是公开的。这充分体现了跨境网络营销市场调研的共享性。这样使得企业或者个人都可以更加全面地了解当前市场环境。

2. 便捷性与经济性

对于跨境的调研来说，跨境网络营销市场调研无疑是最便捷和经济的：不需要派出大量的调查人员，不需要印发大量的调查问卷，省去了很多交通费、人工费等，只需要在互联网上发放问卷，然后将问卷信息录入系统就可以。跨境网络营销市场调研整个过程方便快捷，是很多跨境企业首选的调研方式。

3. 无时空和地域限制

互联网最大的特点就是为我们提供了一个全球化的市场。互联网调研可以在这个巨大的市场上全天候地开展，几乎没有时间与空间的限制，也不必受到天气等客观因素的影响。只要有一台计算机，不管在哪里都可以开展调研。

4. 可检验性和可控性

跨境网络营销市场调研可以有效地对所采集的信息的质量实施系统的检验和控制。首先，网上调查问卷可以附加全面规范的指标解释，有利于消除因对指标理解不清楚或调查人员解释不一致而造成的调查误差；其次，问卷的复核检验由计算机依据设定的检验条件和控制措施自动实施，可以有效地保证对调查问卷的复核检验；最后，通过对受访者的身份验证技术可以有效地防止信息采集过程中的舞弊行为。

5. 客观性与可靠性

跨境网络营销市场调研较传统调研来说，客观性和可靠性大大提升。主要因为：一是受访者都是在自愿的情况下参与调查的，且很多都是通过匿名的方式进行，受访者能够说出自己的真实情况；二是在调研的过程中，受访者不会受到调研人员的干扰和影响，自己独立完成调查问卷；三是受访者一般都是有针对性的，是企业的用户或者潜在用户，不是随便进行的调查，所以所得到的结果更加可靠。

2.2.3 跨境网络营销市场调研的内容

市场调研的内容主要包括以下三个部分：市场需求容量调研、可控因素调研和不可控因素调研。

1. 市场需求容量调研

市场需求容量调研主要包括：现有和潜在的需求容量；市场最大和最小需求容量；不同商品的需求特点和需求规模；不同市场空间的营销机会以及企业和竞争对手的现有市场占有率等情况的调查分析。

2. 可控因素调研

可控因素调研主要包括对产品、价格、销售渠道和促销方式等因素的调研。

（1）产品调研，包括有关产品性能、特征和顾客对产品的意见和要求的调研；产品寿命周期调研，以了解产品所处的寿命期的阶段；产品的包装、名牌等给顾客的印象的调研，以了解这些形式是否与消费者或用户的习俗相适应。

（2）价格调研，包括产品价格的需求弹性调研；竞争对手价格变化情况调研；新产品价格制定或老产品价格调整所产生的效果调研；选择实施价格优惠策略的时机和实施这一策略的效果调研。

（3）销售渠道调研，包括企业现有产品分销渠道状况；中间商在分销渠道中的作用及各自实力；用户对中间商尤其是代理商、零售商的印象等内容的调研。

（4）促销方式调研，主要是对人员推销、广告宣传、公共关系等促销方式的实施效果进行分析、对比。

3. 不可控因素调研

（1）政治环境调研，包括对企业产品的主要用户所在国家或地区的政府现行政策、法令及政治形势的稳定程度等方面的调研。

（2）经济发展状况调研，主要是调查企业所面对的市场在宏观经济发展中将产生何种变化。

（3）社会文化因素调研，主要是调查一些对市场需求变动产生影响的社会文化因素，如文化程度、职业、宗教信仰及民风、社会道德与审美意识等方面的调研。

（4）技术发展状况与趋势调研，主要是为了解与本企业生产有关的技术水平状况及趋势，同时还应把握社会相同产品生产企业的技术水平的提高情况。

（5）竞争对手调研，主要调查竞争对手数量、竞争对手的市场占有率及变动趋势、竞争对手已经并将要采用的营销策略、潜在竞争对手情况等方面的调研。

2.2.4 跨境网络营销市场调研的步骤

跨境网络营销市场调研与传统市场调研一样，应遵循一定的方法与步骤，以保证调研过程的质量。跨境网络市场调研一般包括以下几步。

1. 明确问题与调查目标

进行跨境网络市场调研，首先要明确调查的问题是什么，调查的目标是什么，谁有可能在网上查询这种产品或服务，什么样的客户最有可能购买此产品或服务，在本行业，哪些企业已经上网，它们在干什么，客户对竞争者的印象如何，公司在日常运作中，可能要受哪些法律法规的约束，如何规避，等等。具体要调查哪些问题事先应考虑清楚，只有这样，才可能做到有的放矢，提高工作效率。

2. 确定市场调研的对象

跨境网络市场调研的对象主要分为企业产品的消费者、企业的竞争者及企业的合作者和行业内的中立者三大类。

3. 制订调研计划

跨境网络市场调研的第三步是制订有效的调研计划，包括资料来源、调查方法、调查手段、抽样方案和联系方法5部分内容。

（1）资料来源。市场调查首先需要确定是收集一手资料（原始资料）还是二手资料，或者两者都要。在互联网，利用搜索引擎、网上营销和跨境网络市场调研网站可以方便地收集到各种一手资料和二手资料。

（2）调查方法。跨境网络市场调研可以使用的方法有专题讨论法、问卷调查法和实验法。

（3）调查手段。跨境网络市场调研可以采取在线问卷和软件系统两种方式进行。在线问卷制作简单，分发迅速，回收也方便，但需遵循一定的原则。

（4）抽样方案，即要确定抽样单位、样本规模和抽样程序。抽样单位是确定抽样的目标总体；样本规模的大小涉及调查结果的可靠性，样本需足够多，必须包括目标总体范围内所发现的各种类型的样本；在抽样程序选择上，为了得到有代表性的样本，应采用概率抽样的方法，这样可以计算出抽样误差的置信度，当概率抽样的成本过高或时间过长时，可以用非概率抽样方法替代。

（5）确定联系方法，指以何种方式接触调查的主体，跨境网络市场调研采取网上交流的形式，如 E-mail 传输问卷、BBS 等。

4. 收集信息

利用互联网做市场调研，不管是一手资料还是二手资料，可同时在全国或全球进行，收集的方法也很简单，直接在网上递交或下载即可，这与受区域制约的传统调研方式有很大的不同。

> **课堂思考 2-1**　你知道如何进行网络信息的整理吗？

5. 分析信息

信息收集结束后，接下来的工作是信息分析。信息分析的能力相当重要，因为很多竞争者都可从一些知名的商业站点看到同样的信息。调查人员如何从收集的数据中提炼出与调查目标相关的信息，并在此基础上对有价值的信息迅速做出反应，这是把握商机战胜竞争对手、取得经营成果的一个制胜法宝。利用互联网，企业在获取商情、处理商务的速度方面是传统商业所无法比拟的。

6. 提交报告

调研报告的填写是整个调研活动的最后一个阶段。报告不是数据和资料的简单堆砌，调查员不能把大量的数字和复杂的统计技术堆到管理人员面前，而应把与市场营销关键决策有关的主要调查结果写出来，并以调研报告正规格式书写。

2.2.5　跨境网络营销市场调研的方法

1. 跨境电子商务网络营销市场直接调研法

> **课堂思考 2-2**　你知道什么是直接调研法吗？

1）电子邮件问卷

电子邮件问卷调研法是以较为完整的电子邮件地址清单作为样本框，随机抽样，直接发送到被访问者的电子邮箱中，待被访问者回答完毕后在规定的时间内将问卷回复给调研机构。这种调研方式较具定量价值。在样本框较为全面的情况下，可以将调研结果用以推论研究总体，一般用于对特定群体网络用户的多方面的行为模式、消费规模、网络广告效果、网上消费者消费心理特征的研究。这种调研方法要求建立被调查者的电子邮件地址信息库。

2）在线焦点小组访谈

在线焦点小组访谈调研法是直接在上网人士中征集与会者，并在约定时间利用网上会议系统举行网上座谈会。该方法适合需要进行深度或探索性研究的主题，通过座谈获得目标群体描述某类问题的通常语言、思维模式及理解目标问题的心理脉络。该方法属于定性调查方法，也可与定量电子邮件调查配合使用。

3）在网站上设置调研专项

在那些访问率高的网站或自己的网站上设置调研专项网页，访问者按其个人兴趣选择是否访问有关主题，并以在线方式直接在调研问卷上进行填写和选择，完成后提交调研表，调研即可完成。此方式所获得的调研对象属于该网页受众中的特殊兴趣群体，它可以反映调研对象对所调研问题的态度，但不能就此推论一般网络用户的态度。调研专项所在网页的访问率越高，调研结果反映更大范围的上网人士意见的可能性越大。

在实施网上调研时，应充分利用多媒体技术，在调研问卷上附加多种形式的背景资料，可以是文字、图片、视频或音频资料。例如，对每个调研指标附加规范的指标解释，便于调研对象正确理解调研指标的含义和口径，这对于市场调研是一项十分重要的功能。

2. 跨境电子商务网络市场间接调研法

 课堂思考 2-3 你知道什么是间接调研法吗？

1）明确检索目标

要完成一个有效检索，首先应当明确检索的目标。检索目标是指要检索的主要内容及对检索深度和广度的要求。

安徽特酒集团是我国特级酒精行业的龙头企业，伏特加酒是其主打产品。1998 年该集团试图通过互联网进行伏特加酒类市场信息的检索，开辟欧美市场。为此，集团确定了信息搜集的三个目标。

（1）价格信息，如生产商报价、批发商报价、零售商报价、进口商报价。

（2）关税、贸易政策及国际贸易数据，如关税、进口配额、许可证等相关政策，进出口贸易数据，市场容量数据。

（3）贸易对象，即潜在客户的详细信息，如贸易对象的历史、规模、实力、经营范围和品种、联系方式等。

检索的深度与需求的针对性有关。如果需求的针对性较强（如伏特加酒），且涉及大量的特定领域和专业词汇，就要进行较为深入的检索。检索的广度是指信息所涉及的方面和领域。对市场一般供需状况信息的检索，在深度上不必要求太高，但是在信息的广度上应该有比较高的要求。

2）选择查询策略

不同目的的查询应使用不同的查询策略，这主要取决于是想得到一个问题的多方面信息还是简单的答案。搜索引擎的统计表明，很多用户只输入一个词进行查询，这会带来很多不需要的匹配。要进行有效的搜索，最好输入与主题相关的、尽可能精确的词或词组。提供的词组越精确，检索结果就越好。同时，应通过不同词组的检索，逐渐缩小搜索范围。许多搜索网点只允许在页面中搜索，或者只在新闻组中搜索，或者只在某个特定地理区域搜索。而不同的搜索引擎有其各自的特点，因此，在使用搜索引擎时，掌握常用搜索引擎的特性，充分利用它们各自的优点，往往可以得到最佳及最快捷的查询结果。

检索概念较广，尚未形成明确的检索概念时，或者仅需对某一专题做泛泛浏览时，可先用主题指南的合适类目进行逐级浏览，直到发现相关的网址和关键词，再进行扩检。

当用户已知检索词，但对独立搜索引擎不熟悉或想节省在多个独立搜索引擎之间的转换时间，可选用元搜索引擎做试探性的起始检索，了解网上是否有相关信息以及在哪里可找到这些信息，再利用独立搜索引擎进行更全面、更深入的检索。多数情况下，要想得到相对全面的检索结果，最好熟练掌握一两个主要的独立搜索引擎，充分运用其检索功能，以提高检索质量。

3）分步细化逐步接近查询结果

如果想查找某一类信息但又找不到合适的关键词，可以使用分类式搜索逐步深化，这样也可以得到较为满意的结果。雅虎中国的主页上已经将所有的信息分为休闲与运动、社会与文化、新闻与媒体、计算机与互联网等14类，再根据各个大类分为各个小类，如在"电脑与互联网"中又细分为"互联网、聊天室、软件"。如果细心一点，不难发现各个类别中所显示的小类别并不完整。这是由于目前网络上的类别非常多样化，要在一个屏幕里面将所有的类别一次列在读者面前确实有相当大的困难。但只要在"电脑与互联网"下单击进入该类别，系统就会很快地将所有的细分内容呈现出来。例如，我们想通过这种方法找到《电脑报》的网址，就可以首先进入雅虎的"电脑与互联网"，页面上会提示"电脑与互联网"一类中含有"安全与加密""新闻与媒体""电子通信""多媒体"等一系列信息。我们单击"新闻与媒体"查询后结果仅有"报纸"和"杂志"两项，我们再单击"报纸"，《电脑报》就找到了。网络上常见的搜索引擎大多提供这两种方法。

课堂小贴士 2-2

收集信息的方法

1. 收集竞争者信息的方法

利用搜索引擎进行检索。利用所有的相关关键词和喜爱的搜索引擎进行一系列的互联网检查是搜索竞争者信息的首选方法，寻找全球性竞争对手信息的最好方法是在全球八大导航网站中查找：Yahoo、Altavista、Infoseek、Excite、Hotbot、Webcrawler、Lycos、Planetsearch。收集国内竞争对手可以利用百度、新浪、搜狐、谷歌等。

访问竞争者的网站。竞争者的网站会透露竞争企业的当前及未来的营销策略。应该认真阅读竞争者网站风格、内容和主要特色。虽然调研者在网站上可能发现不了什么内幕消息，但浏览竞争者的网站是获得大量信息的好开端。

从其他网上媒体获取竞争者的信息。如果企业没有自己收集竞争者信息的资源或技术，就只能外购竞争者的信息了。外购信息优点是外部的咨询人员是客观的，他们具有丰富的专业经验，他们可以更快地完成报告，定期更新信息。外购的缺点是成本高，包括初始成本和更新信息的成本。

2. 收集市场行情信息的方法

企业所收集的市场行情资料主要是指产品价格变动、供求变化方面的信息。收集市场行情信息，首先要了解可能用来收集市场行情信息的站点。这一类站点数目较多，大致有三种：实时行情信息网，如股票和期货市场；专业产品商情信息网；综合类信息网。一般来讲，不同商情信息网侧重点不同，最好是能同时访问若干家相关但又不完全相关的站点，以求找出最新的、最全面的市场行情。

3. 收集消费者信息的方法

消费者信息是指消费者的需要、偏好、意见、趋势、态度、信仰、兴趣、文化以及行为等方面的信息。通过互联网了解消费者的偏好，可以通过网上调研的方法实现。了解消费者的偏好也就是收集消费者的个性特征，为企业细分市场和寻找市场机会提供基础。如利用Cookie技术收集消费者信息；通过二手资料获取消费者信息，有大量组织机构提供内容广泛的消费者信息，调研者可以在互联网上找到各种商业报告、贸易杂志、数据库和政府的人口普查数据；利用专业统计软件和网上订单收集消费者信息。

2.3 跨境电子商务网络市场预测

2.3.1 跨境电子商务网络市场预测的概念及作用

1. 跨境电子商务网络市场预测的概念

跨境电子商务网络市场预测就是运用科学的方法，对影响市场供求变化的诸因素进行调查研究，分析和预见其发展趋势，掌握市场供求变化的规律，为经营决策提供可靠的依据。

2. 跨境电子商务网络市场预测的作用

在企业的市场经营活动过程中，市场预测具有非常重要的作用。

（1）通过了解分析提供市场信息，可以避免企业在制订营销策略时发生错误，或可以帮助经营决策者了解当前营销策略以及营销活动的得失。

（2）提供正确的市场信息，可以了解市场可能的变化趋势以及消费者的潜在购买动机和需求，有助于经营者识别最有利可图的市场机会，为企业提供发展的新契机和市场竞争的发展变化趋势。

（3）有助于了解当前相关行业的发展状况和技术经验，为改进企业的经营活动提供信息。当今世界，科技发展迅速，新发明、新创造、新技术和新产品层出不穷、日新月异。这种技术的进步自然会在商品市场上以产品的形式反映出来。

（4）整体宣传策略需要为企业市场地位和产品宣传等提供信息和支持。市场宣传推广需要了解各种信息的传播渠道和传播机制，以寻找合适的宣传推广载体和方式以及详细的营销计划。

（5）通过市场调查所获得的资料除了可供了解目前市场的情况，还可以对市场变化趋势进行预测，从而可以提前对企业的应变做出计划和安排，充分地利用市场的变化谋求企业的利益。

2.3.2 跨境电子商务网络市场预测应遵循的原则

预测本身要借助数学、统计学等方法论,也要借助先进的手段。先不讲技术和方法,企业的管理者可能最先关注的是怎样形成一套有效的思维方式,以下几个原则可能会带来一些启发。

1. 关联性原则

建立在"分类"的思维高度,关注事物(类别)之间的关联性。

2. 惯性原则

任何事物发展都具有一定的惯性,即在一定时间、一定条件下保持原来的趋势和状态,这也是大多数传统预测方法的理论基础,如"线性回归""趋势外推"等。

3. 类推原则

这个原则也是建立在"分类"的思维高度,关注事物之间的关联性。

4. 概率推断原则

我们不可能完全把握未来,但根据经验和历史,很多时候能大致预估一个事物发生的大致概率,根据这种可能性,采取对应措施。扑克、象棋游戏和企业博弈型决策都在不自觉地使用这个原则。有时我们可以采用抽样设计和调查等科学方法确定某种情况发生的可能性。

2.3.3 跨境电子商务网络市场预测的程序

预测应该遵循一定的程序和步骤以使工作有序化、统筹规划和协作。市场预测的过程大致包含以下步骤:确定预测目标;收集资料进行市场预测必须占有充分的资料;选择预测方法;预测分析和修正;编写预测报告。

2.3.4 跨境电子商务网络市场预测的方法

1. 德尔菲法

德尔菲法,又称专家意见法,是由美国兰德公司创造的一种预测方法。它是充分发挥专家们的知识、经验和判断力,并按规定的工作程序进行的一种预测方法。

2. 集中意见法

集中意见法是将有关业务、销售、计划等相关人员集中起来,交换意见,共同讨论市场变化趋势,提出预测方案的一种方法。

3. 时间序列法

所谓时间序列法,就是将过去的历史资料和数据按时间顺序排列起来的一组数字序列。例如按年度排列起来的年产量,按季度或月份排列起来的企业产品销售量,等等。

4. 统计分析法

统计分析法是建立在大量实际数据的基础上，寻求随机性后面的统计规律性的一种方法。客观事物或经济活动中的许多因素是相互联系、相互制约的。也就是说，它们的变量之间客观上存在着一定的关系。通过对所占有的大量实际数据进行分析，可以发现数据变化的规律性，找出其变量之间的关系，这种关系叫回归关系。

5. 市场试销法

市场试销法又称为销售实验法，指采用试销手段向某一特定的地区或对象投放新产品或改进的老产品，在新的分销途径中取得销售情况的资料，用于销售的预测。这是市场预测行之有效的方法之一。因为市场试销法要求顾客和用户直接付款进行购买，所以能够真实地反映市场需求情况。

2.4 跨境电子商务网络市场分析

2.4.1 全球跨境电子商务网络市场分析

全球电子商务市场正在快速发展，从市场格局来看，B2B 模式在我国跨境电子商务中占主导地位。但国家之间或地区之间的发展都存在着巨大的差异，一些关键性的驱动因素，如有竞争力的价格，共享地理边界或者共享同一种语言，都会促进跨境电子商务发展，在数字高速公路上，地理边界慢慢被模糊，跨境电子商务正迎来令人激动的发展机遇。

1. 欧洲市场

在欧洲，不论是成熟的市场还是新兴的市场，移动电话渗透率超过了 100%，这意味着每个人至少拥有一部及一部以上的手机。平均来说，5.5%的电子商务交易都是通过移动设备进行的，这一数字在将来还会大幅提高。

由于相应的税法和物流因素，在线商户们似乎还是有点不情愿做跨境电子商务。尽管如此，欧洲仍是世界上最有潜力的跨境电子商务地区和最有希望成为增长最快也是最大的跨境电子商务区。

欧洲电子商务市场可以分为北部成熟的市场、南部增长迅速的市场和东部新兴市场。一旦资金和物流体系有所改善，东欧将会有很大改变。

想要攻克欧洲市场的跨境电子商务卖家们，应调整自身的多渠道策略以适应地区偏好，在这些地区，印刷商品目录或搞"交易周"活动很受欢迎。为了从跨境电子商务获取利润，卖家必须了解不同地区间的差异，包括语言、文化、法律、顾客喜好和支付方式之间的区别。以支付方式为例，荷兰的 iDeal、比利时的 Mister Cash 都是各自国家很受欢迎的支付方式。

2. 北美市场

全球约 37%的跨境在线买家集中在加拿大。美国则拥有 1.84 亿的在线购买者，是世界上最大的电子商务市场之一。美国和加拿大在线总销售额达到 3895 亿元，占全球的 33.1%。

在线零售领域，美国是世界上最大的市场。

CyberSource 的调研显示，超过半数的美国电子商户都从国外接收订单。他们在考虑到风险、税率和物流等因素的同时，还会阻止其他商户向美国以外的网购用户出售产品和服务。虽然跨境电子商务存在各种挑战，依然挡不住巨大的商机。在跨境运送服务方式中，45%的美国商户会选择标准邮政渠道，信用卡成为美国在线支付的首选。

目前，88%的美国网民都在网购，这一数字还在上升。虽然最活跃的买家在 25～45 岁，但是不需要出门就能进行购物的舒适性还是会吸引 55 岁以上的人，这部分人群正变得越来越习惯于网购。美国四分之三的网购者钟爱在线支付方式，但是具有可替代性的移动支付方式已经越来越流行。平板电脑也逐渐在全球在线买家中流行起来。北美平板电脑用户占到全球的 47%。平均来说，通过智能手机或平板电脑网购的人比用电脑网购的人多。

语言是跨境电子商务的驱动力，因为在线销售一般开始于搜索，顾客会用自己的母语进行搜索，而搜索习惯是由语言驱动的；关键词是找到信息的催化剂，从而引导网购者到达指定的网络商店。美国与英国、澳大利亚、新西兰，以及邻国加拿大都使用英语，消除了电子商务的语言障碍。

西班牙语是美国的第二大语言，亚利桑那州、加利福尼亚州、得克萨斯州、新墨西哥州等地区，有着 3700 万美国公民说西班牙语。中文和法语也是美国特定地区的语言。它们可以推动美国与相应语言的地区之间开展电子商务。

加拿大的互联网、手机和银行服务的普及率很高，但由于加拿大地广人稀，物流对于加拿大偏远郊区来说是一个挑战。幸运的是，80%的加拿大人生活在离美国边境不出 60 英里①的地方，也就是加拿大的三个主要城市。加拿大也是美国跨境电子商务的重要市场之一，因为运送时间可以执行得非常准确，税率也比美国更加优惠。

60%的加拿大人从美国网购，其中 38%的加拿大人生活在安大略省。这里相对较低的物流费和相对较低的汇率，使加拿大居民的网购热情持续有增无减。加拿大信用卡的渗透率也非常高，81%的在线支付都是信用卡支付，紧随其后的是 PayPal（42%）。这些因素都促进了跨境金融的发展。

3. 亚洲市场

亚洲各地区之间有着极强的联系。排名前三的跨境电子商务地区分别是中国香港（96%）、中国内地（90%）、日本（71%）。在亚洲在线销售表中，日本和韩国独树一帜，有 80%的人活跃在网上，大部分人都会网购。韩国的 4G 网络服务于电子商务市场，而且连接速度位列世界前茅。

一个固定的社交媒体策略对于成功的电子商务是十分重要的，当社交网络的同类人对一个东西的评价很高时，会影响消费者的购买决策。消费者的信任和品牌也是决定性因素之一，这也就是为什么亚洲客户忠诚度特别高。

印度互联网渗透率正在急速上升，电子商务机会巨大。随着 3G 和 4G 技术的应用，印度政府在 2014 年为每个村庄都铺设了高速宽带。如果采取正确的措施，并且公司都能认真选取商业策略模式，那么交易额有望在 2024 年达到 2600 亿美元。

---

① 1 英里=1.609 千米。

马来西亚超过半数的人口都上网，也是未来电子商务发展的潜力股，并且银行客户比例很高。

早在全球普及前，日本和韩国的消费者就已经使用如 QRC（密码）或者 NFC（近距离通信技术）等创新的支付方式。

4. 拉丁美洲市场

拉丁美洲地区跨境电子商务表现出了最高的增长率。在互联网普及率方面，哥伦比亚、阿根廷、委内瑞拉以及乌拉圭表现不俗。这些数据反映了一个持续增长的拉丁美洲电子商务市场和在这些邻近国家之间的跨境交易机会，这些国家中的大多数使用西班牙语。这些地区信用卡普及率相对较低。74%的拉丁美洲网民网购时倾向于使用信用卡。

拉丁美洲居民越来越多地购买电子消费品、书籍、美妆和时尚产品，旅游、电子产品和在线门票销售从电子商务中受益匪浅。

在边远地区，基础设施还没有充分发展，人们习惯于通过手机接入互联网。消费者下订单后，物流比较弱。虽然大多数网上购物者居住在巴西城区，但居住在贫民窟和农村地区的潜在消费者正在稳步增长。

除了扎实的基础设施和交通设施，更需要额外的安全措施。巴西政府正对空中运输、装运港口进行投资，并通过补充立法防止欺诈。尽管巴西商人关注国内贸易，但对于国外电商来说，这个幅员辽阔、人口最密集的地区之一蕴藏着巨大潜力。

社交媒体在拉丁美洲非常受欢迎，平均每天都有 1.15 亿人访问社交网络，因此 Facebook 和 Twitter 也是电子商务的驱动力。

由于地理位置和共同的语言及文化，智利、阿根廷、乌拉圭间的跨境电子商务都非常有潜力。出于同样原因，哥伦比亚在线买家也会从西班牙语的邻国搜索产品。如果拉丁美洲国家的政府准备好创新和改革，拉丁美洲的电子商务将会登上巅峰。

2.4.2 中国跨境电子商务出口市场分析

目前，中国出口跨境电子商务依然保持快速扩张之势，以美国、法国为代表的欧美成熟市场是中国出口跨境电子商务的主要目标市场，而产品供给则主要以国内长三角和珠三角卖家为主，出口产品则仍以 3C 电子产品、服装服饰等消费品为主。此外，B2B 模式仍是中国出口跨境电子商务主体，但 B2C 模式重要性日渐提升，B2C 市场潜力有望得到释放。

目前，无论是在欧美、日韩等发达国家，还是在新兴市场，网购都在覆盖更广的人群，尤其是新兴市场的网购用户对中国制造青睐有加。同时，"一带一路"建设"东风"为中国跨境电子商务卖家提供了快速布局沿线国家市场的机会，出口跨境电子商务市场还存在巨大的发展窗口期。

1. 中国出口跨境电子商务交易规模

受政策扶持、市场环境改善等诸多利好因素影响，中国跨境出口电子商务保持持续扩张态势。电子商务研究中心数据显示，2018 年，中国出口跨境电子商务交易规模为 7.1 万亿元，同比增长了 12.7%。尽管出口跨境电子商务交易规模增速不断下滑，但仍明显快于中国电子商务行业 8.5%的规模增速。

2. 中国跨境电子商务出口市场

从出口跨境电子商务出口国家分布来看，美国、法国等发达国家依然是中国出口电子商务的主要目的地，这主要是因为这些国家基础设施完善，具有较为成熟的网络购物环境。而近年来，俄罗斯、巴西、印度等新兴市场蓬勃发展，也吸引了大量中国电子商务企业及卖家纷纷布局。新兴市场有着广阔的电子商务发展基础，电子商务发展潜力巨大，是下一波市场蓝海所在，是中国出口跨境电子商务发展重要增长点。

3. 跨境电子商务卖家主要聚集地

从出口跨境电子商务卖家区域分布来看，目前，中国出口跨境电子商务卖家主要聚集在长三角和珠三角地区，尤其以广东、浙江、江苏最为集中，卖家占比均在10%以上，良好的传统外贸发展基础为这些地区出口跨境电子商务的发展提供了便利。而未来随着跨境电子商务卖家群体规模的不断壮大，卖家群体向更多有着外贸发展基础及互联网发展较为发达的区域延伸，中西部地区跨境电子商务发展的潜力将得到释放。

4. 中国出口跨境电子商务主要产品

从跨境电子商务出口产品来看，3C电子产品、服装服饰配件等消费品一直是全球跨境电子商务平台最畅销的品类；此外，家居园艺、户外用品、健康美容等产品需求也较为庞大，占比也在5%以上。

事实上，中国在很多地方都形成了有特色的产业带经济，如广州的女装箱包、佛山童装、顺德小家电、商通家纺等。国内传统优势产业基础正在快速赋能跨境电子商务更好发展。因此，除了当前的主要出口品类，随着更多跨境物流解决方案的应用，也将带动中国更多产品品类实现出口。

5. 出口跨境电子商务市场交易主体

从出口跨境电子商务市场结构来看，B2B仍是市场交易主体。2018年，出口跨境电子商务B2B交易规模达5.7万亿元，占出口跨境电子商务交易总额的80.3%。但是B2B交易规模占比却有逐年下滑趋势，B2C电子商务交易模式重要性则不断提升，市场潜力或将不断释放。

值得一提的是，目前，出口B2B平台普遍由纯信息服务模式向在线交易模式及综合服务商角色转变。从提供单一的服务向多种服务并举，满足中小外贸企业线上化发展需求，增强平台用户黏性及盈利能力。未来随着云计算、大数据、人工智能等新兴数字技术广泛应用于跨境贸易服务、生产、物流和支付环节，跨境B2B有望迎来新一轮增长。

2.4.3 中国跨境电子商务进口市场分析

1. 跨境进口电子商务交易规模

2013年后，跨境进口电子商务平台快速发展，跨境网购用户也逐年增加，中国跨境进口电子商务市场规模增速迅猛，2015年由于进口税收政策的规范以及部分进口商品关税的降低，跨境进口电子商务呈爆发式增长，2016年跨境进口电子商务在激烈竞争中不断提升用户体验，不断扩展平台商品种类，完善售后服务，未来中国跨境进口电子商务市场的交易额仍将快速增长。随着国家政策对跨境进口电商的不断支持，跨境进口电商会变得越来越普及化。

2. 跨境进口电商企业类型

考虑到进口商品的报关纳税和物流模式，按照跨境电子商务企业的经营模式，可以将跨境进口电商企业做出如下的具体划分。

（1）使用直邮拼邮发货的平台类电商：HIGO、淘宝全球购、易趣、优集品、魅力惠、保税国际、么么哒、跑客帮、熟人邦、冰帆海淘。

（2）使用保税仓或直邮拼邮发货的平台类电商：洋码头、聚优澳品、海蜜严选、孩子王、跨境淘。

（3）使用保税仓发货的自营类电商：达令全球好货、银泰网海淘馆、YOHO。

（4）使用直邮拼邮发货的自营类电商：中粮我买网全球购、一帆海淘网。

（5）使用保税仓或直邮发货的自营类电商：波罗蜜全球购、林德帕西姆、网易考拉海购、小红书、唯品国际、丰趣海淘、麦乐购、优盒网、五洲会、母婴之家、莎莎网、摩西网、保税店。

（6）使用直邮拼邮发货的平台+自营类电商：海淘大师。

（7）使用保税仓或直邮发货的平台+自营类电商：天猫国际、宝贝格子、苏宁海外购、聚美优品、京东全球购亚马逊海外购、1号店全球进口、国美海外购、蜜芽、宝宝树旗下的美囤妈妈。

（8）第三方物流：FedEx、DHL、UPS、EMS、申通快递、中国邮政、顺丰速递、圆通速递、韵达速递。

（9）平台自建物流：贝海国际（洋码头）、品骏快递（唯品会）、菜鸟网络（阿里巴巴）、京东物流。

（10）转运类物流：飞猪转运、运淘美国、转运四方、优递速递、斑马物流、快鸟转运、海带宝。

（11）返利类海淘工具：RebatesMe、55海淘、Extrabux、一淘。

（12）比价类海淘工具：惠惠购物助手。

（13）指南攻略类海淘工具：海淘贝、买个便宜货、北美省钱快报、海淘居、极客海淘、口袋购物、什么值得买、悠悠海淘。

3. 跨境进口电商模式演变

跨境进口电商正从个人代购发展到B2C模式。其原因可以从3个角度进行分析。

1）国家政策层面

从2012年开始，国家开放了第一批跨境进口电商试点城市；2013年出台支持跨境电子商务便利通关的政策；2014年跨境进口电商开始合法化，有明确的税收政策。跨境进口电商逐渐合法化，经营规范化。随着国家对跨境进口电商的规范管理，为符合政策要求，部分C2C平台逐步转为B2C平台。

2）投资资本层面

跨境进口电商平台有很大的投资空间，受到投资资本的青睐。据统计，2016年，跨境进口电商平台获得的单笔融资的平均金额约为3300万美元,在披露融资的跨境进口电商平台中有6家平台获得亿元人民币以上的融资金额。一些规模较大的B2C平台逐渐合并了一些小的C2C平台。

3)商品质量层面

由于C2C平台中的产品质量参差不齐,为了满足消费者对商品品质方面的需要,B2C平台开始兴盛并成为主流。

2.4.4 跨境电子商务平台分析

1. 出口跨境电子商务平台

1)速卖通平台

全球速卖通是阿里巴巴集团旗下面向全球市场的跨境电子商务平台,融合了商品展示、客户下单、在线支付、跨境物流等多种功能,帮助零售商和网店实现小批量、多批次快速销售,拓展其利润空间。速卖通平台如图2-3所示。

图2-3 速卖通平台

2)亚马逊平台

亚马逊(Amazon)成立于1995年,是美国最大的电子商务公司,也是目前电子商务市场上覆盖范围最广的公司,它的发展预示着市场的走向。亚马逊在模式上是一个全球性的B2C电子商务平台,近年来该平台上来自中国的卖家越来越多。亚马逊平台如图2-4所示。

1995年至1997年,亚马逊第一次定位:成为"地球上最大的书店";1997年至2001年,亚马逊第二次定位:成为"最大的综合网络零售商";2001年至今,亚马逊第三次定位:成为"最以客户为中心的企业"。经过不断的业务拓展,目前亚马逊已经成为拥有全球商品品种最多的网上零售商,网络交易平台已覆盖中国、美国、加拿大、巴西、墨西哥、英国、德国、法国、西班牙、意大利、荷兰、日本、印度、澳大利亚14个国家站点。其中,澳大利亚站点在 2017 年 11 月陆续向卖家开放。另外，亚马逊在 2018 年主推日本站和德国站。

图 2-4　亚马逊平台

亚马逊平台上不仅销售全新的商品，还有翻新、二手商品销售，行业涉及图书、音乐和游戏、影视、电子和电脑、数码下载、玩具、婴幼儿用品、玩具、家居园艺用品、服饰、鞋类和珠宝、食品、健康和个人护理用品、体育及户外用品、汽车及工业产品等众多领域。

3）敦煌网

敦煌网在 2004 年就已正式上线，是中国国内首个实现在线交易的跨境电子商务 B2B 平台，以中小额外贸批发业务为主，开创了"成功付费"的在线交易佣金模式，免去卖家注册费，只有在买卖双方交易成功后才收取相应的手续费，将传统的外贸电子商务信息平台升级为真正的在线交易平台。作为国际贸易领域 B2B 电子商务的创新者，敦煌网充分考虑了国际贸易的特殊性，融合了新兴的电子商务和传统的国际贸易，为国际贸易的操作提供专业有效的信息流、安全可靠的资金流、快捷简便的物流等服务，是国际贸易领域一个重大的革新，掀开了中国国际贸易领域新的篇章。敦煌网如图 2-5 所示。

图 2-5　敦煌网

敦煌网的优势在于较早推出增值金融服务，根据自身交易平台的数据为敦煌网商户提供无实物抵押、无第三方担保的网络融资服务。其还在行业内部率先推出 App 应用，不仅解决了跨境电子商务交易中的沟通问题和时差问题，还打通了订单交易的整个购物流程。目前，敦煌网已经具备 120 多万家国内供应商在线，3000 万种商品，遍布全球 224 个国家和地区的 550 万买家的规模。

4）Wish 平台

Wish 创立于 2011 年，目前是美国一家移动 B2C 跨境电子商务平台。Wish 的早期版本是一个用户创建心愿清单的移动应用，Wish App 可以从用户现有的心愿清单中提取数据，预测出他们可能会喜欢的其他物品并给予推荐。从 2013 年 3 月起，Wish 开始转型做电子商务。Wish 平台如图 2-6 所示。

图 2-6　Wish 平台

与速卖通、亚马逊等电子商务平台不同的是，Wish 以移动端作为切入点，并迅速发展壮大起来。随着移动互联网的发展，用户正在从 PC 端向移动端转移，这是 Wish 发展的优势所在，亚马逊、速卖通、eBay 这些第三方跨境电子商务平台虽然也看到这样的变化趋势，推出了自己的移动 App，但更多的只是实现了交互界面的移动化，在运营思维上，还需要兼顾好 PC 端与移动端模式。

在移动端方面，Wish 就具有明显的优势和独特之处，真正地实现了让用户随时随地想看就看，想买就买，不仅给用户提供了不一样的界面体验，还通过智能化算法推荐技术，给用户推荐的是用户可能喜欢的，而不是平台自己认为好的产品。这就加强了平台与用户之间的互动性，体现了用户关怀与人性化运营思维，也大大增强了用户黏性。

与亚马逊、阿里巴巴等相比，Wish 转型做跨境电子商务的时间比较短，一些基础设施还没有那么完善，比如物流、跨境支付等方面就比其他第三方跨境电子商务平台落后一些。这也是 Wish 的短板之所在。

5）eBay 平台

eBay 于 1995 年成立于美国加利福尼亚州，是一个可以让全球民众上网买卖物品的线上拍卖及购物网站。发展至今，eBay 已是全球最大的在线购物网站之一。eBay 平台如图 2-7 所示。

图 2-7　eBay 平台

作为一个电子商务平台，eBay 已从 C2C 模式向以 B2C 模式为主的方向转换。eBay 主攻欧美市场，例如美国、英国、德国等市场，不过站点却覆盖全球，分布在美国、英国、澳洲、中国、阿根廷、奥地利、比利时、巴西、加拿大、德国、法国、爱尔兰、意大利、马来西亚、墨西哥、荷兰、新西兰、波兰、新加坡、西班牙、瑞典、瑞士、泰国、土耳其、中国香港等国家和地区。平台上商品品类繁多，产品涉及各个档次。

eBay 海外仓也在逐渐普及，在为卖家降低贸易成本的同时，也提升了物流服务品质和效益。充分利用 eBay 海外仓，国内卖家可以拓宽产品线，并将价值更高的大件、重件商品便捷地出口到海外市场。

eBay 海峡两岸及港澳地区 CEO 表示，eBay 未来发展的四大重点为移动业务、线上线下 O2O 融合、大数据技术、全球跨境贸易，为中国卖家提供"一站式"扶持。

2. 进口跨境电子商务平台

1）洋码头平台

洋码头成立于 2009 年，是目前中国知名的独立海外购物平台，拥有近 4000 万用户，设有直播频道、特卖频道和笔记社区。洋码头极具创新性地创立海外场景式购物模式，通过买手直播真实的购物场景，让中国消费者足不出户，轻松、便捷地享受一站式全球血拼。特卖频道提供全球热销商品，品类涵盖服装鞋包、美妆护肤、母婴保健、食品家居等。通过保税发货的方式，让国内消费者更快速地收到全球热销商品。笔记社区是用户分享的个性购物笔记、买手分享的心情故事和全球潮流资讯的专区，为用户提供讨论和分享自己的生活理念、畅享海外购物的乐趣。洋码头平台如图 2-8 所示。

2）天猫国际平台

天猫国际成立于 2014 年，入驻商家均为境外公司实体，具有境外零售资质，销售的商品均原产于或销售于境外，通过国际物流经中国海关正规入关。中国香港第二大化妆品集团卓悦网、中国台湾最大电视购物频道东森严选、日本第一大保健品 B2C 网站 Kenko、海淘名表第一网站店 Ashford 等海淘平台均在天猫开设了旗舰店，入驻店铺超过 140 家。2015 年聚划算平台和天猫国际联合开启"地球村"模式。美国、英国、法国、西班牙、瑞士、澳大利亚、新西兰、新加坡、泰国、马来西亚、土耳其 11 国国家馆在天猫国际亮相。天猫国际与 20 个国家大使馆合作，使富有海外特色的商品齐聚同一平台，实现了足不出户逛遍全球。天猫国际平台如图 2-9 所示。

图 2-8　洋码头

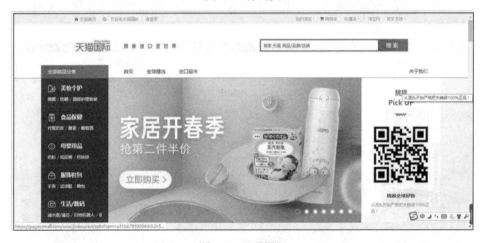

图 2-9　天猫国际

3）蜜芽平台

蜜芽于 2011 年创立，是中国首家进口母婴品牌限时特卖商城。"母婴品牌限时特卖"是指每天在网站推荐热门的进口母婴品牌，以低于市场价的折扣力度，在 72 小时内限量出售。销售渠道包括官方网站、WAP 页和手机客户端。网站上线第一年销售额超过 3 亿元，第二年超过 10 亿元，两年时间蜜芽三次融资共 8000 多万美元，销售额增长 10 倍。2015 年，蜜芽与儿童教育机构红黄蓝组建合资公司，通过红黄蓝全国近千家亲子园开拓母婴产品的 O2O 服务市场。跨境商品移动货架将会在红黄蓝园所里做展示，休息区的家长可以通过手机扫码下单，所购商品将由蜜芽宝贝从保税仓发货。借助 O2O 模式，蜜芽打开了一个绝佳的线下消费场景。蜜芽平台如图 2-10 所示。

图 2-10　蜜芽

4）丰趣海淘平台

2014 年顺丰速运重磅推出丰趣海淘。丰趣海淘定位为跨境进口零售网站，是为消费者提供海外优质品牌的进口商品。丰趣海淘主张"顺心全球购、丰富好生活"，满足中国消费者对于快速购买高品质的海外商品的迫切需求，丰富其多元化购物选择。丰趣海淘平台如图 2-11 所示。

图 2-11　丰趣海淘

3. 各地区本土平台

1）Newegg（美国）

美国 Newegg 于 2001 年成立，总部位于美国南加州的洛杉矶，Newegg 是美国领先的计算机、消费电子、通信产品的网上超市。Newegg 聚集约 4000 个卖家和超过 2500 万客户。最初销售消费类电子产品和 IT 产品，但现在已经扩大到全品类，品种高达 55 000 种。吸引了 18 至 35 岁的富裕和熟悉互联网的男性。畅销品类是汽车用品、运动用品和办公用品。特别值得注意的是，大部分消费者是男性，但女性消费者也在快速增长。

Newegg 已经在加拿大、澳大利亚、中国建立分站和运营团队，前不久又宣布准备进入印度、爱尔兰、新西兰、波兰、新加坡和荷兰，加快全球化布局。Newegg 如图 2-12 所示。

图 2-12　Newegg

2）乐天（日本）

乐天创办于 1997 年，目前已成为日本最大的电子商务网站，市值达到 135 亿美元，年营收超过 40 亿美元。乐天也是全球最大的网络公司之一。在美国市场，乐天斥资 2.5 亿美元收购了 Buy.com，2013 年公司更名为"乐天购物"（Rakuten.com Shopping）。乐天购物聚集了 3000 卖家、超过 8000 万客户和 2300 万种产品。客户群年龄在 25 到 54，男性和女性各占一半。Rakuten.com 最初专门销售计算机及电子产品，但它现在提供体育用品、健康和美容、家居和园艺、珠宝和玩具等。乐天平台如图 2-13 所示。

图 2-13　乐天

"打败亚马逊"是日本乐天的创始人三木谷浩史的宏远志向，由于在日本国内市场渗透已达到饱和，想在日本本土吸引更多的消费者已经变得艰难，走向国际化是乐天实现这一目标的必然选择。近些年来，乐天海外市场动作频频，其从物流、支付、渠道、投资等全方位布局，势力范围遍及亚洲、欧洲和美洲。因此对跨境电子商务和品牌商来说，乐天是一个不可忽视的在线大卖场。

3）OnBuy（英国）

OnBuy（见图 2-14）是英国发展较快的电子商务平台之一。该平台报告称其在 2019 年的黑色星期五创造破纪录的 100 万英镑（约合 130 万美元）的销售额，2019 年 11 月的销售额是前一年同期的 5 倍。OnBuy 收取颇具竞争力的销售费用，允许卖家以较低的产品价格吸引更多买家，同时又不会降低利润。如果标准卖家没有达到每月 500 英镑（约合 650 美元）的销售目标，OnBuy 会提供独家销售保证，并免除下个月的订阅费。

图 2-14　OnBuy

4）MercadoLivre（巴西）

MercadoLivre（见图 2-15）是巴西本土最大的 C2C 平台，相当于中国的淘宝。利用好这个平台有利于了解巴西各类物价指数、消费趋势、付款习惯等市场信息。聚集超过 52 000 卖家和注册用户 5020 万。访问量位列全球前 50。范围覆盖 13 个国家和地区（巴西、阿根廷、智利、哥伦比亚、哥斯达黎加、厄瓜多尔、墨西哥、巴拿马、秘鲁、多米尼加、巴拉圭、委内瑞拉和葡萄牙）。除了电子交易平台，还有南美洲最大的类似于支付宝的支付平台。导致墨西哥和阿根廷等国没有本地化网站。最初，它只是一个拍卖网站，但在今天，主要还是网络销售平台。考虑到迅速提高的互联网普及率，MercadoLivre 能为卖家提供有巨大潜力的南美市场机遇。

图 2-15　MercadoLivre

5）Trade Me（新西兰）

Trade Me（见图 2-16）是新西兰最大的网上交易市场，拥有超过 310 万会员。每月 14 亿网页展示。新的和二手货的商店品类包括婴儿用品、书籍、服装、计算机和家庭生活用品。最初是二手货拍卖市场，是早期 eBay 翻版，但现在也和 eBay 一样，销售新产品。

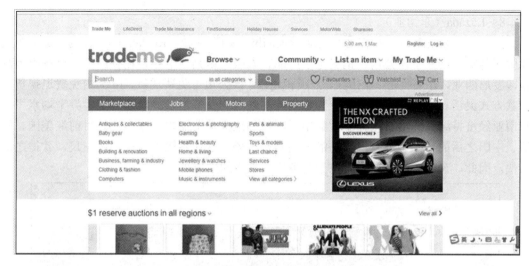

图 2-16　Trade Me

6）Ozon（俄罗斯）

Ozon 是俄罗斯最大的电子商务平台，目前占据 20%俄罗斯电子商务市场份额。未来十年的目标更是获取 80%俄罗斯电子商务市场份额。众所周知，国内淘宝早期充满了机遇，很多淘品牌脱颖而出。如今的 Ozon，就像当年的淘宝一样。

7）Real.de（德国）

在欧洲，德国 B2C 电子商务销售额仅次于英国。Real.de（见图 2-17）是一个新兴且高度竞争的市场，每月约有 1900 万名用户。Real.de 提供了简单的设置过程，其产品类别包括家庭和花园、电子产品、婴童用品、杂货、美容用品等。卖家可以与许多 listing 工具集成，但请注意你需要提供专业的德语翻译和客户服务。

图 2-17　Real.de

8) Lazada（东南亚）

Lazada（见图2-18）号称是东南亚最大的网上购物商城，Rocket Internet 为打造"东南亚版亚马逊"创立了该公司。销售电子产品、衣服、用具、书籍、化妆品等，市场范围涵盖印度尼西亚、马来西亚、菲律宾、泰国和越南。该公司可免费送货，14天内免费退换货，付款方式灵活。新加坡、马来西亚和越南的互联网普及率增长速度超过了世界平均水平。东南亚经济持续高速增长培养了大量中产阶级和巨大消费需求。东南亚是目前继美国、欧盟、中国之后的又一个最有活力与潜力的消费市场。这让各国大电商垂涎三尺，欲得之而后快。因此，东南亚是目前各大电子商务平台争夺的主战场。

图 2-18 Lazada

9) Gmarket（韩国）

Gmarket（见图2-19）是韩国最大的综合购物网站，在韩国在线零售市场中的商品销售总值方面排名第一，主要销售书籍、MP3、化妆品、计算机、家电、衣服等。2010年5月7日 eBay 公司宣布，将与韩国电子商务公司 Gmarket 组建合资公司，eBay 出资 1000 万美元。合资公司将帮助 Gmarket 开拓日本与新加坡市场。

图 2-19 Gmarket

10）Jumia（尼日利亚）

Jumia（见图2-20）是非洲大国尼日利亚最大的电子商务零售公司，目标是打造本土的"亚马逊"，出售电子产品、服装、冰箱等各类商品。拥有人口约为1.6亿的尼日利亚，电子商务网站却寥寥无几，实体超市和商场数量也极其有限，这为电子商务公司提供了巨大的潜在市场。尼日利亚互联网用户已经达到了4000多万，且增长迅猛。同时，尼日利亚的网购需求正在提高。近几年来，尼日利亚涌现了各类电子商务网站，包括食品、饮料、房地产、旅游和手机转账业务等。以 Jumia、Konga 和 Dealdey 等为主的电子商务竞争格局正在形成，"非洲版携程"Hotels.ng 也正在迅速抢占在线旅游市场。

图 2-20　Jumia

复习与思考

1. 从环境构成角度，简述互联网具有的要素。
2. 简述网络营销的宏观环境主要包括哪些方面的因素。
3. 简述竞争对手的类型。
4. 简述目前中国政府在推动跨境电子商务方面所做的贡献。

第3章　跨境电子商务网络市场消费者分析

教学目标

- 了解跨境网络消费者的概念。
- 了解个体消费者购买行为分析。
- 掌握组织市场概念。
- 掌握消费者权益的内涵。

学习重难点

重点

- 跨境网络消费者的特征。
- 跨境买家采购行为分析。
- 跨境组织买家类型及采购模式。
- 网络消费者保护现状及问题。

难点

- 能够研究跨境网络消费者行为。
- 能够掌握如何解决电子商务争端。

案例导入

天猫国际进口超市提升消费者跨境购物效率

"3天内就能收到跨境商品",这是天猫国际进口超市提出的口号。背靠淘宝和天猫的资源,天猫国际进口超市在2019年5月才上线,但产品线已囊括2万多个海外品牌,由菜鸟提供全面配送服务,目标是实现"跨境物流3日必达"。

天猫进出口事业部总经理刘鹏表示,除了可以一站式购齐,天猫国际进口超市还能通过天猫清关和物流的能力节约成本,使进口商品更丰富、更便宜。有消费者在2018年曾托到日本游玩的朋友代买数瓶网红日本FXV+眼药水,每瓶零售价格约合人民币60多元。但在2019年"双11"活动中,天猫国际进口超市的FXV+眼药水,购买两瓶以上就能享受到不同程度的折扣优惠,最终售价均不超过40元/瓶,远低于海外零售价格。

统计显示,该产品在天猫国际进口超市的销售数据已超过1.2万人次。价格实惠是消费者选择购买跨境商品的重要因素之一,另一个选择因素就是产品的保真与物流时间。2019年"双11",苏宁国际通过21项正品保障措施,成立了正品保障联盟,借用区块链技术规避海淘物流造假风险,并辅以"亿元保障金"等多重措施,切实保障消费者在苏宁国际能买到正品。

随着政策的放宽以及消费水平的提升，跨境电子商务市场规模稳步增长。中信建投证券数据统计，跨境进口零售贸易额从 2017 年一季度的 797.8 亿元增长到 2019 年二季度的 1028.7 亿元。跨境电子商务企业通过线上、线下联动，不断为消费者提供更完善的消费体验，而"网购保税+秒通关"技术的完善和普及，也会大大提升消费者跨境购物的效率。

"巨大的消费需求和市场规模让各大电商平台都十分重视跨境电子商务业务，并且在保真、便捷、性价比等方面下功夫。"电子商务行业分析师梁振鹏曾表示，目前中国跨境电子商务进口还处于起步阶段，进口产品注重品牌和差异化特色，尚未延伸到普通消费层级，随着国内市场对海外商品需求的高涨，未来几年跨境电子商务进口的份额占比将继续提升。不难看出，天猫国际进口超市陆续开通美国仓、日本仓和韩国仓直购业务。通过并购海外零售与物流企业，中国电子商务巨头们已经为跨境电子商务建立起了涵盖全球的商贸物流网络。

3.1 跨境网络消费者概述

3.1.1 跨境网络消费者的概念

1. 消费、消费者与消费者行为

1）消费

广义的消费概念是指人类为了某种目的而消耗各种资源的过程。资源包括：①人类生存环境中的任何物质和能量；②由人类劳动作用过的各种物质产品、劳务、信息等。

消费通常分为两类：生产性消费和非生产性消费。非生产性消费又可分为生活消费和其他非生产领域中的消费。生活消费是直接为满足人们生活需要而消耗有关资源的过程，消费者行为学中研究的消费一般是指生活消费。

2）消费者

人们从其诞生之日起，就已经开始消费各种各样的社会商品了。今天的人们讲究科学地孕育、哺育、教育下一代，所以父母在孩子的成长过程中倾注了他们毕生的心血。他们给予自己的孩子从精神上到物质上、从生理上到心理上无微不至的关怀。书籍、营养品、益智食品、智力玩具伴随着他们长大成人。对这些商品的消费，有些是人们基于生理的需求，这是人们维持自身的"简单再生产"所必需的；有些是人们基于较高层次的需要而做出的决定，例如，不断地学习、不断地更新知识、不断地购买各种参考资料、不断地进修深造。这两种消费虽然是人类需要的不同层次，但它们既有区别又有联系。前者是人们的一种本能性消费，是人类全部消费的基础；后者是一种社会性消费，它源于又高于本能消费。随着社会经济、科学技术的发展，无论是本能性消费，还是社会性消费，其消费对象越来越丰富多彩，由此使消费者在消费过程中得以更充分地体现自己的个性。

在现实生活中，同一消费用品的购买决策者、购买者、使用者可能是同一人，也可能是不同的人。例如，大多数成年人自己的东西很可能是由使用者自己决策和购买的，当然也不排除他人为其购买的可能,如恋人或子女等;而大多数儿童用品的使用者、购买者和决策者则很有可能是分离的。如果把产品的购买决策、实际购买、使用视为统一的过程,那么,处于上述过程任一阶段的人都可成为消费者。

消费者是消费主体,消费品是消费客体。狭义的消费者是指以直接消费为目的而购买产品或服务的个人和家庭,此时的产品或服务称为消费品。广义的消费者是指购买、使用各种产品与服务的个人或服务组织,如各大公司、学校是办公用品最大的用户群,它们大量地消耗纸张、油墨、书本等。本书主要从狭义的消费者角度研究消费者行为。消费者的主要特点是:他们是自然人,而不是单位或法人;他们利用各种来源的个人收入进行独立自主的消费;他们为了满足各种直接的生活需要而进行消费。

3)消费者行为

(1)消费者行为的含义。消费者行为指人们为满足其需要和欲望而选择、购买、使用及处置产品或服务时介入的过程和活动。消费者行为包括与购买决策相关的心理活动和实体活动。心理活动包括需要和动机的产生、评估不同品牌的属性、对信息进行加工处理以形成内心决策等。实体活动则包括消费者搜集产品相关信息、实际光顾销售点和销售人员互动、产品的实际消费与处理等。

(2)消费者行为的特点。消费者行为既富有多样性,又很复杂。多样性表现于消费者在需求、偏好以及选择产品的方式等方面各有侧重,互不相同;同一消费者在不同时期、不同环境、不同产品的选择上,其行为呈现出很大的差异性,例如,同一位消费者在购买手机这个问题上,其认识、认知程度是在不断提升的。最初,他购买手机仅仅考虑到它是最先进的通信工具这一功能,而今,他会追求手机的存储功能、上网功能、摄像功能,甚至 GPS 全球定位系统的功能。手机的"单功能—多功能—全功能"的发展让他的消费决策变得复杂了。

这种消费者行为的复杂性一方面可以通过它的多样性、多变性表现出来;另一方面,也表明它受很多内、外部因素的影响,而且其中很多因素既难识别,又难把握。消费者行为研究结果已经证明,人们的消费行为均受动机的驱使,但每一行为背后的动机往往又是隐蔽和复杂的。以一位购买凯迪拉克轿车的消费者为例,他的显性购买动机是购买大汽车更舒适;凯迪拉克是有上佳表现的高品质的汽车;自己的好几位朋友都开凯迪拉克。而他的隐性动机则是购买凯迪拉克,能显示自己的成功;它是强有力、性感的汽车,它能使自己也显得强有力和性感。由此可见,同一动机可以产生多种行为;同样,同一行为也可以是由多种动机所驱使的。

不仅如此,消费者行为还受各种文化、社会、经济、个体等因素影响,而且这些因素对消费者行为的影响有的是直接的,有的是间接的;有的是单独的,有的是交叉的或交互的。正是这些影响因素的多样性、复杂性,决定了消费者行为的多样性和复杂性。消费者行为还具有可诱导的特点。消费者有时对自己的需要并不能清楚地认识到。此时,企业可以通过提供合适的产品激发消费者的需要,也可以通过有效的广告宣传、营销推广等促销手段刺激消费者,使之产生购买欲望,甚至影响他们的消费需求,改变他们的消费习惯,更新他们的消费观念,树立全新的消费文化。例如,人们的消费总是在一定的生态环境中进行的,无论是物质消费还是精神文化消费,都离不开生态消费。

2. 网络消费者及网络消费者行为

1) 网络消费

联合国经济合作与发展组织把电子商务定义为：发生在开放网络上的包含企业之间、企业和消费者之间的商业交易。企业对消费者的电子商务（B2C），是需求方和供给方在网络所构造的虚拟市场上开展的买卖活动，可以定义为"以Internet为主要服务提供手段，实现公众消费和提供服务，并保证与其相关的付款方式电子化的一种模式。它是随着WWW网的出现而迅速发展的，可以看作一种电子化的零售"。由此可见，B2C对企业而言是电子化的零售商业，对消费者而言就是网络消费。网络消费是消费者通过Internet订购产品或服务并且进行网上支付的行为。也就是说，网络消费是消费者和零售商凭借互联网进行产品的购买与销售，是传统商品交易活动的电子化过程。

2) 网络消费者

网上消费包括网上旅游预订、网络炒股、网上银行和网络购物等。进行网上购物的消费者的类型多种多样，对经常在网上购买东西的购物者进行必要的研究，是网络营销人员和网站推广者必须进行的一个步骤。只有有针对性地了解网络消费者，才能更有效地销售自己的产品，俗话说的"知己知彼，百战不殆"就是这个意思。

网络消费者不同于网民，主要是指以网络为工具，通过互联网在电子商务市场进行消费和购物活动的消费者人群。

进行网上购物的消费者可以分为5种类型：简单型、冲浪型、接入型、议价型、定期型和运动型，如图3-1所示。

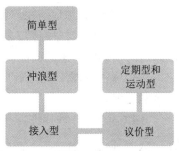

图3-1 不同类型的网络消费者

（1）简单型消费者。简单型的顾客需要方便直接的网上购物。他们每月只花7小时上网，但他们进行的网上交易时间却占了一半。时间对他们来说相当宝贵，上网的目的就是快捷购物，购物前他们有明确的购物清单。零售商必须为这一类型的人提供真正的便利，让他们觉得在你的网站上购买商品将会节约更多的时间。要满足这类人的需求，首先要保证订货、付款系统的方便、安全，最好设有购买建议的页面，例如设置一个解决各类礼物选择问题的网上互动服务为顾客出主意，最起码也要提供一个易于搜索的产品数据库，便于他们采取购买行为。另外，网页的设计力求精简，不要使用过多的图像，以免影响传输速度。

（2）冲浪型消费者。冲浪型的顾客占常用网民的8%，而他们在网上花费的时间却占了32%，并且他们访问的网页是其他网民的4倍。很多冲浪者上网仅仅是为了寻找乐趣或找点刺激。冲浪型网民对常更新、具有创新设计特征的网站很感兴趣。互联网包罗万象，无所不有，是一个绝好的"娱乐媒体"，在这里你可以玩游戏、竞赛、访问很"酷"的站点，看有趣的个人网页，听音乐、看电影，了解占星术、烹饪、健身、美容等。正是因为这类冲浪者的存在，才使网站投其目标用户所好成为可能。

（3）接入型消费者。接入型的网民是刚触网的新手，占36%的比例，他们很少购物，而喜欢网上聊天和发送免费问候卡。那些有着著名传统品牌的公司应对这群人保持足够的重视，因为网络新手们更愿意相信生活中他们所熟悉的品牌。另外，由于他们的上网经验不足，一般对网页中的简介、常见问题解答、名词解释、站点结构图等链接更感兴趣。

（4）议价型消费者。议价型消费者占网民的 8%，他们有一种趋向购买便宜商品的本能，eBay 网站一半以上的顾客属于这一类型，他们喜欢讨价还价，并希望在交易中获胜。因此，站点上的"free"这类字样犹如现实生活中的"大减价""清仓甩卖"等字样，具有较强的吸引力。

（5）定期型和运动型消费者。定期型的网络使用者通常是被网站的内容所吸引，定期常常访问新闻和商务网站；运动型的网民喜欢运动和娱乐网站。对这类消费者务必保证站点包含他们所需要的和感兴趣的信息，否则就会很快跳过去。

3）网络消费者行为

消费者的购买行为有功利型和快乐型之分。前者是为了达到某种目的和完成某种任务而进行的购买；后者则是通过购买可以从中感觉到乐趣而采取的行为。功利型购买行为通常与合理推理和相关任务联系在一起，其购买行为具有针对性并讲求效率。快乐型购买行为表现为购物的娱乐性，追求购物过程的刺激性、高度参与感和快乐满足感，体会购物过程的自由度和对于现实的逃避，而购买是整个购物过程的附带品。网上商店往往会对功利型购买行为给予更多的关注，而对购物的快乐性在网上环境考虑得不够充分。网上购物一般分为四种类型。

（1）专门计划型购物。需求在进入网上商店前已经确定，消费者购买预计的商品。

（2）一般计划型购物。需求在进入网上商店前已经确定，但是购物者在店内根据商品的制造商，确定满意的商品。

（3）提醒购物。网上商店的影响带来了顾客的需求，如网上广告、促销活动带来的消费者的需求。

（4）完全无计划购物。进入网上商店前毫无目的。

3.1.2 跨境网络消费者的特征

人们根据对网络环境下消费者特征的研究，逐渐得出网络环境下消费者的共性。网络环境下消费者的特征在继承某些传统特征的同时又呈现一些新的特点。由于互联网商务的出现，消费观念、消费方式和消费者的地位正在发生着重要的变化，互联网的迅速发展促进了消费者主权地位的提高；网络营销系统巨大的信息处理能力为消费者挑选商品提供了前所未有的选择空间，使消费者的购买行为更加理性化。

网络环境下的各类搜索引擎让"e人类"无须走出家门就可做到"货比三家"，他们经常大范围地进行选择和比较，以求所购买的商品价格最低、质量最好、最有个性，使商家欲通过不法手段获利的概率几乎为零；若市场上的产品不能满足其需求，他们会主动向厂商表达自己的想法，自觉不自觉地参与企业的新产品开发等活动，这又同以前消费者的被动接受产品形成鲜明对照；消费者通过网络满足其个性化需求，这种行为使企业明确其真正的目标市场——主动上网搜寻信息的人，使企业的行为更有针对性，从而避免了传统中把大众作为其目标市场进行促销所导致的损失。

1. 网络消费者群体特征

（1）网络用户多以年轻、高学历用户为主，他们拥有不同于他人的思想和喜好，有自己独立的见解和想法，对自己的判断能力也比较自负，所以他们的具体要求越来越独特，而且变化多端，个性化越来越明显。

（2）头脑冷静，擅长理性分析。网络用户以大城市中的高学历年轻人为主。他们不会轻易受舆论左右，对各种产品宣传有较强的分析判断能力。

（3）喜好新鲜事物，有强烈的求知欲。这些网络用户爱好广泛，无论是对新闻、股票市场还是网上娱乐都具有浓厚的兴趣，对未知的领域报以永不疲倦的好奇心。

（4）好胜，但缺乏耐心。因为这些用户以年轻人为主，因而比较缺乏耐心，当他们搜索信息时，经常比较注重搜索所花费的时间，如果连接、传输的速度比较慢，他们一般会马上离开这个站点。

2. 网络消费者的行为特征

网络用户是网络营销的主要个体消费者，他们的购买行为决定了网络营销的发展趋势。要做好网络市场营销工作，就必须对网络消费者的群体特征进行分析，以便采取相应的对策。网络消费需求主要有以下八个方面的特点。

（1）在近代，由于工业化和标准化生产方式的发展，消费者的个性被淹没于大量低成本、单一化的产品洪流之中。随着21世纪的到来，这个世界变成了一个计算机网络交织的世界，消费品市场变得越来越丰富——产品选择的范围全球化，产品的设计多样化，消费者开始制定自己的消费准则，这使得整个市场营销又回到了个性化。没有两个消费者的消费心理是一样的，每一个消费者都是一个细小的消费市场，个性化消费成为消费的主流。

（2）消费者需求的差异性。不仅仅是消费者的个性消费使网络消费需求呈现出差异性，对于不同的网络消费者，因其所处的时代环境不同，其需求也不同。不同的网络消费者，即便在同一需求层次上，他们的需求也会有所不同。因为网络消费者来自世界各地，有不同的国别、民族、信仰和生活习惯，因而会产生明显的需求差异。所以，从事网络营销的厂商要想取得成功，就必须在整个生产过程中，从产品的构思、设计、制造，到产品的包装、运输、销售，认真思考这些差异性，并针对不同消费者的特点，采取相应的措施和方法。

（3）消费的主动性增强。在社会化分工日益细化和专业化的趋势下，消费者对消费的风险感随着选择的增多而上升。在许多大额或高档的消费中，消费者往往会主动通过各种可能的渠道获取与商品有关的信息并进行分析和比较。或许这种分析、比较不是很充分和合理，但消费者能从中得到心理的平衡以减轻风险感或减少购买后产生的后悔感，增加对产品的信任程度和心理上的满足感。消费主动性的增强来源于现代社会不确定性的增加和人类对心理稳定和平衡的欲望。

（4）消费者与厂家、商家的互动意识增强。传统的商业流通渠道由生产者、商业机构和消费者组成，其中商业机构起着重要的作用，生产者不能直接了解市场，消费者也不能直接向生产者表达自己的消费需求。而在网络环境下，消费者能直接参与生产和流通，与生产者直接进行沟通，减少了市场的不确定性。

（5）追求方便的消费过程。在网上购物，除了能够完成实际的购物需求，消费者在购买商品的同时，还能得到许多信息，并得到在各种传统商店没有的乐趣。今天，人们对现实消费过程出现了两种追求的趋势：一部分消费者工作压力较大，紧张程度高，以方便性购买为目标，他们追求的是时间和劳动成本的尽量节省；而另一部分消费者由于劳动生产率的提高，自由支配时间增多，他们希望通过消费寻找生活的乐趣。今后，这两种相反的消费心理将会在较长的时间内并存。

（6）消费者选择商品的理性化。网络营销系统巨大的信息处理能力为消费者挑选商品提供了前所未有的选择空间，消费者会利用在网上得到的信息对商品进行反复比较，以决定是否购买。企事业单位的采购人员可利用预先设计好的计算程序，迅速比较进货价格、运输费用、优惠、折扣、时间效率等综合指标，最终选择有利的进货渠道和途径。

（7）价格仍是影响消费心理的重要因素。从消费的角度来说，价格不是决定消费者购买的唯一因素，却是消费者购买商品时肯定要考虑的因素。网上购物之所以具有生命力，重要的原因之一是网上销售的商品价格普遍低廉。尽管经营者都倾向于以各种差别化减弱消费者对价格的敏感度，避免恶性竞争，但价格始终会对消费者的心理产生重要的影响。因消费者可以通过网络联合起来与厂商讨价还价，产品的定价逐步由企业定价转变为消费者引导定价。

（8）网络消费仍然具有层次性。在网络消费的开始阶段，消费者侧重于精神产品的消费；到了网络消费的成熟阶段，等消费者完全掌握了网络消费的规律和操作，并且对网络购物有了一定的信任感后，消费者才会从侧重于精神消费品的购买转向侧重于日用消费品的购买。

3.1.3 跨境网络消费者行为研究

1.跨境网络消费者行为研究内容

网络消费者行为是指消费者借助互联网实现对消费品或服务的购买、使用，以实现其自身需要的行为过程，包括先于且决定这些行动的决策过程。网络消费者行为学的研究内容必然围绕这些问题展开。具体来讲，主要有以下问题。

（1）网络消费者购买决策过程研究。
（2）影响网络消费者行为的个体心理因素研究。
（3）影响网络消费者行为的外在环境因素研究。
（4）网络消费者权益保护问题研究。
（5）发展网络消费的策略研究。

2.跨境网络消费者行为研究的意义

1）对网络消费者行为的研究是企业网络营销成功的前提

消费心理和消费行为是企业制定经营策略，特别是制定营销策略的起点和基础，面对网络消费这种特殊的消费形式，消费者的心理和行为与传统消费方式下相比呈现出新的特点，如消费者追求个性化消费，主动消费，对购买方便性的要求增强，更加注重价值和信息，等等。对此，企业（包括生产企业和营销企业）必须进行深入研究，认真审视消费者行为特征的变化，在制定企业的营销策略时分析产生这些新特征的原因，在营销策略、方式、手段上有所创新和突破，建立一套适合电子商务的网络营销机制，将有利于电子商务企业的发展。

2）为网络消费者权益保护和消费政策的制定提供依据

随着经济的发展和各种损害消费者权益的商业行为的不断增多，消费者权益保护成为全社会普遍关注的话题。消费者作为社会的一员，拥有自由选择产品和服务，获得正确信息和安全的产品等一系列权利，政府有责任和义务禁止欺诈、垄断、不守信用等损害消费者权益的行为发生，也有责任通过宣传、教育等手段提高消费者自我保护的意识和能力。在电子商务环境下，对消费者的侵权现象比在传统的商业模式下更加严重，也出现了新的特点。政府应当制定什么样的法律，采取何种手段保护网络消费者权益，这些法律和保护措施在实施的过程中能否达到预期的目的，很大程度上可以借助网络消费者行为研究所提供的信息来进行。所以，通过研究网络消费者行为可以更全面地评价现行消费者权益保护的法律、政策，并在此基础上制定更加切实可行的消费者权益保护措施。另外，政府制定的有关消费政策也必须建立在了解消费者行为的基础上，否则，政策效果可能会大打折扣。

3.跨境网络消费者行为研究的方法

1）观察法

观察法是调研人员凭借自己的观察能力，而不是通过与受访者的直接交流获取信息。在观察中，由于我们的记忆往往会出现偏差，故在观察的同时，需要借用一些记录方式。传统环境下，调研人员一般使用手工、录音机、录像机等记录方式，而在网络环境下，一般采用计算机软件自动记录的方式。通过软件记录消费者的网络访问情况，或是在聊天室观察用户的聊天行为都是网络环境下通过观察法收集信息的实例。

2）焦点小组访谈法

焦点小组访谈是指由一名组织者邀请一些人自然、无拘束地讨论某些问题。之所以称其为焦点小组是因为组织者将对某一问题展开讨论，并防止人们将话题扯开。进行焦点小组访谈的目的在于发现和归纳出一些在常规的提问调研中所不能获得的意见、感受和经历，可以运用于以下情境：激发产品创意时的顾客基本需要研究；新产品想法或概念探究；产品定位研究；广告和传播研究；在问卷设计的初始阶段了解消费者所使用的语言与词汇等。在线焦点小组访谈是指参与者或客户在网络上交流，不同于传统小组的面对面接触形式。尽管一些专家认为在线焦点小组与传统的焦点小组不能相提并论，但对在线焦点小组访谈的调查结果表明，在线焦点小组访谈确实存在很多优点。

3）问卷调查法

问卷调查是一种常用的数据收集手段，问卷调查假定研究者已经确定所要问的问题。这些问题被编制成书面的表格，交由调查对象填写，然后收回整理分析，从而得出结论。随着网络的发展，在线问卷使用越来越频繁。在线问卷法即请求浏览网站的用户参与企业的各种调查，具体做法：在网站上放置问卷；向相关讨论组发送调查邀请，并在邀请内放置链接，指向放在自己网站上的问卷；通过 E-mail 直接向企业的潜在用户发送调查问卷。

4）实验法

实验法是在改变一个或多个变量（如改变产品特征、包装颜色、广告主题）的条件下，观察这种改变对另外一个变量（如消费者态度、学习或重复购买行为）产生的影响。在控制条件下改变的变量被称为自变量，受自变量影响而改变的变量被称为因变量。实验设计的目的是组建一种环境或情境，在此情境下因变量的改变很可能是由自变量的改变所引起的。

实验研究中的基本工具是控制组和实验组。在实验组里，自变量被改变或被引入，然后观察因变量是否改变。而在控制组里，其他方面与实验组没有任何区别，唯一的区别是自变量没有改变。在现实研究中，控制组和实验组可以以多种方式搭配，由此产生不同的实验设计。

除了选择合适的实验设计，还必须发展一种实验环境。在实验室实验中，我们必须控制所有外部影响，这样，每次重复该实验都将得到相似的结果。例如，如果在实验室让人品尝几种不同的沙拉，用类似的消费者来重复这一实验，我们将得到类似的偏好结果（这称为内部有效性）。然而，这并不必然意味着消费者在家里或在餐馆会喜爱同一种沙拉（这称为外部有效性）。

在实验中，我们要使实验环境尽可能地与相关的现实环境接近，也就是说要尽可能排除不寻常或偶发条件下才出现的外部因素对实验结果的扭曲。然而，如果实验结果没有遭到扭曲，在现实营销运用中这些结果应当是有效的。

5）生理测量

生理测量是直接测量个体对刺激物（如广告）的生理反应。这些反应有的是可控的，如眼球移动；有的则是不可控的，如皮肤触电反应。此种方法在国外的消费者行为研究中使用较多。常用的测量方法有：

（1）瞳孔放大。眼睛中瞳孔大小的变化与个体对信息注意程度有直接关系，瞳孔仪能够准确测量出这种变化。

（2）眼动记录。眼动仪能够记录消费者在观看广告或浏览网页时的眼动轨迹，由此可以确定观看对象的哪些部分曾被注视，各个部分被观看的先后顺序，每一部分的注视时间，等等。

（3）速测镜测量法。速测镜是一种装有可调节放映速度和明亮程度的滑动放映机。经由速测镜，广告可以或快或慢地播放。使用这种仪器可以测量出广告以什么速度播放能使其组成元素（如商品、品牌、标题）被观众辨认出来。

（4）脑电波分析法。研究表明，脑电图能显示个体对广告或包装的注意程度及注意类型。

3.1.4 跨境网购的现状及建议

1. 跨境网购的现状

1）跨境支付已不再严重困扰跨境网购

跨境网购消费者有超过七成用户选择第三方支付平台作为跨境支付工具，如 PayPal、支付宝、财付通等。此外有过半数的消费者使用信用卡与网上银行支付进行跨境支付。这主要得益于互联网、信息技术的成熟发展与应用,尤其是第三方支付市场的发展与成熟,以及移动网络、移动智能终端的普及促进了移动支付的发展。随着第三方支付平台跨境支付的完善与应用,支付环节已经不再严重困扰跨境网购,也不再成为阻碍跨境电子商务发展的重要因素。

2)跨境物流问题降低了消费者的体验

在目前的中国跨境网购中,超过半数的消费者仍偏好使用国际邮政包裹与国内外快递作为跨境物流的首选。此外,还有一部分商品仍需要通过转运公司或转运仓库才能抵达消费者手中,弊端是物流时间长、物流无法追踪等,也降低了消费者跨境网购的体验与评价。国际邮政包裹虽然成本较低,但是物流周期太长;国际快递虽然时间上有优势,但是物流成本高,商品存在局限性,包括海外仓、国际物流专线在内的诸多新兴跨境物流方式仍未得到普及,现有的跨境物流方式单一,且存在的问题较多,已成为阻碍中国跨境电子商务发展的重要因素。

3)消费者仍缺乏明确的消费动机

中国跨境网购消费者有相当一部分人有过将商品放入购物车后却不购买的经历。通过调研及艾瑞咨询的数据发现,与国内整体网购相比,价格、物流、支付等跨境网购所固有的劣势已不再是消费者放弃跨境网购的最主要因素,大多数消费者之所以先收藏商品,主要是因为尚未考虑好是否购买,或者等待后续是否会降价,或者是否有更好、更实惠的商品。这说明,中国跨境网购消费者目前仍缺乏明确的消费动机,这一点与国内整体网购市场的成熟度是无法相比的,跨境电子商务市场仍有很大的空间有待进一步开发与培育。

4)吸引跨境网购的主要原因是品质与价格

中国跨境网购消费者的跨境网购动机偏好明显,按照重要程度排序,前三位的因素分别为品质保证、国内网站、价格便宜。这表征与中国整体网购中消费者的购买动机存在显著差异。中国整体网购消费者的购买动机重要性排序前三位分别是网络口碑、价格、网站/商家信誉。这也说明在跨境电子商务发展推动下,如跨境支付、跨境物流、网络速度与设备等方面已得到较好的改善,已不再是影响消费者购买行为的最重要因素,在跨境电子商务中,消费者更关注商品的品质、质量、价格等。

2. 针对跨境网购现状提出的建议

作为交易主体之一,消费者在中国跨境电子商务活动中处于重要的地位。伴随着跨境电子商务的发展,国内消费者对于国外商品的消费需求逐渐释放。中国跨境电子商务市场潜力大,需要重点开发。在开发与运作中国跨境电子商务市场时,应该重视对消费者体验的研究与把握,在加大市场开发力度时,应该聚焦消费需求,采用合理可行的市场策略。

1)聚焦消费需求,深挖跨境电子商务市场

中国跨境电子商务市场中,消费者尚未具有明确的消费需求,对于商品品质、价格敏感性较强,应以商品品质与价格为切入点,以品牌与服务为抓手,深度挖掘中国跨境电子商务市场。既要关注消费电子产品、家用电器、服装与鞋类、化妆品、婴幼儿用品等传统跨境电子商务市场,也要关注时尚配件类产品、户外产品、箱包类产品、汽车配饰类产品等新兴跨境电子商务市场。通过构建商品品牌,以品牌的溢价弥补价格竞争的获益损失,同时增加消费者的购买吸引力。

2）迎合消费习惯，积极引导供需平衡

针对中国跨境电子商务消费群体的习惯，如购物时间与上网时间趋同、习惯于熟人引导、购物频次低且单价高等特征，借助大数据技术，充分利用市场调研与消费者习惯分析。在市场开发、广告投放、促销推广、新品推荐时，制定一套完善的解决方案，匹配消费群体的消费习惯，从而起到积极引导跨境电子商务商品交易主体间实现供应与需求的动态平衡作用。

3）关注地区两级，城市县城两手齐抓

大城市是跨境电子商务消费的主力地区，但是三四线城市的消费潜力也不容忽视。城市与县城市场又存在不同的市场特征与消费需求。开发中国跨境电子商务市场时，应关注大城市与县城地区，它们构成了中国跨境电子商务市场的两极。针对城市与县城市场，推出不同的商品组合、广告方案、推广策略，既要抓住两个地区的共性，又要关注两个地区的特性，真正做到两手抓，两手都要硬。

4）完善跨境物流，补齐物流短板

通过开发与完善跨境物流网络，弥补现有的跨境物流资源短板，并促进跨境电子商务市场发展。针对不同市场、区域、商品、平台，制定不同的跨境物流解决方案。依托国际邮政包裹、国际快递等传统跨境物流模式，发展海外仓、边境仓、国际物流专线、集货物流等新型物流模式。

3.2　跨境网络消费者购买行为分析

3.2.1　个体消费者购买行为分析

1. 生活形态研究

消费者本身的情况、生活体验、价值观、态度及期望的表现称为生活形态。它会影响消费者的需求与购买态度，最终影响消费者的购买与使用行为。

然而，很少有消费者能够明确地体会生活形态在他们的商品购买过程中所起的作用，但生活形态却确确实实在消费者的购买过程中间接地、不知不觉地发挥着激励与引导的作用。

目前关于消费者生活形态的研究主要有 AIO 架构和 VALS 架构。

1）AIO 架构

学者 Wind 与 Green 于 1974 年提出消费者生活形态的表述以及衡量方法，主要是针对消费者活动的主动或者被动性、兴趣产生的过程与目的以及态度的情感认知和意见进行分析，用来衡量一个人的活动（activity）、兴趣（interest）和意见（opinion），于是产生了 AIO 变量。

后来，学者 Plummer 于 1974 年提出了 AIO 量表，并在此基础上综合人口统计变量，形成了四大构面，提升了生活形态研究的可实践性与应用价值。以该量表为基准，后期发展出很多的衍生量表和研究方法。

综观各种量表，一般均包含以下因素。

（1）态度：主要评估关于他人、通路、意念和产品等。

（2）价值观：主要评估关于能够接受什么或者渴望得到什么的信念。

（3）活动与兴趣：主要评估关于消费者的业余时间都花费在哪些非职业行为方面。

（4）统计变数：主要了解关于消费者的性别、年龄、受教育程度、收入水平、职业状态、家庭结构等方面。

（5）媒体形态：主要评估消费者使用的特定媒体。

（6）产品使用率：主要评估在特定产品种类中，消费者的消费频率。一般而言，AIO 问卷中主要包含的元素如图 3-2 所示。

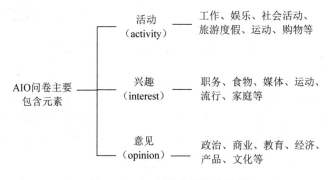

图 3-2　AIO 问卷主要包含元素

受到政治、文化、信仰等多方面因素的影响，各国的消费者之间的购买态度、行为等方面都存在很大的差异，因此了解与分析跨境消费者的生活形态对于跨境贸易显得尤为重要。

2）VALS 架构

在市场营销的应用中，AIO 量表的局限性逐渐显现，并且在市场运作的过程中，学术领域的成果也产生了新的变化。

美国加利福尼亚州的 SRI Consulting Business Intelligence（SRIC-BI）公司开发了 VALS（values and lifestyle survey，价值观与生活形态调查），该模型很快在很多企业与咨询机构得到了应用，如 Siemens、Roland Berger、AC 尼尔森等。日本的 NTT 数据公司与 SRI 合作建立了针对日本的 VALS 模型，我国国内的相关机构也在此模型的基础上针对中国消费者进行了分析，建立了 China-VALS。

VALS 的主要成果是从市场细分入手，为企业提供产品设计、研发与销售的重要决策依据。在后续的应用中有专家、学者提出了 VALS2 等新的模型，VALS2 比 VALS 更接近消费者，该模型主要包含 4 个人口统计变量和 42 个带有倾向性的项目，借助该模型，对消费者的价值观念与生活形态进行调查，能够为企业的预测决策提供相关依据与参考。尽管 VALS 和 VALS2 都是基于美国消费者开发出来的，但该技术目前已经被应用于欧洲的消费者。

在对美国消费者市场进行细分的过程中，专家、学者借助 VALS2 对 170 个产品目录上产品的消费状况进行了调查，细分市场主要基于两个因素，即消费者的资源与自我导向，如图 3-3 所示。

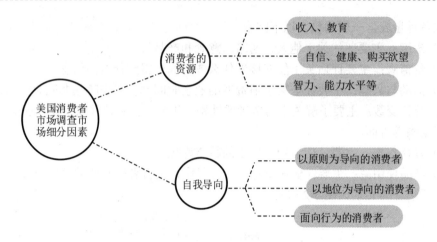

图 3-3　美国消费者市场调查市场细分因素

其中,以原则为导向的消费者,左右他们消费行为的主要是知识而不是感觉或者他人的观点;以地位为导向的消费者,他们为了赢得他人的认可而奋斗,他们的观点是基于其他人的行为和观点产生的;面向行为的消费者,他们喜欢由物质刺激的行为、活动与冒险。

根据自我导向变量,美国的消费者被分成了 8 个细分市场,分别是现代者、实现者、成就者、享乐者、信任者、奋斗者、休闲者和挣扎者。

(1) 现代者:调查发现 8%的美国人口属于现代者。此细分市场的人群高度自信,拥有高学历和高教育水平,阅读了大量的出版物,对观看电视不太感兴趣,具有广泛的兴趣爱好,善于接受新事物、新技术,不相信广告,善于用财富显示个人的格调、品位和特点等。

(2) 实现者:调查发现 12%的美国人口属于此种类型。此细分市场的人群以原则为导向,是比较成熟的、负责任的,并且接受过较好的教育,对名望不感兴趣,喜欢公共事务。此部分的人群中大部分人已经在 50 岁以上,注重家庭,具有较高的收入,在消费过程中的表现主要受其价值观念的左右。

(3) 成就者:调查发现 10%的美国人口属于此种类型。此细分市场的人群政治相对保守,以地位为导向,通常被昂贵的产品所吸引,也有比较广泛的阅读兴趣,平时更关注商务信息。

(4) 享乐者:调查发现 11%的美国人口属于此种类型。此细分市场的人群年轻而充满活力,花费大量的时间在锻炼和社交上,不会吝惜在服装、饮食和娱乐方面的消费,关注广告,购买行为比较冲动,与其他细分市场相比,更具有冒险性。

(5) 信任者:调查发现 17%的美国人口属于此种类型。此细分市场群是 VALS2 模型中最大的细分市场。该细分市场人群受教育程度比较低,他们的信仰被传统的道德观念深深地束缚着,他们基本只购买美国制造的商品,偏好转移比较慢,比较依赖电视,喜欢寻求廉价商品。

(6) 奋斗者:调查发现 14%的美国人口属于此种类型。此细分市场的人群具有蓝领背景,并一直努力超越他人,他们拥有有限的灵活收入,主要花销用在服装和个人保健品方面，与阅读相比，他们更喜欢看电视。

（7）休闲者：调查发现12%的美国人口属于此种类型。此细分市场的人群相对年轻，对物质财富或者世界事件不感兴趣，在价值观方面容易满足，对于他们而言，逛商店是为了体现舒适、耐性和价值观，仅购买所需商品，不为奢侈品所动，喜欢听收音机，阅读汽车、垂钓、家用机械等方面的杂志。

（8）挣扎者：调查发现16%的美国人口属于此种类型。此细分市场的人群在所有细分市场中是收入最低、资源最少的。他们为生存而战，没有任何自我导向，他们经常看电视，相信广告，具有较高的品牌忠诚度，希望购买有折扣或者搞活动的商品。

VALS2模型也同样运用到了日本市场调研中，在日本的VALS模型中，用三个导向，即自我表现者、成功者和传统者代替了美国的VALS中的两个导向，利用这些导向，日本的VALS模型产生了10个细分市场。

2. 传统时代消费者购买行为模式

市场营销学家将消费者的购买动机和购买行为概括为6W+6O，形成了消费者购买行为研究的基本框架。

消费者购买行为是指消费者为了满足自身需要而发生的购买和使用商品的行为。有学者在深入研究的基础上揭示了消费者购买行为中的一些共性，并以模式的方式加以总结描述，比较著名的是恩格尔—科拉特—布莱克威尔模式（Engle-Kollat-Blackwell，EKB模式）和霍华德—谢思模式（Howard-Sheth模式）。

1）恩格尔—科拉特—布莱克威尔模式

EKB模式强调购买者进行决策的过程，从消费者的购买需求产生开始到消费者实现购买结束，在该模式中，消费者的消费心理发挥了很重要的作用。该模式下消费者的购买行为过程可以描述成：由于受到外界的刺激或者社会的压力，某种商品暴露在消费者面前，引起消费者的注意、记忆，并形成信息以及经验存储起来，使得消费者产生了对商品的初步认识；在动机、个性及生活方式的参与下，消费者对问题的认识逐步明朗化，并开始寻找符合自己愿望的购买对象；这种寻找行为在评价标准、信念、态度及购买意向的支持下向购买结果迈进；经过产品品牌评价，进入备选方案评价阶段，消费者在选择评价的基础上做出决策，进而实施购买并得到输出结果，即商品和服务；最后对购买后的结果进行体验，得出满意与否的结论，并开始下一次的消费活动。

2）霍华德—谢思模式

霍华德和谢思认为，影响消费者做出购买决策的主要因素有刺激因素、知觉过程、学习过程、输出变量和外因性变量等。这些因素连续作用的过程表现为：消费者受到外界物体不明朗的刺激后，引起对某种物品的注意，进而进行探索，随后产生知觉倾向，激发购买动机。与此同时，通过选择标准的产生以及对商品品牌商标的理解形成一定的购买态度，从而坚定购买意图，促成购买行为。消费者的使用结果、对产品的满意程度又将进一步影响其对品牌的理解以及消费者的品牌忠诚度。

模式中的刺激因素包括刺激、象征性刺激和社会刺激。刺激是指物品、商标本身产生的刺激；象征性刺激是指由推销员、广告媒介、商标目录等传播的文字、图片和信息等产生的刺激；社会刺激是指消费者在与他人的交往中产生的刺激，消费者对这些刺激因素有选择地加以接受和反应。

模式中的知觉过程指完成与购买决策有关的信息处理过程，学习过程指的是完成概念形成的过程。知觉过程和学习过程都是消费者的心理活动过程，通过心理活动做出信息处理与概念形成最终向外部输出变量。

模式中的外因性变量包括购买的重要性、消费者个性品质、经济状况、社会阶层的感染、文化、亚文化的作用等，这些因素不直接参与消费者的购买决策，但是会对消费者的购买行为产生影响。

3.网络时代消费者消费行为模式

在互联网与移动互联网应用得到爆发性普及的今天，消费者的消费行为模式发生了翻天覆地的变化，与此同时，电视、报纸、广播等传统媒介的影响力正在渐渐削弱，不断被网络所超越。

如果说第一代互联网如同电视、报纸一样承担了信息发布的角色，那么，网络搜索引擎则提供了与传统媒介完全不同的、主动、精准获得信息的可能性。随后，Web 2.0带来了有别于传统媒体的全新传播理念：以消费者为主体的传播，消费者不仅可以通过网络主动获取信息，还可以作为信息发布的主体发布信息，与更多的消费者分享信息。Blog、Wiki、BBS、Wechat等网络工具将消费者也吸引进来，消费者的行为模式和媒体市场也随之发生了变化。

比如，通过向"Google AdSense"这样的广告定向发布个人Blog，实现利益共享，不断提高其广告媒体功能，而且各种搜索引擎的精度也在不断得到改进，媒体市场正在由之前的扁平式发展逐渐呈现深度、精准发展的趋势。

针对这种趋势，电通公司提出了消费者发布型媒体CGM（consumer generated media）的概念，以Blog、Wiki、BBS、SNS、Wechat等为主要形式的个人媒体，除了个人信息发布与群体信息共享，还逐渐将新闻、企业信息、广告等进行比较与讨论，在此过程中，企业、广告信息等得到了传播；此外，网络信息的发布模式由之前的由商家向消费者发布转化为由商家向消费者发布后，消费者与消费者之间分享的模式。

在互联网与移动互联网的影响下，伴随着消费者生活形态的变化，电通公司提出了AISAS消费者行为分析模型，在该模型的指引下，企业的营销方式也正在从传统的AIDMA法则向富有网络特质的AISAS发展。

AISAS模型中，A表示attention，在营销中首先要做到引起消费者的注意；I表示interest，在营销中，营销内容要能够引起消费者的兴趣；S表示search，当产品引起消费者的注意并使得消费者产生兴趣后，要能够让消费者产生搜索行为；A表示action，消费者的搜索行为产生之后，要能够促进消费者产生购买行动；S表示share，在消费者的购买行为发生之后，要能够让消费者愿意分享购物经验及使用心得。

其中search、share体现了网络特质，搜索和分享行为是消费者主动进行的，而非像过去一样一味地由企业单向向消费者进行理念、信息灌输，这充分体现了互联网对于消费者生活、消费行为的影响。

全新的消费者行为模式决定了消费者新的接触点,依据电通的接触点管理(contact point management),媒体将不再限于固定的形式,不同的媒体类型对于媒体形式、投放时间、投放方法的考量首先考虑的是消费者与产品或者品牌的可行接触点的识别,在所有的接触点上与消费者进行信息沟通。在沟通过程中,以消费者的接触点为圆心,围绕消费者的接触点详细解释产品特征的消费者网站成为在各个接触点上与消费者进行信息沟通的深层归宿。消费者网站提供的不仅包括产品的详细信息,促进消费者对产品的了解,同时也影响着消费者的购买决策,此外,消费者网站还提供了人际沟通的通道,对于企业网络营销人员而言,通过对网站访问者访问数据的分析可以制订更加有效的营销计划。

3.2.2 跨境买家采购行为分析

1. 跨境买家采购渠道

跨境买家采购的渠道主要有三种:展会、网络、杂志。

展会是企业常用的开拓海外市场的方式,但是随着世界各种展会的增加以及网络的发展,电子商务采购模式不断发展,展会的效果相比之前有一定程度的削弱。

伴随网络的不断发展,网络采购目前已经成为企业开发新客户的主要途径。

曾经杂志广告也是比较重要的一种开发新客户的途径,但在电子商务的冲击下,杂志的作用越来越小。

开发客户的方式除了上面的 3 种,还有客户介绍、邮件开发、海关数据分析等,这些方法的实施需要企业有一定的专业技能,能够对相关数据进行分析、归纳、总结,并有针对性地做出部署。

2. 跨境买家背景分析

在与跨境买家沟通的过程中,要根据沟通情况分析跨境买家的心理,把握心理之后才能够做出相应的有效回应。

面对面的沟通能够根据对方的态度、肢体语言等读懂其对合作的态度,容易把握买家心理。在邮件沟通中,通过对跨境买家邮件的分析能够判断出跨境买家的一些心理状况,当收到一封邮件时,可以通过询盘内容判断买家有无实单、订单大小以及需求缓急等。

例如:

Dear Sir,

Our company ××× is a wholesale for ××× in Italy. We are interesting at your ×××, so please send us catalogue and price list for them.

从该询盘中得知买家是一家批发商,要求给予其产品目录和价格。从中我们能够看出,买家对于企业的产品不熟悉,希望拿到产品目录和价格,从中看看有无合适的产品。对于这样的买家,一般不要给产品目录,因为可能是同行在套取价格,在回复的时候,可以礼貌地告知客户自己主要做什么产品,简单介绍一下企业实力。

3.3 跨境电子商务组织买家

3.3.1 跨境电子商务组织市场概述

1. 组织市场概念

组织市场（organizational market）是由各种组织机构形成的对企业产品和劳务需求的总和。

2. 组织市场特点

1）组织市场的规模和复杂性

通常组织市场的顾客数量较消费者市场少，并且每个顾客每次选购交易的规模和价值相对较大。组织市场在总交易量、每笔交易的当事人数、客户经营活动的规模和多样性、生产阶段的数量和持续时间等方面，要比消费者市场大得多、复杂得多。此外，组织市场的数量并不受其下游消费者市场数量的限制，因为有些组织不参加任何消费者市场。

一些组织（如慈善机构、教堂、学会等）对消费者提供服务且不直接收取费用，另外有些组织（如军队）中则根本看不到消费者这一角色的作用。

2）组织市场需求的特性

组织市场通过一系列的增值阶段为消费者市场提供产品，所以对最终消费的需求是引发组织市场供给的最终力量。组织市场的需求是从组织市场到消费者市场间各增值阶段一系列需求的派生。如果最终消费品需求疲软，那么对所有用以生产这些消费品的企业产品的需求也将下降。组织市场的供应商必须密切关注最终消费者的购买类型和影响他们的各种环境因素。

3）组织市场购买的特性

由于组织市场具有购买者数量较少，而购买规模较大的特性，与消费者市场相比，通常影响组织购买决策的人较多。大多数组织有专门的采购委员会，由技术专家、高层管理人员和一些相关人员组成。特别是在购买重要商品时，决策往往是由采购委员会中的成员共同做出的。

组织购买者通常直接从生产厂商那里购买产品，而不经过中间商，那些技术复杂和价格昂贵的项目更是如此。同时，组织市场购买者处于谈判中强有力的地位，其可以让卖方做出让步，反过来购买自己的产品。有些情况下，购买者要求卖方反过来购买自己的产品以确保订单的安全。

对于供应商而言，大客户一般是很重要的，要设法与其建立长期密切的关系，有时要有专门为大客户服务的营销队伍，从而赢取并保持持续的订单；供应企业的营销人员应雇用一些受过精良训练、有专业知识和人际交往能力的销售代表和销售队伍，与经过专业训练、具有丰富专业知识的采购人员打交道。

3.3.2 跨境组织买家类型及采购模式

1. 百货公司

在美国,比较大的百货公司有梅西百货(Macy's)、JC、Penny 等,它们在世界各生产市场都设有自己的采购公司,不同品种由不同采购部门负责。它们通过大型贸易商选择自己的供货商,组成了一个采购系统,一般的工厂很难进入。

百货公司类的卖家采购量大,价格要求稳定,每年购买产品的变化不会太大,对质量要求比较高,基本不会改变供货商。这些百货公司都会参加美国、欧洲本土的专业展会,不会亲自来中国参加展会。

2. 大型连锁超市、大卖场

在美国,比较大的连锁超市比较多,比如沃尔玛(Walmart)每年的采购量非常大,在生产市场设有自己的采购公司,有自己的采购系统。

超市类的买家购买的基本是目前已经开发出来的产品,若品质和价格合适,下单速度会比较快,但这类买家对价格比较敏感,在采购中,它们会将价格压得很低,产品品种变化要求也很大,但是一旦采购,采购量会比较大。若企业的开发能力强,资金雄厚,有能力降低产品价格,则可以考虑此类客户。小工厂受到资金、产品价格等方面的制约,一般很难满足大型超市的采购要求。

3. 品牌进口商

品牌进口专营类买家一般是品牌专营店,它们会找规模大、质量好的工厂直接以定牌生产(OEM)的方式下单,如耐克(Nike)品牌进口商有自己的质量标准,一旦采购,则订单比较稳定。它们在确定采购数量及付款条件时会参考自身在国内的生意规模。

自有品牌(如 IKEA)很重视供应商的经营理念,喜欢与工厂建立长久的合作关系,并且希望供应商能够配合进行产品的研发与改进,协同发展。若供应商能够配合,双方长期合作下去,那么利润以及将来的发展空间会很可观。

4. 工业品买家

工业品买家(如 ABB)主要生产高科技、高效能的品牌产品,目前,世界上越来越多的品牌进口商的买手来到中国参加展会,寻找供应商。此类买家对供应商的要求很严格,它们采购的产品一般都要求是定制的,需要开模具生产。若供应商能够不断改进自己企业的管理,满足工业品买家的要求,将会促使自己的公司走向国际化、专业化。在与工业品买家合作之前,供应商可以通过网站了解对方的实力规模、产品定位、风格倾向等,中小型工厂可以将此类买家作为合作目标,在合作过程中,需要注意的是即使是小品牌,也有可能培养出大客户。

5. 进口批发商

进口批发商一般采购特定的商品,很多在美华人在美国做批发生意,他们主要的采购方式是自己到中国参加展会采购。价格和产品的特性是此类买家的关注点,在采购过程中,他们会注重比较价格。进口批发商在其国内一般有自己的发货仓库,通过展览销售产品。

面对这类买家的时候,企业一定要注重自己的价格和产品差异性,若产品相同,它们一般会倾向于选择价格更低的企业卖家。

6. 贸易商

贸易商采购的商品品种比较多,因为它们拥有不同类型的客户,但是订单不太稳定,订单的延续性也不太稳定。一般而言,服务灵活的小规模供应商比较容易和这类客户达成一致。

在对国际买家的类型和采购标准进行了解之后,就能够知道买家下单和不下单的原因。不同的买家关注的侧重点不一样,有的关注价格,有的关注设计,有的关注经营理念,在与不同类型的买家打交道之前,应尽可能了解它们的关注点,只有这样才能够为它们量身定做供货方案,从而提高成交率。

3.4 跨境电子商务消费者权益保护

3.4.1 网络消费者权益概述

1. 消费者权益的内涵

消费者权益是指消费者在购买、使用商品和接受服务时所享有的权利及权利得到保护时带来的利益的总称。它反映了生产者及经营者与消费者之间经济利益关系的规则或准则。

消费者权益包含消费者权利和消费者利益。消费者权利是指消费者在消费领域所具有的、有权做或不做一定行为或者要求他人做或不做一定行为的法定资格,是公民权在消费领域的体现。消费者利益是消费者在购买、使用商品和接受服务时所获得的实际好处和有利条件,是消费者权利在现实中的体现。消费者权利和利益既相互区别,又紧密联系。一方面,消费者的利益是消费者权利保护的对象和目标,消费者的权利包含了消费者的利益;另一方面,消费者的权利是消费者利益实现的前提和保证,消费者利益的有效实现归根结底依赖于消费者权利的完整存在。因此,消费者权益是消费者权利和利益的有机统一体。实践中,消费者权益通常与消费者权利通用。

2. 消费者权益问题的产生

消费者权益问题是商品交换中消费者利益受到损害的问题,是社会经济发展到一定阶段所产生的特有现象,是生产者、经营者和消费者分离的结果。在工业革命之前,由于商品生产和商品交换还不发达,交易过程比较简单,生产者、经营者和消费者没有真正分离,消费者权益问题还不严重。18 世纪末,工业革命浪潮兴起,主要资本主义国家迅速崛起。随着科学技术的发展、生产经营方式的变化、劳动生产率的提高,竞争越来越激烈,消费者越来越处于不平等的地位。一方面,追逐利润的经营者不顾消费者的利益而进行不正当竞争,损害消费者利益;另一方面,消费者在与经营者的博弈中因为缺乏专业技术和有关产品信息而难以维护自身的权利。消费者在与经营者的交易过程中明显处于劣势地位且无力改变,消费者权益问题产生。随着社会化大生产的发展,产品功能日益复杂化,产销方式日渐多样化，产品流通日渐国际化，消费者的地位越来越被动，越来越难以自主决策。与生产者相比，两者之间很难存在事实上的平等。这时，消费者权益问题愈加突出，成为严重的社会问题之一。

我国对消费者权益保护经历了一个过程。1984年12月26日，中国消费者协会在其章程中提出了消费者应当享有了解知悉权、选择权、安全权、监督价格权、提出意见权和索取赔偿权六项权利。1993年10月制定的《中华人民共和国消费者权益保护法》（以下简称《消费者权益保护法》），规定了消费者的九项权利。2013年10月通过的新修改的《消费者权益保护法》增加了相关规定，中国进入了消费者权益保护的新阶段。

3.4.2 网络消费者权益保护现状及问题

1. 网络消费者权益保护现状

1）电子商务与消费者权益保护

电子商务的兴起拓宽了消费市场，增大了消费信息量，增加了市场透明度，给消费者带来了福音，但是，又不可避免地使消费关系复杂化，并增加了消费者遭受损害的机会。因此，电子商务给消费者权益保护带来了新的挑战。

（1）电子商务对消费者的威胁。

① 互联网存在欺诈的沃土。互联网可以使欺诈行为人将其欺诈行为掩盖得天衣无缝，并通过匿名的方式躲避调查，利用法律盲区和"打擦边球"战术使执法者束手无策。互联网上的欺诈行为有两个显著特征：首先，与其他传统的方式相比，欺诈行为人在互联网上更容易利用易受损害的消费者。例如，利用保健商品和器材、就业机会、金字塔式的销售等骗钱，往往在互联网上更容易大行其道。其次，富有创造性的人更容易利用新技术创造高技术媒体独有的欺骗性方式。

② 互联网对隐私可能存在威胁。互联网具有惊人的整理信息并进行分类的能力，在线消费者的信息随时都有被收集和扩散的危险，从而对传统的隐私价值产生了新的潜在的威胁。互联网技术使对个人信息的收集、存储、处理和销售有着前所未有的能力和规模，而一般消费者对此可能不太清楚。引诱儿童提供个人信息就是一个比较突出的问题。在没有互联网的时代，经营者在未经家长同意的情况下是很难从儿童那里获得儿童及其家长的个人信息的，但利用互联网就可以很便利地从儿童那里获取信息，从而极易侵犯他人隐私权。美国一些州也对消费者隐私保护问题进行了专门立法，如纽约州正在寻求限制网上服务提供者和金融机构在网上收集和披露个人信息的范围。在我国，用户在网站注册时都会得到保证：确保个人隐私不会被泄露。但事实上有的网站甚至把用户的个人资料（如通信地址、家庭地址、E-mail地址、联系电话、所购物品等详细内容）公开展示，使用户资料就像放在没有锁的抽屉中，从而引发隐私权保护问题。

③ 消费者权益保护问题。由于电子商务无国界，一些在常规的市场交易中不太常见的问题在消费者保护国际执法的合作和协调中越来越必不可少。人们提出了两个疑问：第一，经营者在线经营时可能受到全世界各国法律的管辖，这是否公平？经营者一旦在线经营，对于谁能够获知其广告和销售信息就无从控制，而各国对销售对象、折扣、产品安全和要

求的披露程度差别极大，即使在一国之内也会有这种情况，而且管辖法律常常变动，特别是一些网上交易本来就具有很大的不可预见性。第二，消费者在线消费时可能丧失本国消费者保护法的保护，这是否公平？消费者熟悉保护其权益的国内法及其适用情况，不熟悉其他国家的法律，如果进行网上跨国消费，需要从遥远的他国购买商品，但往往对销售方所在国的法律一无所知。由于旅途费用、时间跨度、不熟悉当地法律及其救济方式，消费者受害后可能得不到任何救济。这种网上跨国消费的法律救济需要通过双边协议、多边协议甚至国际公约等国际合作方式解决，绝不是一蹴而就的。

另外，电子商务革命加大了穷人与富人、发达国家与发展中国家甚至一国之内发达地区与不发达地区之间的贫富差距。因此，电子商务在促进经济迅速发展的同时，也对消费者福利和国际秩序的稳定带来了威胁。

（2）电子商务要解决的问题。

① 完善反网络欺诈的相关法律。特别是针对网上的虚假广告、不正当引诱方式等欺诈行为，制定特殊的规则，及时纳入规范之列。

② 加强消费者隐私权的保护。在传统的消费市场中，隐私保护一般不属于消费者保护的突出问题，现行《消费者权益保护法》也未做特别的规定。但在网上交易中，消费者隐私保护变得非常突出，需要有针对性地制定特别的规则，加强对消费者隐私权的保护。更何况，我国民事基本法迄今对隐私权的保护尚无基本规定。

③ 加强对网上侵犯消费者权益的监管。网上侵犯消费者权益行为类型复杂，隐蔽性强，技术手段先进，对其进行监管的难度也大。因此，对网上侵犯消费者权益的监管需要捕捉和识别违法行为的较高的科技手段，并设置相应的监测体系，如网上投诉网络。

④ 密切注意消费者保护国际合作的动态。在我国，目前消费者权益的国际保护问题还不太突出，但迟早也会成为突出的问题。我们要未雨绸缪，及时跟踪相应的国际动态，积极研究对策，在条件成熟时开展相关的国际合作。

2）电子商务中的隐私保护

随着电子商务的应用和普及，有些商家在利益驱使下在网络应用者不知情或不情愿的情况下采取各种技术手段取得和利用其信息，侵犯了上网者的隐私权。网络隐私数据如何得到安全保障，这是任何国家发展电子商务中都会遇到的问题。对网络隐私权的有效保护成为电子商务顺利发展的重要市场环境条件。

人类的隐私权是人的基本权利之一，它是伴随着人们对自身的尊严、权利、价值的产生而出现的，人们要求在社会生活中尊重、保护隐私权。隐私权包括个人和生活不被干扰权与个人资料的支配控制权，具体到网络与电子商务中的隐私权，隐私权的保护涉及对个人数据（包括企业的商业秘密）的收集、传递、存储和加工利用等各个环节的保护问题。从权利形态分，有隐私不被窥视的权利、不被侵入的权利、不被干扰的权利、不被非法收集利用的权利；从权利的内容分，可以有个人特质的隐私权（姓名、身份、肖像、声音等）、个人资料的隐私权、个人行为的隐私权、通信内容的隐私权和匿名的隐私权等。其中，隐私不被窥视、侵入的权利主要体现在用户的个人信箱、网上账户、信用记录的安全保密性上；隐私不被干扰的权利主要体现在用户使用信箱、交流信息及从事交易活动的安全保密性上；不被非法收集利用的权利主要体现在用户的个人特质、个人资料等不得在非经许可的状态下被利用上。

(1) 网络隐私权问题产生的原因。分析不断发生在电子商务中的侵犯用户隐私权事件，主要有互联网固有的结构特性和电子商务发展导致的利益驱动这两个方面的原因。

① 互联网的开放性。从网络本身来看，网络是一个自由、开放的世界，它使全球连成一个整体，它一方面使搜集个人隐私极为方便，另一方面也为非法散布隐私提供了一个大平台。由于互联网成员的多样和位置的分散，其安全性并不好。互联网的安全性分为两个广义的类型：认证和隐私权。认证就是指一种功能，其作用是证明某人的身份，以确认当前与自己通信的个人或系统与他们自称的个人或系统是否相符。隐私权似乎比认证更为重要，因为互联网上的信息传送是通过路由器实现的，而用户不可能知道信息是通过哪些路由器进行的，这样有些人或组织就可以通过对某个关键节点的扫描跟踪来窃取用户信息。也就是说从技术层面上截取用户信息的可能性是显然存在的。任何一个上网者的任何一个网络隐私数据都有被窥探的可能。

互联网的开放性、全球性增加了人们对其是否安全的担心，数据仓库、数据挖掘技术的兴起，使人们担心，由于利益的驱动，某些集团对个人数据无限制地加工利用，最终会导致侵犯个人隐私的结果。

② 网络"小甜饼"——cookie。某些 Web 站点会在用户的硬盘上用文本文件存储一些信息，这些文件被称为 cookie，包含的信息与用户和用户的爱好有关。例如，如果用户在某家航空公司的站点上查阅了航班时刻表，该站点可能就创建了包含用户的旅行计划的 cookie。它也可能记录下用户在该站点上曾经访问过的 Web 页，由此帮助该站点在用户下次访问时根据用户的情况对显示的内容进行调整。

现在的许多网站在每个访客进入网站时将 cookie 放入访客计算机，不仅能知道用户在网站上买了些什么，还能掌握该用户在网站上看过哪些内容，总共逗留了多长时间，以便了解网站的流量和页面浏览数量。只要网站愿意，就可一直保留这样的信息。这样，访客下次再进入这个网站时，就会被辨认出来，如此，网站管理人员就可以知道访客的"忠诚度"了。另外，网络广告商也经常用 cookie 来统计广告条幅的点击率和点击量，从而分析访客的上网习惯，并由此调整广告策略。一些广告公司还进一步将所收集到的这类信息与用户在其他许多网站的浏览活动联系起来。这显然侵犯了他人的隐私。由于访客资料是一笔宝贵的财富，某些经营情况困难的网站会将这些收集来的资料出售给买主，以此牟利。

虽然许多商业网站都保证，其站点将确保在线日程表业务中关键的私人隐私数据不会被泄露，然而事实并非这样简单。

(2) 网络服务提供商在网络隐私权保护中的责任。网络服务提供商对网络与电子商务中隐私权保护的责任，包括以下内容：

① 在用户申请或开始使用服务时告知使用互联网可能带来的对个人权利的危害。

② 告知用户降低风险的技术方法。

③ 采取适当的步骤和技术保护个人的权利，特别是保证数据的统一性和秘密性，以及网络和基于网络提供服务的物理和逻辑上的安全。

④ 告知用户匿名访问互联网及参加一些活动的权利。

⑤ 不修改或删除用户传送的信息。

⑥ 收集、处理和存储用户的数据必须坚持必要的、特定的、合法的原则。

⑦ 不为促销目的而使用数据，除非得到用户的许可。

⑧ 对所使用的数据负有责任，必须向用户明确个人权利保护措施。

⑨ 在用户开始使用服务或访问ISP站点时告知其所采集、处理、存储的信息内容、方式、目的和使用期限。

⑩ 根据用户的要求更正不准确的数据或删除多余的、过时的或不再需要的信息，避免隐蔽地使用数据。

⑪ 向用户提供的信息必须准确、及时予以更新；在网上公布数据应谨慎。

此外，还可以对数据文档的互联与比较做出约定。如澳大利亚法律规定，除非国内法能提供相应的保护措施，否则应当禁止互联，特别是通过连接、合并或下载包含个人数据的文档，禁止从第三方可查询的文件中建立新的文档，禁止将第三方掌握的文档或个人数据与公共机构掌握的一个或更多的文档进行对比或互联。

在现实社会经济生活中，人们还会遇到网络免费服务与用户信息收集利用的关系问题。目前，网上的许多服务都是免费的，如免费电子邮箱、免费下载软件、免费登录，为用户或会员免费提供一些信息及一些免费的咨询服务等，然而人们发现在接受这些免费服务时必经的一道程序就是录入个人的一些资料，如姓名、地址、工作、兴趣爱好等，服务提供商会声称这是为了方便管理，但是也存在着服务商将这些信息挪作他用甚至出卖的可能。事实上，隐私权保护的最基本原则之一就是个人资料应在资料所有者许可的情况下被收集利用，而这项原则不应因提供的服务是否收费而有所变化，除非商家在提供免费服务时，在附加条件中就明确说明将相关资料用作一些商业行为的要件。

2. 网络消费者权益受损的问题

1）消费者权益受损的表现

现实经济生活中，消费者权益受损的情况主要表现为以下几个方面。

（1）商品质量低劣。商品质量优劣与否直接关系到消费者的需求能否得到满足，从而也就间接地关系到生产经营者的利益能否得到实现。所以，重视产品质量是生产经营者的题中应有之义。《消费者权益保护法》和《中华人民共和国产品质量法》都对生产经营者的产品质量义务和产品质量担保进行了明确的规定。但是，一些生产经营者为了一己私利，违反国家有关产品质量的规定标准，偷工减料、粗制滥造、以次充好、掺杂使假，不惜损害消费者人身和财产安全。精神文化产品中的非法、劣质出版物流向市场，影响消费者特别是青少年心理健康。商品质量问题使消费者遭受物质和精神上的损失，严重损害消费者的合法权益。

（2）服务质量堪忧。服务消费不同于商品消费，在消费内容和消费方式上具有较强的主观性，服务质量很大程度上取决于服务人员的素质，对服务质量的评价具有个体性和主观性。因此，服务质量管理更难，服务质量低劣的问题更突出，服务消费中消费者权益受损的现象愈演愈烈。例如：以虚构的所谓祖传名医提供医疗服务，医疗服务机构乱开大处方和高价药，安排患者进行不必要的检查和治疗以获得高收入；金融服务机构强行推销金融产品、规定苛刻条件，不按承诺履行支付义务，运输合同中不按约定安全地运送旅客或货物，任意中途转运或野蛮装卸等。面对此种种损害消费者权益的行为，消费者常常显得无能为力，且从有关报道看，服务消费中损害消费者权益的情况大有超过商品消费的趋势。

（3）不公平交易泛滥。由于市场交易中的生产经营者和消费者地位不同，受市场供求状况和竞争程度的影响，生产经营者时常会串通定价，限制企业自主定价，分割市场，妨碍竞争；一些公用事业单位和垄断行业的经营者利用其强势地位，采用格式合同、声明、通知、店堂告示等形式单方面设定消费者义务，滥用市场优势地位，违反消费者意愿，添加不合理条件；还有的企业搞价格歧视，侵害处于相对弱势地位的消费者的权益等，使消费者的公平交易权受到损害。

（4）商品价格与计量欺诈。市场中的价格和计量问题既关系到市场的稳定，也关系到消费者权益。虽然我国政府明令禁止生产经营者的欺骗销售和价格垄断，提出了统一的计量标准和规范计量行为的要求。然而，一些生产经营者为了牟取暴利，以实行市场调节为由，大搞价格欺诈，如虚假降价、虚假优惠、虚假折扣、虚假馈赠以及采取缺斤少两、以假充真、以次充好等手段变相涨价。市场中的产品计量问题也日益严重，有的企业计量器具量值不准确，有的经营者自行调整称重的器具，在商品房消费中，房屋面积缩水的现象屡见不鲜。可见，商品价格及其计量问题也是消费者权益受损的一个重要方面。

（5）广告宣传虚假。广告宣传是商家推销商品和服务的重要手段，有效的广告有利于节省消费者搜寻商品信息的成本。但是当前我国的广告市场鱼龙混杂，随处可见的广告尤其是虚假广告大大增加了消费者的风险成本，消费者权益极易受到损害。一方面，商品生产经营者和广告经营者无视国家法律、片面追求利润，制作发布虚假广告，蒙骗消费者。另一方面，相当多的经营者在产品说明上不介绍产品的真实性能、主要成分、使用和养护方法，对必须说明的内容含糊其词或故意夸大，引诱消费者上当受骗；对医疗器械药品、农药、食品、酒类和化妆品等特殊商品的广告不遵守法律法规，广告活动违反规定等。广告的泛滥使一些消费者尤其是一些商品和服务知识比较欠缺的老人成为权益更易受损的受害者。

（6）商品和服务标示失真。商品和服务标示是指经营者在商品及其包装上或服务设施上就该商品和服务有关的信息所做的书面公开表示。标示的内容通常包括商品或服务名称、产地、商标或专利、质量标志、认证标志、商品成分、功能和效果、用法用量、使用期限等。有些生产经营者不顾法律规定标示的真实、充分和便于理解的要求，不做标示或不当标示，假冒他人注册商标、假冒他人名义、假冒知名商品特有的名称、包装、装潢和冒用认证标志、伪造产地等，给消费者造成混淆，导致消费者错误的购买，从而损害消费者权益。

2）消费者权益受损的主要原因

消费者权益受到损害的现象层出不穷，究其原因主要有以下几方面。

（1）体制机制不健全。完善的体制机制是消费者权益得以实现的基础。我国相当长时期内处于体制转轨过程中。市场发育不充分，市场价格机制、竞争机制、供求机制、风险机制等还未能充分发挥作用，容易出现损害消费者权益的现象。

（2）法律体系不完善。虽然，我国已经通过并实施了《消费者权益保护法》《中华人民共和国产品质量法》《中华人民共和国反不正当竞争法》《中华人民共和国反垄断法》及其他相关的法律法规。但是，随着消费需求的升级、消费领域的拓宽，消费者受损害的现象仍然不断增多，主要原因在于法律体系不完善。表现在以下几个方面：

① 立法内容尚不能完全适应现实需要。许多新兴消费领域，如网络、健身、美容、信息消费等方面缺少相关法律规定，消费维权无法可依。

② 现行的消费法律对损害消费者权益的生产经营者的处罚规定偏轻。比如，虽然规定了民事赔偿金额从原来的一倍提高到了三倍，但范围仅限于欺诈，无论是赔偿额还是处罚的严格性上起到的惩戒作用有限。

③ 有的消费法律缺乏可操作性，缺乏实施细则，难以执行。

④ 我国的《消费者权益保护法》没有和国际接轨，致使一些国际性的消费者权益纠纷问题因为制度的缺陷而不能得到很好的解决。

⑤ 司法不公，地方保护主义保护假冒伪劣等侵权行为。

⑥ 执法不严、选择性执法和变通性执法不仅使消费者权益受损事件得不到妥善处理，而且严重影响了法律的权威性。

此外，对于金额较小但数量巨大的日常消费纠纷案件，制度化的分流机制和简易程序解决的办法仍未出台，导致通过仲裁和诉讼途径对消费者权益受损的补救效果不佳。

（3）生产经营行为不规范。生产经营行为不规范是造成消费者权益受损的一个重要原因。一些企业片面追求经济效益，忽略社会责任和作为社会成员应尽的义务，唯利是图，不择手段，坑蒙拐骗，不讲诚信，不讲职业道德和社会公德。有的生产经营者污染环境、破坏生态平衡，有的生产经营者忽视市场公平竞争，通过不正当手段牟取私利，致使消费者权益受到损害。

（4）行政监管体系不顺畅。由于政府部门自身改革尚未完成，部门之间的多头管理和职能重叠问题依然存在，部门之间和不同层级政府之间的关系和职责并未完全厘清理顺。在监管方式上，存在运动式监管多、常规性监管不足的情况。在监管内容上，存在漏洞和空白地带。在监管责任上，问责制度不全、绩效考核不科学的状况比较普遍。此外，政府自身的消费也存在非理性甚至侵权或被侵权的情况。

（5）消费者依然处于弱势地位。市场经济是消费者主权的经济，这是从整体而言的。但在具体的消费过程中，每一个具体的消费者都是处于弱势地位的。首先，当消费者在市场上实现自己的个人需求时，表现为分散的、独立的个人消费行为，在与生产经营者的竞争中处于不利的位置。其次，在市场信息的获得和处理上，由于生产经营者的信息收集能力和其活动的时间及空间都较之于消费者具有明显的优势，消费者处于不利地位。此外，消费者在自身权益受到损害后，寻求补偿需要付出时间及精力成本，鉴定和诉讼费用等经济成本难以承受。

（6）社会监督体系不健全。消费者权益保护的社会监督体系是指权力系统以外的社会团体、新闻机构和消费者自身，对侵犯消费者合法权益行为进行自下而上的非国家性质的监督过程中形成的有机联系的系统。它包括消费者权益保护组织、消费者个人和新闻媒体等对侵害消费者权益行为实施的外部监督。

消费者监督对于维护广大消费者自身的合法权益有着非常重要的作用，具有广泛性和基础性的特点。消费者监督既包括消费者组织的监督，也包括消费者个人的监督。我国消费者组织在独立性、权威性、公信力方面还较薄弱；存在大量即便消费者个人权益受到损害仍然息事宁人、自认倒霉的现象；同时，消费者法律知识和商品知识不够，导致消费者自身维权能力不强，对生产经营者的监督意识和监督能力薄弱，因此消费者监督也就很难发挥应有的作用。

新闻媒体监督是社会监督的重要组成部分，尤其是互联网时代，通过新闻媒体及时、准确地对侵犯消费者合法权益的行为进行曝光报道，具有反应迅速、覆盖面广、影响力大的作用，能起到较好的效果。但目前，新闻媒体的监督还存在有偿报道、失实误导、夸大其词和缺乏深度等问题。

3. 维护消费者权益的必要性

1) 市场经济是消费者主权经济

消费者主权是指在生产经营活动中，消费者处于最终起决定性作用的地位。在社会生产和再生产进程中，生产什么和生产多少等基本经济问题最终起决定性作用的不是生产经营者自身，而是消费者。在市场经济条件下，市场对资源配置发挥基础性的作用，市场主体通过平等的市场竞争实现各自的利益。市场主体的利益能否得到最终实现取决于消费者是否满意。

消费者是包括生产、交换在内的一切经济活动的原动力。消费不仅是上一个生产经营过程的终点，而且也是下一个生产经营过程的起点。作为"终点"，消费一方面使消费者的需要得到满足，另一方面使经营者的经营效果得以验证；作为"起点"，消费创造新的经营动力。在每一次生产活动过程中，消费者的货币选票代表市场中的消费偏好和趋向，迫使生产者据此调整投资的方向和数量，调整生产资料和劳动力的比例和结构，研究提高商品质量的方法和技术，实现社会资源的优化配置。

2) 维护消费者权益是发挥市场机制作用的客观要求

市场机制是一个有机的整体，主要由价格机制、供求机制、竞争机制和风险机制构成。一方面，维护消费者权益是市场机制发挥作用的必然结果。在公平的市场竞争条件下，生产者只有以消费者为重，自觉维护消费者权益，为消费者提供优质的商品和服务，生产经营者的风险才能得到控制，从而实现其追求的利益。这就促使生产经营者自觉更新设备、提高生产效率、提升产品和服务质量。这样，不仅消费者权益得到维护，而且生产者素质也得以提高。另一方面，维护消费者权益是市场经济向纵深发展的客观表现。市场经济是法制经济，市场经济的有序运行需要法律加以规范，只有这样才能发挥公平竞争、优胜劣汰的市场机制的作用。消费者权益问题是法定权利基础上的利益问题，本质上是法律问题。因此，维护消费者权益是发挥市场机制的客观要求。

3) 维护消费者权益是社会主义生产目的的本质要求

社会主义生产目的是最大限度地满足人民群众日益增长的物质和精神文化生活需要。消费者的需要是与消费者的权益紧密结合在一起的，没有完整的权益保证，就不会有需要的根本满足。一方面，随着生产力水平的提高，科学技术的发展，商品和服务日益丰富，消费选择自由度提高，消费需求导向作用日益明显，极大地提高了人民群众的生活水平和消费满足程度。另一方面，由于市场诚信和法制建设滞后，市场秩序混乱，假冒伪劣、以假充真、以次充好、欺行霸市等现象还客观存在，这些严重损害了消费者权益，影响消费信心,从根本上违背了社会主义生产目的。

4. 我国消费者权益的内容

《消费者权益保护法》规定的消费者的权利主要有以下几方面。

1)知情权

消费者的知情权是指消费者在购买、使用商品或者接受服务时所享有的知悉有关商品或服务的真实情况的权利。知情权是消费者了解商品和服务,避免因盲目购买、使用商品和接受服务而遭受损害的法律保障。《消费者权益保护法》规定,消费者享有知悉其购买、使用的商品或者接受的服务的真实情况的权利。消费者有权根据商品或者服务的不同情况,要求经营者提供商品的价格、产地、生产者、用途、性能、规格、等级、主要成分、生产日期、有效期限、检验合格证明、使用方法说明书、售后服务,或者服务的内容、规格、费用等有关情况。知情权的主要内容包括商品和服务的基本情况、商品的技术状况、商品和服务的价格以及商品的售后服务情况等。

2)自主选择权

消费者的自主选择权是指消费者在购买商品或接受服务时所享有的自主选择的权利。《消费者权益保护法》规定,消费者享有自主选择商品或者服务的权利。消费者有权自主选择提供商品或者服务的经营者,自主选择商品品种或者服务方式,自主决定购买或者不购买任何一种商品、接受或者不接受任何一项服务。消费者在自主选择商品或者服务时,有权进行比较、鉴别和挑选。消费者的自主选择权的主要内容包括:一是有权自主选择经营者;二是有权自主选择商品品种或接受服务的方式;三是有权自主决定是否购买或接受服务;四是自主选择商品或服务时,有权进行比较、鉴别和挑选。

3)公平交易权

公平交易权是指消费者与经营者进行交易时,双方应本着公平的精神,充分体现各自的真实意愿,使双方的交易目的都得以有效实现。《消费者权益保护法》规定,消费者享有公平交易的权利。消费者在购买商品或者接受服务时,有权获得质量保障、价格合理、计量正确等公平交易条件,有权拒绝经营者的强制交易行为。消费者的公平交易权包括四个方面。

(1)消费者在购买商品或者接受服务时,有权获得质量保障。

(2)消费者在购买商品或者接受服务时,有权以合理的价格成交。

(3)消费者在购买商品或者接受服务时,有权要求经营者计量正确。

(4)消费者在购买商品或者接受服务时,有权拒绝强制交易。

4)获得赔偿权

获得赔偿权又称求偿权。这是一种民事索赔权,是消费者在购买、使用商品或者接受服务时,因人身和财产受损害而依法取得向经营者请求赔偿的权利。《消费者权益保护法》规定,消费者因购买、使用商品或者接受服务受到人身、财产损害的,享有依法获得赔偿的权利。享有求偿权的主体包括:购买者,即购买商品为己所用的消费者;商品的使用者,即不是直接购买商品为己所用的消费者;接受服务者;还应当包括第三人,即在别人购买、使用商品或接受服务的过程中受到人身或财产损害的其他消费者。求偿范围包括人身损害和财产损害两个方面。《消费者权益保护法》规定,经营者提供商品或者服务有欺诈行为的,应当按照消费者的要求增加赔偿其受到的损失,增加赔偿的金额为消费者购买商品的价款或者接受服务的费用的三倍;增加赔偿的金额不足五百元的,为五百元。这是一种惩罚性赔偿,体现了《消费者权益保护法》保护弱者的立法宗旨。

5) 结社权

消费者的结社权是指消费者为了维护自身的利益,组织消费者团体的权利。它是宪法规定的结社权在消费领域的具体体现。《消费者权益保护法》规定,消费者享有依法成立维护自身合法权益的社会组织的权利。消费者的结社权是由消费者的弱者地位决定的。它是随着消费者运动的兴起而在法律上的必然表现。消费者组织在维护消费者权益方面发挥着不可替代的作用。

6) 安全权

消费者的安全权是指消费者在购买、使用商品和接受服务时所享有的人身、财产安全不受损害的权利。它是消费者最为重要的权利,也是宪法和民法赋予公民的人身权、财产权在消费者保护领域的具体体现。《消费者权益保护法》规定,消费者在购买、使用商品和接受服务时享有人身、财产安全不受损害的权利。安全权包括人身安全权和财产安全权两方面内容。人身安全权是指生命健康权不受损害,即享有保持身体各器官及其机能的完整以及生命不受危害的权利。财产安全权是指消费者购买、使用的商品或接受的服务本身的安全并包括除购买、使用的商品或接受服务之外的其他财产的安全。《消费者权益保护法》第七条规定,消费者有权要求经营者提供的商品和服务,符合保障人身、财产安全的要求。

7) 受教育权

消费者的受教育权是指消费者享有获得有关消费和消费者权益保护的知识以及获得所需商品和服务的知识和使用技能的权利,是宪法规定的公民受教育权的重要组成部分。《消费者权益保护法》规定,消费者享有获得有关消费和消费者权益保护方面的知识的权利。消费者应当努力掌握所需商品或者服务的知识和使用技能,正确使用商品,提高自我保护意识。消费者的受教育权既是消费者的一项权利,也是消费者的一项义务。消费者通过行使受教育权有权获得的知识包括两个方面。

(1) 有关商品、服务、市场以及消费心理等方面的消费知识,它有助于消费者做出正确的消费选择。

(2) 我国法律法规规定的对消费者权益予以保护的知识,它有助于消费者自觉运用法律武器维护自己的合法权益。

8) 受尊重权

消费者的受尊重权是指消费者在购买、使用商品和接受服务时,享有其姓名权、名誉权、荣誉权、肖像权等人格尊严和民族风俗习惯得到尊重的权利。《消费者权益保护法》规定,消费者在购买、使用商品和接受服务时,享有人格尊严、民族风俗习惯得到尊重的权利,享有个人信息依法得到保护的权利。消费者受尊重权是我国宪法规定的公民受尊重权在消费领域的体现。在市场交易过程中,消费者的人格尊严和民族风俗习惯等受到尊重,这是消费者应享有的最起码的权利。

9）监督权

消费者的监督权是指消费者享有对商品和服务以及保护消费者权益工作进行监督的权利，是公民监督权在消费领域的具体体现。《消费者权益保护法》规定，消费者享有对商品和服务以及保护消费者权益工作进行监督的权利。消费者有权检举、控告侵害消费者权益的行为和国家机关及其工作人员在保护消费者权益工作中的违法失职行为，有权对保护消费者权益工作提出批评、建议。消费者监督权包括对商品和服务进行监督、对国家机关及其工作人员在维护消费者权益工作中的违法失职行为进行监督以及对保护消费者权益的工作提出批评和建议。

10）隐私权

消费者的隐私权是指自然人享有的私人生活安宁与私人信息秘密依法受到保护，不被他人非法侵扰、知悉、收集、利用和公开的一种人格权。《消费者权益保护法》规定，消费者在购买、使用商品和接受服务时，享有人格尊严、民族风俗习惯得到尊重的权利，享有个人信息依法得到保护的权利。随着网络的发展和应用日趋广泛，个人信息保护已成为目前普遍困扰消费者的一个难题。

新修订的《消费者权益保护法》规定，经营者收集、使用消费者个人信息，应当遵循合法、正当、必要的原则，明示收集、使用信息的目的、方式和范围，并经消费者同意。经营者收集、使用消费者个人信息，应当公开其收集、使用规则，不得违反法律、法规的规定和双方的约定收集、使用信息。经营者及其工作人员对收集的消费者个人信息必须严格保密，不得泄露、出售或者非法向他人提供。经营者应当采取技术措施和其他必要措施，确保信息安全，防止消费者个人信息泄露、丢失。在发生或者可能发生信息泄露、丢失的情况时，应当立即采取补救措施。这是我国《消费者权益保护法》首次规定消费者的隐私权。

11）后悔权

消费者的后悔权也称反悔权，是消费者知情权和选择权的延伸，通常是指消费者在购买商品后的一定时间内，可不需要说明任何理由，无条件地退回商品给经营者的权利。

《消费者权益保护法》规定，经营者采用网络、电视、电话、邮购等方式销售商品，消费者有权自收到商品之日起七日内退货，且无须说明理由，但下列商品除外：消费者定做的；鲜活易腐的；在线下载或者消费者拆封的音像制品、计算机软件等数字化商品；交付的报纸、期刊。除前款所列商品外，其他根据商品性质并经消费者在线购买时确认不宜退货的商品，不适用无理由退货。消费者退货的商品应当完好。经营者应当自收到退回商品之日起七日内返还消费者支付的商品价款。

3.4.3 跨境电子商务争议解决

随着网上跨境交易迅猛增加，产生了大量交易争端。2016年7月，联合国国际贸易法委员会通过了《网上争议解决》，以促进网上解决办法的发展，并协助网上解决管理人、网上解决平台、中立人及网上解决程序各方当事人高效、公平地解决网上争端。

1. 网上争议解决的含义

网上争议解决或称"网上解决"是"借助电子通信以及其他信息和通信技术解决争议的一种机制"。通过这种机制可协助当事人以简单、快捷、灵活和安全的方式解决争议，而无须亲自出席会议或听讯。网上解决包括多种办法和形式（包括但不限于监察员、投诉局、谈判、调解、调停、协助下调解、仲裁及其他），以及采用既含网上部分又含非网上部分的混合程序的可能性。无论是在发达国家还是发展中国家，网上解决都为订立跨境商业交易的买卖双方寻求解决争议提供了重要机会。

2. 网上解决程序各阶段

网上解决程序过程的主要阶段包括启动、谈判、协助下调解、第三（最后）阶段。

1）启动

为了启动网上解决程序，可取的做法是，由申请人向网上解决管理人发送一份载有下列内容的通知。

（1）申请人和受权在网上解决程序中代表申请人行事的申请人代表（如果有的话）的名称和电子地址。

（2）申请人所了解的被申请人以及被申请人代表（如果有的话）的名称和电子地址。

（3）提出申请的依据。

（4）为解决争议提出的任何办法。

（5）申请人首选的程序。

（6）申请人和（或）申请人代表的签名和（或）其他身份识别和认证方法。

申请人将通知发送给网上解决管理人后，网上解决管理人通知各方当事人可在网上解决平台检索该通知之时，可视为网上解决程序启动的时间。

可取的做法是，被申请人在被通知可在网上解决平台检索申请人通知的合理时限内向网上解决管理人发送其答复，并且该答复包括下述内容。

① 被申请人和受权在网上解决程序中代表被申请人行事的被申请人代表（如果有的话）的名称和电子地址。

② 对提出申请的依据的答复。

③ 为解决争议提出的任何办法。

④ 被申请人和（或）被申请人代表的签名和（或）其他身份识别和认证方法。

⑤ 载明反请求所依据的理由的任何反请求通知。

可取的做法是，申请人通知和答复尽量多地附具每方当事人所依赖的所有文件和其他证据，或者载明这些文件和证据的出处。此外，如果申请人还在寻求其他任何法律救济，可取的做法是，还应随通知提供此种信息。

2）谈判

第一阶段是当事人之间经由网上解决平台进行谈判。

程序第一阶段的启动时间可以是在被申请人的答复发至网上解决平台之后，并且：①该答复的通知已发给申请人；②或者不做答复的，通知发给被申请人后的一段合理时间内。

可取的做法是，谈判未在合理时限内达成和解的，程序进入下一阶段。

3）协助下调解

网上解决程序第二阶段是协助下调解，在这一阶段指定一位中立人，由其与各方当事人沟通，设法达成和解。

如果经由平台的谈判由于任何原因（包括未参加或者未在某一合理时限内达成和解）未果，或者争议一方或双方请求直接进入程序下一阶段，这一阶段即可启动。

程序的协助下调解阶段启动时，可取的做法是，由网上解决管理人指定一位中立人，通知各方当事人该指定事宜，并提供中立人身份的某些具体情况。

在协助下调解阶段，可取的做法是，中立人与各方当事人沟通，设法达成和解。

未能在合理时限内实现协助下和解的，程序可以进入最后阶段。

4）最后阶段

中立人协助调解未成功的，可取的做法是，网上解决管理人或中立人向当事人告知最后阶段的性质以及这一阶段可能采取的形式。

3.4.4　我国电子商务经营环境的相关规定

2013年8月，国务院办公厅发布了商务部等九个部委联合制定的《关于实施支持跨境电子商务零售出口有关政策的意见》（以下简称《意见》），从海关监管模式、出口检验、收付汇、跨境支付和税收等方面提出了总体方针和政策。为落实《意见》的相关精神，税务总局、质检总局、海关总署、外管局等多个部委亦相继出台了相应的政策和规定来规范和促进跨境电子商务的发展，从而初步搭建起了我国跨境电子商务的法规和制度体系。

1. 跨境电子商务第三方交易平台的特别义务

1）用户协议/用户注册

跨境交易经营者应当完整、准确地显示其用户协议，并保证交易当事人能够便利、完整地阅览和保存其用户协议。用户协议应当说明用户注册、交易规则、隐私及商业秘密保护等内容。

跨境交易经营者应与交易当事人签订用户协议，用户协议内容应当合法，不得在用户协议中免除自身责任，加重用户责任，排除用户的法定权利，损害用户的合法权益。第三方跨境交易平台服务经营者和跨境交易代理服务提供者应当合理提示用户协议中有关责任限制等内容。

第三方跨境交易平台服务经营者应采取合理措施对用户注册信息的真实性进行验证，并对未经身份验证或无法验证的用户予以标注。

2）第三方跨境电子交易平台交易规则

跨境平台经营者应提供规范的网上交易服务，逐步建立和完善与服务有关的各项规章制度，包括用户注册制度、平台交易规则、信息审核与披露制度、隐私权与商业秘密保护制度、消费者权益保护制度、广告发布审核制度、交易安全保障与数据备份制度、争议解决机制、不良信息及垃圾邮件举报处理机制等。

跨境平台经营者应以合理方式向用户公示各项协议、规章制度和其他重要信息，提醒用户注意与其自身合法权益密切相关的内容，从技术上保证用户能够便利、完整地阅读和保存。

跨境平台服务经营者修改交易规则，应当在合理期限内提前公告。修改后的规则增加用户义务或责任且不被用户认可的，用户有权选择退出，跨境平台服务经营者应当妥善处理用户退出事宜。

跨境平台经营者和境外代购服务提供者应告知详细的交易流程，提示跨境交易的商业风险和法律风险，积极协助当事人进行沟通或协助安排翻译、物流、支付、通关等第三方机构提供专业服务。

跨境平台经营者和境外代购服务提供者对于境外交易当事人的身份信息应当进行必要的核查，警示跨境交易中常见的欺诈行为，提示境内交易当事人注意风险防范。

跨境平台经营者根据本平台的交易特点，可向相关主管部门申请为本平台的跨境交易提供人民币结算的便利，鼓励跨境交易各方使用人民币进行跨境结算。

3）在线合同订立、数据存储与查询

跨境平台经营者应为交易当事人提供电子合同在线订立系统，便于交易当事人通过该系统达成交易，保障交易信息的安全、完整和真实。

跨境平台经营者应当妥善保存在平台上发布的交易及服务的全部信息，采取相应的技术手段保证上述资料的完整性、准确性和安全性。站内经营者和交易相对人的身份信息的保存时间自其最后一次登录之日起不少于四年；交易信息保存时间自发生之日起不少于四年。

站内经营者有权在保存期限内自助查询、下载或打印自己的交易信息。

鼓励跨境第三方交易平台通过独立的数据服务机构对其信息进行异地备份及提供查询、下载或打印服务。跨境电子商务第三方交易平台经营者（以下简称"跨境平台经营者"），应当建立和完善与服务有关的各项制度，提供规范的网上跨境交易服务。

跨境交易经营者应与交易当事人签订用户协议，用户协议内容应当合法，不得在用户协议中免除自身责任，加重用户责任，排除用户的法定权利，损害用户的合法权益。第三方跨境交易平台服务经营者和跨境交易代理服务提供者应当合理提示用户协议中有关责任限制等内容。

2. 跨境物流规范

跨境物流服务提供者可以接受当事人的委托提供一站式服务。境内物流服务商需要将境外物流转委托给其他人的，委托方仍应对货物承运承担法律责任。

跨境物流服务提供者应当符合两个方面的要求：第一，应当提供"门到门"的一站式服务；第二，如果将境外物流转委托给其他人，委托方仍应对货物承运承担全部法律责任。委托方有义务对被委托方的资质、服务水平做认真的调查，以避免在物流过程中发生差错。

物流服务商应当允许收货人在签字收货之前查验货物，在发现货物损坏或有其他意外情况时，应当及时告知发货人或前手承运人及保险公司，协助收货人或交易买方办理相关证明等事宜。

货物通关服务提供者在接受委托前应了解货物情况，告知委托人通关流程和基本规则，对于限制通关或禁止通关的货物应及时告知委托人。

3. 电子通关规范

1）总体要求

海关、商务、税务、工商、检验检疫等部门应当建立跨境电子商务准入、通关、退税、商检等工作制度，实现信息共享，建立"一站式"服务窗口，便利商品通关。

海关应当设立跨境电子商务快件便捷通关通道，简化通关流程，提高通关效率。

进出口商品的经营者或者服务商可以凭电子化凭证进行申报和纳税。电子化凭证与纸质凭证具有同等的法律效力。

转变现有监管方式是发展跨境贸易的一项非常重要的任务。实现进出口申报、纳税等环节全程无纸化是通关电子化的重要目标。

国务院办公厅转发商务部等部门《意见》明确提出，建立电子商务出口新型海关监管模式，对出口商品进行集中监管，并采取清单核放、汇总申报的方式办理通关手续。为进一步落实这一要求，2014年7月，海关总署发布了《关于跨境贸易电子商务进出境货物、物品有关监管事宜的公告》，明确规定了监管范围、企业注册和备案要求、电子商务进出境货物和物品通关管理、电子商务进出境货物和物品物流监控等方面的事项。

2）监管方面

（1）同时满足以下三个条件的纳入调整范围：第一，主体上，主要包括境内通过互联网进行跨境交易的消费者、开展跨境贸易电子商务业务的境内企业、为交易提供服务的跨境贸易电子商务第三方平台；第二，渠道上，仅指通过已与海关联网的电子商务平台进行的交易；第三，性质上，应为跨境交易。

（2）海关对电子商务出口商品采取"清单核放、汇总申报"的方式办理通关手续。电子商务企业可以向海关提交电子《中华人民共和国海关跨境贸易电子商务进出境货物申报清单》，逐票办理商品通关手续；个人应提交《中华人民共和国海关跨境贸易电子商务进出境物品申报清单》，采取"清单核放"方式办理电子商务进出境物品报关手续。

（3）存放电子商务进出境货物、物品的海关监管场所的经营人，应向海关办理开展电子商务业务的备案手续，并接受海关监管。未办理备案手续的，不得开展电子商务业务。

（4）电子商务企业或个人、支付企业、海关监管场所经营人、物流企业等，应按照规定通过电子商务通关服务平台适时向电子商务通关管理平台传送交易、支付、仓储和物流等数据。

3）企业注册登记及备案管理

（1）开展电子商务业务的企业，如需向海关办理报关业务，应按照海关对报关单位注册登记管理的相关规定，在海关办理注册登记。

（2）开展电子商务业务的海关监管场所经营人应建立完善的电子仓储管理系统，将电子仓储管理系统的底账数据通过电子商务通关服务平台与海关联网对接；电子商务交易平台应将平台交易电子底账数据通过电子商务通关服务平台与海关联网对接；电子商务企业、支付企业、物流企业应将电子商务进出境货物、物品交易原始数据通过电子商务通关服务平台与海关联网对接。

4）电子商务进出境货物、物品通关管理

（1）电子商务企业或个人、支付企业、物流企业应在电子商务进出境货物、物品申报前，分别向海关提交订单、支付、物流等信息。

（2）电子商务企业或其代理人应在运载电子商务进境货物的运输工具申报进境之日起14日内，电子商务出境货物运抵海关监管场所后、装货24小时前，按照已向海关发送的订单、支付、物流等信息，如实填制《货物清单》，逐票办理货物通关手续。个人进出境物品，应由本人或其代理人如实填制《物品清单》，逐票办理物品通关手续。

（3）除特殊情况外，《货物清单》《物品清单》《进出口货物报关单》应采取通关无纸化作业方式进行申报。

（4）电子商务企业或其代理人未能按规定将《货物清单》汇总形成《进出口货物报关单》向海关申报的，海关将不再接受相关企业以"清单核放、汇总申报"方式办理电子商务进出境货物报关手续，直至其完成相应汇总申报工作。

5）电子商务进出境货物、物品物流监控

（1）电子商务进出境货物、物品的查验、放行均应在海关监管场所内完成。

（2）海关监管场所经营人应通过已建立的电子仓储管理系统对电子商务进出境货物、物品进行管理，向海关传送上月进出海关监管场所的电子商务货物、物品总单和明细单等数据。

（3）海关按规定对电子商务进出境货物、物品进行风险布控和查验。海关实施查验时，电子商务企业、个人、海关监管场所经营人应按照现行海关进出口货物查验等有关规定提供便利，电子商务企业或个人应到场或委托他人到场配合海关查验。

（4）电子商务进出境货物、物品需转至其他海关监管场所验放的，应按照现行海关关于转关货物有关管理规定办理手续。

4. 检验检疫规范

2015年11月，国家质量监督检验检疫总局发布《跨境电子商务经营主体和商品备案管理工作规范》，对跨境电子商务经营主体和商品信息备案管理做出了明确规定。

1）备案要求

（1）跨境电子商务经营主体开展跨境电子商务业务的，应当向检验检疫机构提供经营主体备案信息。跨境电子商务商品经营企业在商品首次上架销售前，应当向检验检疫机构提供商品备案信息。

（2）跨境电子商务经营主体和商品备案信息实施一地备案、全国共享管理。同一经营主体在备案地以外检验检疫机构辖区从事跨境电子商务业务的，无须再次备案。同一经营主体在备案地以外检验检疫机构辖区销售同一种跨境电子商务商品的，无须再次备案。

2）商品禁止

以下商品禁止以跨境电子商务形式进境。

（1）《中华人民共和国进出境动植物检疫法》规定的禁止进境物。

（2）未获得检验检疫准入的动植物产品及动植物源性食品。

（3）列入《危险化学品目录》、《危险货物品名表》、《〈联合国关于危险货物运输建议书规章范本〉附录三〈危险货物一览表〉》、《易制毒化学品的分类和品种名录》和《中国严格限制进出口的有毒化学品目录》的物品。

（4）特殊物品（取得进口药品注册证书的生物制品除外）。

（5）含可能危及公共安全的核生化有害因子的产品。

（6）废旧物品。

（7）法律法规禁止进境的其他产品和国家质检总局公告禁止进境的产品。

3）跨境电子商务物品申报

2015年3月，国家质量监督检验检疫总局发布《中国（杭州）跨境电子商务综合试验区检验检疫申报与放行业务流程管理规程》，对跨境电子商务物品申报和物品放行做出规定。

跨境电子商务物品实行全申报：①属于网购保税模式的入境物品，应由电子商务经营企业提前7个工作日向检验检疫机构进行申报；②属于直邮模式的入境物品，应由电子商务经营企业提前3个工作日向检验检疫机构申报；③电子商务经营企业在申报时应明确物品名称、入境数量、输入国别或地区、销售者名称等；④出境物品提前申报，按照"先出后报，集中办理"的原则，电子商务经营企业根据需要每月集中向检验检疫机构办理相关手续。

凡是符合检验检疫监督管理要求的跨境电子商务物品予以放行。对检疫不合格的物品，检验检疫机构可以进行检疫处理后放行。经检疫处理后仍未能满足检疫要求的，予以退运或者销毁。现场核查不符要求的物品责由电子商务相关企业进行整改，整改合格后予以放行。无法进行整改的，予以退运或者销毁。

5. 跨境电子商务税收政策

1）跨境电子商务零售出口税收政策

2013年12月，财政部、国家税务总局发布《关于跨境电子商务零售出口税收政策的通知》。该通知提出了对符合条件的电子商务出口货物实行增值税和消费税免税或退税政策。

（1）电子商务出口企业属于增值税一般纳税人并已向主管税务机关办理出口退（免）税资格认定。

（2）出口货物取得海关出口货物报关单（出口退税专用），且与海关出口货物报关单电子信息一致。

（3）出口货物在退（免）税申报期截止之日内收汇。

（4）电子商务出口企业属于外贸企业的，购进出口货物取得相应的增值税专用发票、消费税专用缴款书（分割单）或海关进口增值税、消费税专用缴款书，且上述凭证有关内容与出口货物报关单（出口退税专用）有关内容相匹配。

对于部分电子商务出口企业出口货物，不符合上述规定条件，但同时符合下列条件的，适用增值税、消费税免税政策：①电子商务出口企业已办理税务登记；②出口货物取得海关签发的出口货物报关单；③购进出口货物取得合法有效的进货凭证。

2）跨境电子商务零售进口税收政策

2016年3月，财政部、海关总署、国家税务总局发布《关于跨境电子商务零售进口税收政策的通知》（简称"四八新政"）。我国将自4月8日起实施跨境电子商务零售进口税收政策并调整行邮税政策。4月7日，跨境电子商务零售进口商品申报清单（正面清单）出炉，4月15日，正面清单扩容，由第一批的1142种扩容为1293种。

四八新政针对跨境电子商务试点城市的保税备货零售进口业务采取新税制，并参照一般贸易方式进行监管，而众多从事跨境电子商务的企业和平台无法满足核验通关单的要求，从而导致了零售进口业务出现"熔断"现象。为了缓解四八新政带来的冲击，2016年5月、11月，有关部门先后两次将新政延期，将过渡期从2017年5月再缓至2017年年底，以便平稳过渡。

近年来跨境电子商务的快速发展催生了很多新模式和新业态，同时也增加了监管的难度。以往情况，往往是政策先行实践跟进，但在电子商务领域，却是实践先行政策跟进，不断试错不断改进。通过推行试点总结经验，尝试监管创新，基于时间提炼监管方案，成为电子商务领域一段时间的常态。

为配合新政的过渡，主管部门围绕新政配套出台了相关的辅助管理措施。如2016年10月海关总署发布的《关于跨境电子商务进口统一版信息化系统企业接入事宜的公告》，统一了跨境电子商务的信息系统。针对跨境电子商务零售进口业务的特点，海关总署提出了一般出口、特殊区域出口、直购进口和网购保税进口四种监管模式。2016年12月，海关总署发布2016年第75号公告（《关于增列海关监管方式代码的公告》），增列海关监管方式代码"1239"，全称"保税跨境贸易电子商务A"，简称"保税电商A"。该监管方式适用于境内电子商务企业通过海关特殊监管区域或保税物流中心（B型）一线进境的跨境电子商务零售进口商品。但对天津、上海、杭州、宁波、福州、平潭、郑州、广州、深圳、重庆10个城市开展跨境电子商务零售进口业务暂不适用"1239"监管方式。

为进一步推动跨境电子商务健康发展，商务部又从4个方面明确了有关政策：一是跨境电子商务零售进口商品"个人物品"的性质；二是试点城市从10个扩大到了15个；三是进一步完善监管模式，做好质量安全风险防控；四是新政从2018年1月1日起实施，并将持续有效。

复习与思考

1. 网络消费者的行为特征是什么？
2. 跨境网络消费者行为研究的方法是什么？
3. 跨境组织买家类型有哪些？
4. 网上解决程序各阶段是什么？
5. 我国消费者权益的内容包括哪几个方面？

第 4 章　跨境电子商务产品开发与选品管理

教学目标

- 了解跨境电子商务产品开发定义。
- 了解跨境电子商务产品开发的原则与方法。

学习重难点

重点

- 了解跨境电子商务选品工具。
- 掌握跨境电子商务主流平台选品。

难点

- 掌握跨境电子产品开发流程。
- 掌握跨境电子商务选品的方法。

案例导入

"海信"品牌出海——赞助全球顶级体育赛事

作为中国企业中较早布局海外市场的品牌，2006 年海信就将"火头在海外"上升为战略目标，此后还将国际营销公司的自主品牌占比提升纳入 KPI 考核，通过本地化经营、本地化生产、全球研发、资本并购、全球顶级赛事体育营销等手段，实现海外市场占比、海外市场自主品牌占比两大指标逐年提升。

海信家电集团党委副书记、工会主席鲍一认为，品牌出海在世界疫情叠加、国际环境多变的当下效果尤为明显。他说："代工企业往往会面临甲方调整甚至取消合作的情况，可替代性非常强。对海信来说，长期且可持续的品牌出海使我们与海外经销网络有了稳定的合作与连接，开展营销活动会更有信心。"

连续多年赞助顶级体育赛事正是海信品牌出海最为成功的打法。2016 年，海信成为欧洲杯 56 年历史上首个中国顶级赞助商。1/8 决赛赛场上，沙奇里在大禁区边缘的世界波倒钩创造了当届欧洲杯最佳进球，场边的"容声冰箱"广告也伴随进球攻占各大媒体首页，成为观众难忘的回忆。之后，海信成为 2018 年世界杯赞助商，并锁定 2022 年卡塔尔世界杯的官方赞助商身份。多年发力体育营销，使海信在全球市场打响了知名度，保持着强大的发展韧劲：2022 年上半年，海信家电实现营业收入 383.07 亿元，同比增长 18.15%，归属于上市企业股东的净利润 6.20 亿元，同比增长 0.79%。

海信家电集团股份有限公司现已成为全球超大规模的以家电制造为主的企业，同时在

A股、H股上市，主营业务涵盖电冰箱、家用空调、中央空调、特种空调、洗衣机、厨房电器、环境电器、商用冷链、模具等领域产品的研发、制造、营销和售后服务，包括海信、科龙、容声、日本"HITACHI"、美国"YORK"（中国区域）、gorenje（古洛尼）、ASKO、三电（Sanden）八大品牌。

4.1 跨境电子商务产品开发

4.1.1 跨境电子商务产品开发定义

产品开发是指通过系统且科学的市场调研及数据分析（包括行业情况、价格、热销品等因素），选择最合适的产品及供应商，并把控产品质量的过程。

> **课堂小贴士4-1**
>
> **产品开发的重要性**
>
> 不管是个人店铺，还是企业店铺，最重要的就是决定卖什么。产品决定了，就大概决定了目标客户群、销售渠道、竞争对手、成本及盈利的多少。

4.1.2 跨境电子商务产品开发的流程

产品开发的流程分为以下6步。

1. 选择产品品类

在50款左右的同类产品中分析数据，决定要售卖的产品。

2. 新品开发

根据要售卖的产品寻找供应商，然后根据需求给供应商提供几款样品订单。在与供应商沟通和合作的过程中，及时提供反馈和沟通需求变化，确保供应商能够满足自身要求。同时，建议与供应商建立长期合作关系，以便在产品更新和扩大规模时能够获得更好的支持和合作条件。

3. 确认供应商提供的样品是否合格

样品到货之后，要确认样品是否合格，主要检查样品的质量、功能、包装及其他要求。在进行样品检查时，可以制定相应的检查标准和流程，确保检查的准确性和一致性。如果发现样品不合格，可以与供应商或生产厂家沟通，寻求解决方案，例如更换样品或进行修复。

4. 审核供应商的资质

确认样品之后，需要查看供应商的营业执照、公司规模，确定供应商有没有研发能力，确认付款方式等，最后决定要不要大批量采购。同时，建议与供应商保持良好的沟通和合作关系，定期进行供应商绩效评估，以确保供应链的稳定和产品质量的持续改进。

5. 确定首单数量并议价

确认好供应商的资质之后就可以准备采购首单了，其间要注意跟单细节，并且要跟踪到货周期及物流情况。

6. 采购下单

根据首单的销售情况和市场需求，可以与供应商洽谈好批量采购的价格和交货期。确保供应商能够满足需求，并与其签订采购合同。如果产品在销售过程中没有问题，可以与供应商建立长期合作关系，并进行返单。进入日常运营阶段后，确保与供应商保持良好的沟通，及时处理订单和交货事宜。及时反馈不良品和外包装问题给供应商，以便其能够改进产品质量和包装。同时，提出产品功能优化等建议，与供应商共同推动产品的改进和创新。在采购阶段，与供应商的合作关系至关重要。保持良好的沟通和合作，及时解决问题，可以确保供应链的稳定性和产品质量的持续改进。

> **课堂思考 4-1** 你知道产品开发的价值逻辑吗？

4.1.3 跨境电子商务产品开发的原则与方法

1. 利用关键词寻找市场

分析产品自然搜索流量是卖家寻找产品或利基市场的一种好方法。卖家可以通过各种搜索引擎（如谷歌）找到各种产品关键词，然后通过自身的判断能力找到有可能成为爆款的产品。

2. 建立有趣且独特的品牌

卖家通过建立一个有趣且独特的品牌的方式选品，需要非常了解目标客户群体，把品牌精雕细琢，让用户在心中留下独特的印象，这种方式对利润稀薄领域或竞争疯狂领域的产品特别有用。

3. 找到并解决用户的痛点

跨境电子商务企业找到并解决用户的痛点是一种提升销量的好方法。

4. 找到用户的爱好

与解决用户的痛点相比，更高级别的方法是迎合用户的爱好。当用户对某些产品感兴趣时，他会想尽办法拥有。另外，这也更能加深用户和买家的互动，从而培养用户的品牌忠诚度。

5. 寻找机会和突破口

互联网虽然衍生出很多工作岗位，但随着人们的努力和创新，很多行业都已经从蓝海市场变成红海市场，并且开始趋向饱和。卖家想要从中获得更高的市场占有率和利润，就需要先找到一个突破口。这个突破口可能存在于一个待提高特性的产品、一个未被竞争对手认知的市场，或者自身的营销能力中。如果能够找到这样的一个突破口，那么商机也就出现了。

第4章 跨境电子商务产品开发与选品管理

> **课堂小贴士 4-2**
>
> **寻找突破口的方法**
>
> 卖家可以根据自己的兴趣爱好搜索产品；可以通过以往的工作经验把经验和技能转变为产品，而且这种方式也不易被其他卖家复制；可以通过网上新流行的商品趋势提早布局品牌宣传，让买家在心中留下深刻印象。

4.2 跨境电子商务选品管理

4.2.1 跨境电子商务选品认知

1. 跨境电子商务选品的概念

跨境电子商务选品是指卖家从供应市场中选择能满足目标市场需求的商品，即卖家在把握买家需求的同时，要从众多供应市场中选出质量、价格和外观最符合目标市场需求的商品。

2. 跨境电子商务选品的标准

跨境电子商务选品可以理解为选择适宜跨境销售的商品。跨境电子商务选品的标准如下。

（1）体积较小，主要是为了方便以快递方式运输，降低国际物流成本。

（2）附加值较高，价值低于运费的单件商品不适合单件销售，可以打包销售，以降低物流成本在总费用中的占比。

（3）具备独特性，在线交易业绩佳的商品需要独具特色，这样才能不断刺激买家购买。

（4）价格较合理，商品的在线交易价格若高于其在当地的市场价，就无法吸引买家在线下单。

> **课堂小贴士 4-3**
>
> **跨境电子商务选品的原则**
>
> （1）兴趣原则：卖家选品要从自己感兴趣的商品出发，这样卖家才愿投入更多时间和金钱了解商品的优势、价值和目标消费群体；只有对商品有充分的认识，卖家才能切实解决客户针对商品提出的一系列问题，增强客户对商品的信任。
>
> （2）市场需求原则：市场需求量大的商品才能有可观的销量，所以卖家在选品时要从产品市场容量出发。
>
> （3）平台导向原则：卖家要对不同平台的规则进行深入的了解和掌握，知道自己所在的平台上哪些类目是热销品、哪些商品更容易被平台推荐、哪些品类会被平台大力支持。

3. 跨境电子商务选品的分类

一般来说，通过店铺定位就可以确定跨境店铺所在行业，而选品可以帮助店铺找到最合适的商品。在跨境店铺设置完成之前,主要的选品方式为站外选品。站外选品主要分为主动选品和被动选品。

1)主动选品

主动选品是指通过对目标市场的了解或者对某个行业的了解,主观地去开发商品。卖家在主动选品时可以使用大量的站外工具。由于条件的限制,大部分卖家无法出国考察,这时候就要依靠数据,灵活运用各个分析工具进行境外市场分析,全面掌握销售趋势。主动选品应包含以下内容。

(1)目标市场分析。卖家可以详细了解目标市场的天气变化情况,目标市场人群的饮食习惯、业余爱好及消费习惯等。

(2)节假日分析。卖家要充分了解目标市场节假日的消费热点,挖掘符合节假日氛围的商品。以圣诞节为例,在圣诞节之前,西方国家或地区的消费者会大量采购圣诞节商品装饰家庭、商超、餐饮店等,所以跨境电子商务商家可以开发一些圣诞服装、道具等。卖家在销售节假日商品时大多会选择提前一个月开发及上架这类商品,因为买家需要提前准备,此外物流也需要时间。针对这些因素,卖家选品的方向就会更加明确。

(3)季节分析。卖家要根据目标国家或地区的季节变化开发应季商品。冬季来临前,卖家就要开发保暖商品,如帽子、手套、围巾等;夏季来临前,则要开发降温用品,如迷你风扇、笔记本冰垫、散热器等。

(4)生活习惯分析。卖家可根据目标市场的生活习惯开发商品。比如在美国,年龄为18~65岁的成年人中,有60%的人属于户外爱好者,针对这一群体,卖家可以开发泳衣、球网、护目镜、手电筒、帐篷灯等商品。卖家还要考虑目标客户的特殊需求,以服装类商品为例,卖家需要对目标国家或地区的气候、目标客户的喜好、尺码都非常熟悉,并且需要熟知各个国家或地区尺码的换算。进行主动选品时,卖家还可以使用大量的站外工具。

2)被动选品

被动选品是指卖家深入研究并分析目前跨境电子商务平台上在销商品的特点,借此来确定自己即将销售的商品的特性。换言之,即卖家参考其他大卖家近期销量比较好的商品,然后从自己所了解的供应市场上寻找同样的商品,订样回来拍图并在平台上上传商品的相关资料。

 课堂思考 4-2 卖家如何进行被动选品?

4. 跨境电子商务选品的策略

1)运用大数据进行选品的策略

(1)运用大数据进行行业分析。集生产与销售于一体的跨境电子商务企业借助境外市场大数据,对自身商品在境外市场上的需求状况、竞争程度、所处行业趋势进行分析,可以为企业商品调整、设计、创新提供决策参考。

单纯的销售型跨境电子商务企业依据大数据分析,对所选品类在境外市场上的需求状况、竞争程度、所处行业趋势进行分析,可以根据行情变化,第一时间调整商品策略,优化商品配置,促进商品销售。跨境电子商务企业可以借助权威研究中心的行业研究数据、海关数据、第三方平台或服务商的行业数据分析报告等,了解和预测行业市场动态,及时调整企业商品策略，跟进潮流。

（2）运用大数据进行市场需求分析。依靠第三方平台的跨境电子商务企业要及时把握平台本身定位的市场的需求变化，比如全球速卖通的主攻市场为俄罗斯、巴西等新兴市场，入驻该平台的跨境电子商务企业就必须清楚这些市场的蓝海产品是什么、这些市场有什么样的需求等。经营独立网站的跨境电子商务企业要了解自身商品在目前的主攻市场上的需求变化、消费者对商品的期望等情况。

跨境电子商务企业对市场进行需求分析时，必须借助境外市场大数据，并结合第三方机构的某些跨境行业数据，或者行业协会、行业展会的信息，做数据收集与分析，根据大数据分析的结果选择最受市场欢迎的商品。

2）结合企业定位的选品策略

每个跨境电子商务企业都有一个相对稳定的定位，至少在行业定位上是相对稳定的。跨境电子商务企业在选品时不能盲目追随所谓的热销品、畅销品，如果一家企业一直是销售玩具的，其店铺或网站上突然多了个3C类热销品，这显然和其定位不相符。跨境电子商务企业要结合自身定位进行选品，避免选择的商品与自身定位相违背。选品符合企业定位，一方面能够向客户证明自己的专一、专业性；另一方面有利于打造企业的品牌影响力，提高客户的信任度。

3）通过分析热销品进行选品的策略

（1）利用搜索引擎分析热销品。搜索引擎是客户搜索商品信息的重要工具，跨境电子商务企业可根据搜索数据，分析意向选品是否为目标市场的热搜品，或者是哪个市场的热搜品。

如何实现利用搜索引擎分析热销品？跨境电子商务企业可以借助以下搜索引擎分析工具。

① GoogleTrends 工具。通过输入意向选品关键词，切换不同市场进行分析，使用者可以看到不同地区关于该选品的搜索曲线，也就是各个地区搜索量的时间变化情况。这对跨境电子商务企业针对目标市场应该在哪个时间节点选择上线什么商品具有非常重要的借鉴意义。

② KeywordSpy 工具。输入意向选品关键词，选择想要分析的市场，使用者可以看到指定市场每个月关于该选品的搜索量情况，还可以分析与指定关键词关联度较高的关键词的搜索量情况。跨境电子商务企业可以根据分析结果制定选品策略，以及优化后续商品的关键词。

在使用不同的搜索引擎分析工具时，分析结果具有不同的侧重点，跨境电子商务企业可以充分发挥不同工具的长处，综合分析结果以制定科学合理的选品策略。

（2）研究分析第三方平台上的热销品。跨境电子商务企业在选品时可以分析如全球速卖通、亚马逊、阿里巴巴国际站等第三方平台上的热销品以及这些热销品的关键词，然后结合上面提到的搜索引擎分析工具，对热销品关键词的其他数据进行分析比对，以判断选品的市场潜力。

例如，跨境电子商务企业在亚马逊上可以通过 Amazon Best Sellers 工具，分析每个行业的热销品、热搜品情况，然后将这些商品放到搜索引擎分析工具上，分析出其他更多的数据信息。

（3）研究目标市场本地网站上的热销品。目标市场本地的网站也是跨境电子商务企业可以研究分析的对象，能更精准地实现对本地消费者需求的洞察与匹配。通过分析目标市场本地网站上的热销品，特别是行业新品的受欢迎程度，跨境电子商务企业就可以了解当地市场消费者对某商品的需求情况与喜爱程度，以此优化选品策略。

4）研究分析社交媒体热词的选品策略

在这个时代，几乎人人都会使用社交媒体，社交媒体上聚集了大量的用户信息。利用大数据思维挖掘社交媒体上有价值的信息，已成为很多企业洞察消费者行为的重要方式。跨境电子商务企业可以进入这些社交媒体，了解这些社交媒体上的用户都在热议什么。例如，电子产品行业的企业就可以关注社交媒体上的用户都在谈论什么款式和品类的电子产品，甚至可以发现用户的需求痛点，进而利用这些有价值的信息指导或者优化商品策略。

5）研究分析同行优秀店铺的选品策略

向优秀的人学习，是自我成长的有效方式。开展跨境电子商务选品也是同样的道理，跨境电子商务企业可以通过研究行业内优秀店铺的经营数据，分析其热销品的特点、属性，了解哪些商品正在被追捧；也可以研究分析优秀店铺关于热销品的标题设计、关键词使用、市场定位等有价值的信息；还可以通过店铺的买家页面分析该商品的买家来源、对商品的评价等信息，以结果反向指导决策，包括选品与营销。

6）模仿策略

模仿策略指的是一种模仿竞争对手的跟随策略。简单而言，就是同行的竞争对手什么商品卖得好，我们也跟着卖类似的商品。当然，模仿并不是抄袭，只是新卖家在刚进入跨境电子商务领域时，跟随大卖家的步伐前进，这样可以少走弯路。

7）试错策略

试错策略就是一个品类从扩展到收缩的动态过程。平台卖家通过试错策略，能够从大量的商品中发现精品。

8）组合产品策略

组合产品策略指在整个产品线中，既要有主流产品，也需要有补充性产品，即主流产品与补充性产品的组合。在确定好品类之后，卖家依然需要面对成千上万种商品的选择。例如，如果你定位于服装商品，这类商品就包括男装、女装、童装；男装品类里又包括衬衫、T恤、西裤、牛仔裤等；女装品类更多，有连衣裙、T恤、长裤等；童装品类也是数不胜数。那些销售额上亿元的大卖家通常拥有上万的 SKU 数。面对如此浩瀚的商品，如何布局、如何组织也就成了品类管控方面比较重要的话题。

> **课堂思考 4-3** 你知道跨境电子商务选品的技巧有哪些吗？

4.2.2 跨境电子商务选品方法

1. 多平台比较法

多平台比较法是一种比较常见、实用的选品方法。例如，亚马逊平台的卖家可以实时关注 Wish、速卖通、eBay 或国外独立站点等其他平台上的产品爆款数据和销量上升的款式，然后根据自己的需求，把具有市场潜力的款式直接放到亚马逊平台上进行销售。例如，打开亚马逊平台上任意一个产品页面，在产品描述下方的信息中找到产品热卖排行，从产品热卖排行前 100 的产品中，结合企业资金和资源、市场数据等因素，做出选品决策。如图 4-1 所示为亚马逊平台上 2023 年畅销书热卖排行。

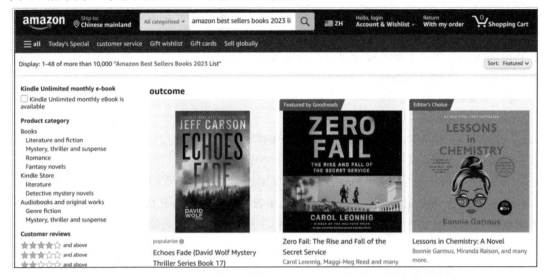

图 4-1　亚马逊平台上 2023 年畅销书热卖排行

2. 数据抓取法

爆款产品是能在短时间内以一个惊人的速度提高销量和排名的商品。因此，卖家可以通过这一逻辑抓取亚马逊的排名信息，从而获知哪些产品是有潜力的爆款产品。

从事亚马逊运营的人都知道，产品排名虽然是综合性排名，但是主要还与订单量的大小有关。如果卖家的某一款式产品的订单量快速增加，其排名也会迅速上升。

3. 市场分析法

市场分析法分为市场评估和竞品分析两大步骤。市场评估，即分析什么样的市场是有潜力的市场。竞品分析是指卖家应该分析"选什么商品"的问题。

4. 类目纵深挖掘法

跨境电子商务企业应专注特定类目进行选品。例如，全球速卖通平台专注消费电子类目，深度挖掘摄影机相关产品，研究无人机产品品牌、功能、型号等，组合关联产品进行销售。

5. 供应商推荐新品法

优质供应商有研发团队，因此对市场变化更加敏锐、把握更加准确。企业要与供应商保持联系，及时获取供应商的产品和市场信息。

4.2.3 跨境电子商务选品工具

1. Google Trends

1）Google Trends 概述

Google Trends（谷歌趋势）是谷歌旗下基于搜索数据的一款分析工具。它通过分析谷歌搜索引擎每天数十亿用户的数据，告诉卖家某一关键词或话题在各个时期被搜索的频率及其相关统计数据。卖家可以通过这些搜索数据了解产品市场、目标受众群体信息，以及店铺未来的营销方向，等等。

2）主要功能

Google Trends 的主要功能有以下几点。

（1）关键词研究功能。Google Trends 的关键词研究功能能显示用户每天的搜索趋势。卖家输入产品关键词就可得到此产品关键词被搜索的数据情况。

（2）查看网站流量。在 Google Trends 页面，卖家可以查看相关网站的流量。

（3）色彩强度信息图表。色彩强度信息图表能用不同的方式比较不同主题，它显示了关键词在特定区域受欢迎的程度，同时也可以生成有用的关键词研究数据。

2. Jungle Scout

1）Jungle Scout 概述

Jungle Scout 是一款针对亚马逊卖家产品开发的选品工具，目前全球有超过 9 万个亚马逊卖家在使用。Jungle Scout 有 Web 版和插件版，其 Web 版可以帮助卖家根据市场供需情况找到产品创意。Jungle Scout 没有免费试用版，卖家如果要使用，需要注册后购买付费版本。

Jungle Scout 的 Dashboard（仪表板）里面还有很多分选项，卖家可以按品类和关键词搜索，并插入高级筛选选项，如最多卖家数量、最低月销售额或最少评价数量等。

2）主要功能

（1）选品数据库（Product Database）。

① 寻找爆款产品。通过选品数据库预设的过滤器组合功能，可以按类别、预估销售额、销售排名和收入等进行筛选，让卖家可以快速找到具有高潜力、高利润的产品。

② 定制化筛选策略。卖家可以从产品的销量、竞争力、评级等 16 个维度的数据中研究产品，发挥创意，按照自己的策略制定筛选条件。

③ 计算亚马逊物流服务（FBA）费用，获得最大利润。使用选品数据库自带的 FBA 利润计算器，可以帮助卖家评估亚马逊物流服务费和平台费，快速计算出产品利润，以便卖家做出正确的投资决策。

（2）关键词搜索器（Keyword Scout）。

① 关键词排名监控。通过关键词搜索器获得原始词表，保存到"我的关键词列表"后，只需输入一个产品 ASIN，调出词表，便能监测到该 ASIN 的各种关键词在自然流量下的排名。

② 反查竞品关键词数据。深度反查及分析竞品关键词数据，如监控竞品关键词的广告

排名、搜索量趋势、相关度排名，让产品及 Listing（指一个产品页面，或者一件商品的一个页面）在竞品中脱颖而出，从而提升销量。

③ 查看关键词历史搜索趋势。在关键词搜索器里，可以查看某关键词两年内的历史搜索量变化趋势，为优化 PPC（Pay-Per-Click，每次点击付费）广告设置和产品详情页提供重要参考。

④ 快速搜索相关关键词。卖家输入一个关键词便可以找到海量相关关键词，并查看这些关键词在亚马逊的月搜索量、新品发布期促销推广的建议数量、PPC 推广的建议出价等。

（3）产品跟踪器（Product Tracker）。

① 监控关键指标。通过一目了然的可视化数据发觉新的产品机会，监控竞品的销量与价格变动，制定科学数据化的选品决策，及时调整定价策略。

② 跟踪竞品动态。Product Tracker 能每天密切跟踪竞品的 Best Seller 排名、销量、库存和价格变动等，协助卖家制定运营策略。

（4）供应商数据库（Supplier Database）。

① ASIN 反查供应商。通过亚马逊 ASIN 搜索其供应商，在几秒钟内即可识别产品的供应商信息，准确定位竞品供应商，从此告别寻找供应商的烦恼。

② 查找靠谱的供应商。支持卖家通过产品关键词、竞品品牌名称和工厂名称搜索和验证供应商信息，筛选出高品质、记录良好的供应商。

③ 按产品匹配工厂。Jungle Scout 系统计算出的匹配分数分析了这家工厂与你的产品的相关性，保证其有能力生产你的产品。

④ 找到工厂供应商。如果你是精品卖家，那么寻找到工厂型供货商有助于保障长期拥有稳定的货源、按需求定制化产品设计等。通过产品类型占工厂订单比例，可以从侧面判断供货商是工厂还是贸易公司。

3. AmazeOwl

1）AmazeOwl 概述

AmazeOwl 通过从亚马逊平台收集竞争对手的信息，为卖家提供一份经过筛选的高潜力产品清单。它还推出了一个五星产品排名系统，让用户可以及时了解销售某种产品的难易程度、需求量有多大，以及潜在的利润可能有多少。

如果要使用 AmazeOwl，卖家需要下载桌面应用程序（同时适用于 Windows 和 Mac OS 操作系统），其下载、注册过程十分简便、快速。

AmazeOwl 中有一个指定的管理中心（dashboard），它列出了卖家所有已保存的搜索记录，但需要单击"Hunt for Products"标签来访问它们。在管理中心，卖家可以选择要搜索亚马逊站点上的哪个产品，然后使用产品关键词搜索功能找到亚马逊当前的畅销品，或使用内置产品数据库进行更深入且更有针对性的挖掘。

关键词搜索功能可以让卖家了解哪些产品在特定细分类别中表现更加优异，而"Hunt Bestsellers"（搜索畅销品）选项则为那些在决定产品细分类别的卖家提供灵感。这两个选项都可以让卖家直接转向亚马逊平台，其界面看起来就像是为消费者准备的。

根据卖家输入的特定搜索词，搜索页面中的产品上方会显示那些"高潜力"产品，并在悬浮框中给出该页面这类产品的数量。

2）主要特点及功能

AmazeOwl 选品工具的主要特点及功能如下：①带有数百万 Listing 的产品数据库；②五星评级系统，帮助卖家快速了解产品的需求情况及其潜在利润；③竞争对手研究；④关键词监控；⑤搜索亚马逊当前的畅销品；⑥提供"高潜力"产品数量的悬浮框；⑦展示最佳产品的图片和平均评论数量；⑧新竞争对手预警。

4. Keepa

1）Keepa 概述

Keepa 是一款可以跟踪亚马逊上每件商品的价格和历史销售排名的插件工具，该工具已经成为众多亚马逊卖家分析产品销售情况的神器之一。卖家可以使用谷歌的 Chrome 扩展，在亚马逊产品页面上为每个产品自动载入产品销售情况等相关信息。只要有亚马逊账号，在里面任意搜索一个产品，在产品主图下就可以看到 Keepa 曲线图。

卖家通过这个插件可以自行选择价格追踪的时间范围（天、周、月、年等）；可以监控产品的价格历史、历史销售排行；可以记录该产品 SKU 的"秒杀"记录和评论数量的增长情况。从销售排行可以看出产品的排名趋势，上涨速度越快，这个产品成为爆款的潜力就越大，进而增加卖家找到较高质量产品的机会。

2）主要功能

Keepa 的主要功能如下。

（1）确定销售排名。Keepa 的重要功能之一是通过谷歌 Chrome 扩展提供产品历史销售排行。产品分析页面中，左侧数字是产品的价格，底部是具体销售日期，右侧是功能列表。打开功能列表（如销售排行），可以查看不同的分析数据（如销售排行、黄金购买框、全新品计数等）。

（2）历史价格与稳定性。当卖家在该曲线上移动鼠标时，可以看到不同时间对应的产品价格是多少。

卖家通常会倾向于关注产品一段时间内的平均价格，这个数据可以帮助卖家分析产品价格的稳定性。

（3）卖家数量。卖家单击"更多历史数据"按钮，可以查看新品卖家的数量（New Offer Count），实际上也指现在有多少卖家在跟卖这件产品。通过参考这个数据，卖家可以考虑是否加入这些现有卖家的竞争之中。此外，该数据还允许卖家直接参考上面的定价图表查看相应的价格变化。

5. 卖家网

1）卖家网概述

卖家网是一个专注于 eBay、Wish、Shopee 等平台的跨境电子商务大数据分析工具及选品运营辅助工具。安装后访问 Wish 网站时，可以看到全站概况、行业统计、店铺统计、产品统计和标签统计等功能。它具有一键查询、方便快捷的特点，帮助用户进行选品、打造爆款。卖家网的官方网址为 https://www.maijia.com/，其首页如图 4-2 所示。

图 4-2 卖家网首页

2)功能特点

卖家网现在已覆盖 eBay、Wish、Shopee 等平台的数据。下面以 eBay 和 Wish 这两个平台为例进行说明。

(1)行业统计。eBay 平台:能统计行业整体市场行情,行业属性分布成交,行业热销店铺/产品,上架/成交时间分布等信息,实时掌握市场行情,了解行业走势。Wish:能够分析行业规模、销售趋势,从而更好地把握行业走势,发掘潜力类目。

(2)产品统计。eBay:能够统计产品热销榜、产品飙升榜、新品热销排行榜,实时掌握竞品销售趋势、产品 SKU 信息等。Wish:统计产品销售趋势、热销 SKU 信息、刊登时间,了解产品并调整产品布局,学习如何填写热卖产品的标签。

(3)产品导出。eBay:可以一键导出和批量导出产品信息,支持马帮、数据酋长等多种数据导出格式。Wish:支持导出店小秘、杧果店长、Wish 等多种数据格式。

(4)卖家统计。eBay:统计全网热销卖家,实时监控卖家概况、产品上架和成交时间,统计卖家热销产品列表和卖家滞销产品列表。Wish:能追踪店铺销售数据,查看热卖店铺刊登产品和产品调整策略,同时也能追踪店铺热卖和海外仓产品,支持多维度对比产品和店铺信息,找出竞品之间的差别。

(5)优化标题。eBay:卖家输入标题关键词,可以查看热销产品刊登的常用关键词,帮助卖家快速建立优质标题,获取免费流量。Wish:能一键获取爆款产品的标签、关联标签推荐和进行标签热度分析。

6.卖家精灵

1)卖家精灵概述

卖家精灵是一款为亚马逊卖家提供关键词监控、产品监控、差评监控以及关键词真实搜索量和真实销量查询的一站式工具,可以说是"大数据选品专家",其官方网址为 https://www.sellersprite.com/。"卖家精灵"首页如图 4-3 所示。

图 4-3 "卖家精灵"首页

2）主要功能

（1）关键词精灵。

①关键词挖掘。推荐最有价值的亚马逊产品相关关键词，为 Listing 优化、CPC 广告关键词提供精准关键词。

②关键词选品。卖家可以基于用户的搜索关键词发现利基市场。一个关键词对应一个细分市场，卖家可以基于"商品类目+搜索量+搜索增长率"浏览关键词（类目）飙升榜。

③关键词反查。关键词反查包括以下功能。

- 可以反查竞品的真实流量词，即用户通过哪些关键词搜索、点击、购买了该产品。
- 通过竞品的真实流量词优化 Listing 关键词，提升产品的自然搜索流量。
- 根据竞品真实流量词优化 CPC 广告关键词，帮助卖家更精准地投放与提升广告绩效。
- 杜绝关键词调研盲点，对于亚马逊卖家来说，有些可能永远都想不到的某些产品的另类关键词，卖家精灵可以帮助卖家挖掘出来。

（2）选品精灵。

①查竞品。这是基于子类目、关键词、品牌、卖家查询竞品的历史销量，卖家由此还可以查询对手最近两年的销量走势。

②选市场。从亚马逊每个站点 2 万多的产品细分类目中，基于市场容量、市场趋势、竞争度、行业波动性等维度，帮助卖家选出潜力市场。

③选产品。基于销量增长率、评论增长数等诸多创新性选品条件，帮卖家选出潜力爆款。

（3）监控精灵。

①产品监控。监控主类目产品的热销品排名（BSR）、各子类目的每日排名变化情况，评估精细化推广效果；监控对手产品的 BSR 排名、价格、评论数、评分变化，快速查看竞争对手的推广策略。

②关键词监控。监控产品关键词的每日排名变化，精细量化卖家的推广效果；监控对手产品的关键词排名变化，了解竞争对手的一举一动，让竞争对手的推广策略为自己所用。

③ ASIN 报告。该报告来源于亚马逊的 A9 搜索引擎，是亚马逊 ARA 数据的一种。它具有以下特点。

➢ 让产品 Listing 优化、CPC 广告优化、竞品分析一步到位。
➢ 提供搜索、点击、购买的各关键词列表及产品的转化率。
➢ 提供亚马逊搜索端流量的每日搜索、点击、购买的数量。
➢ ASIN 报告高级版提供该 ASIN 所有卖家（包括跟卖）的每周销量及销售额。

4.2.4 跨境电子商务主流平台选品

1. 亚马逊站内数据选品

1）亚马逊搜索（Amazon Search）

亚马逊搜索是每个亚马逊买家都要使用的工具，这里汇集了买家使用的各类精准的搜索词。因此，它对卖家选品有很重要的参考意义。那么，卖家如何通过亚马逊搜索工具进行选品呢？

一是利用搜索功能发现热门长尾词，寻找市场机会。

二是进入一个类目，层层筛选，其中排名靠前且评论数量较少的商品就有可能是一种优良商品。

亚马逊的搜索页面如图 4-4 所示。

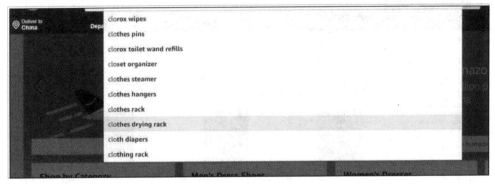

图 4-4 亚马逊的搜索页面

课堂思考 4-4 亚马逊卖家选品时应该考虑哪些因素？

2）亚马逊热销榜（Amazon Best Sellers）

这个榜单可以让卖家清楚地看到每个类目下卖得最好的 100 个商品的列表，卖家如果对列表中的这些商品进行认真研究、梳理，并结合自己的实际情况（如资金、资源等因素）进行考虑，评估自己是否有能力运营这些商品，就可以达到精准选品的目的。

但是，所有卖家都希望能在这个地方找到适合自己的商品，因此这些商品的竞争非常激烈，卖家一定要分析清楚。亚马逊热销榜页面如图 4-5 所示。

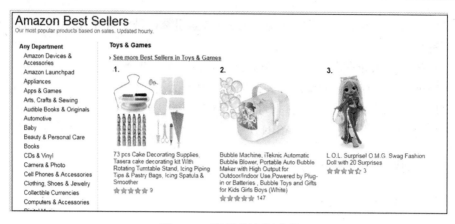

图 4-5　亚马逊热销榜页面

3）亚马逊新品排行榜（Amazon Hot New Releases）

这个榜单展示的是上架时间较短，但排名上升速度较快的"新星"商品，有的商品是刚刚开发出来的，有的则是具备新功能的老商品，而这个功能很受用户的喜欢。

与亚马逊热销榜上那些竞争激烈的商品相比，这里的商品更值得新手卖家选择。亚马逊新品排行榜的每个类目下有 100 个新品的列表，给新手卖家提供了更多的选择机会。亚马逊新品排行榜页面如图 4-6 所示。

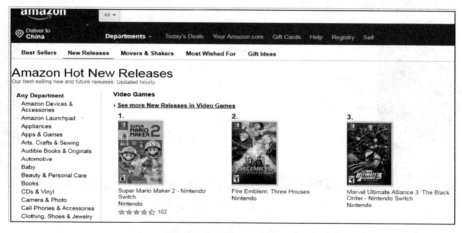

图 4-6　亚马逊新品排行榜页面

4）亚马逊销售飙升榜（Amazon Movers & Shakers）

卖家在这个榜单上可以看到亚马逊平台上所有品类排名前 100 的商品的趋势波动，每个商品的上方都有红色或绿色的箭头，绿色表示人气在上升，红色则表示人气在下降。卖家可以根据箭头的颜色选择一些潜力商品。

亚马逊销售飙升榜用于展示亚马逊平台上销售量上升较快的商品，涵盖了 Kindle 商店、MP3 音乐、图书、婴儿用品、工艺品、汽车、电子产品、美容和个人护理、计算机、女士时尚、男士时尚、女童时尚、男童时尚、健康和家居用品、宠物用品、家居厨房用品、工业科技、工具与家居装饰、影视、玩具与游戏、行李箱包、视频游戏、运动与户外用品等品类。亚马逊销售飙升榜页面如图 4-7 所示。

图 4-7　亚马逊销售飙升榜页面

5）亚马逊愿望清单（Amazon Most Wished For）

亚马逊愿望清单是亚马逊平台通过搜集消费者的访问数据而形成的，是卖家挑选未来热卖商品的一个重要依据。当这里的商品有折扣消息的时候，亚马逊平台会通过邮件提醒消费者。如果卖家的商品能上榜，又或者卖家能以更优惠的价格提供此商品，那么减价促销活动就会带来更多销量，从而为卖家赢得商机。亚马逊愿望清单页面如图 4-8 所示。

图 4-8　亚马逊愿望清单页面

6）亚马逊礼物榜（Amazon Gift Ideas）

亚马逊礼物榜是销售礼物性质商品的卖家不可错过的榜单。很多消费者在给家人或朋友选购礼品的时候都通过此榜单购买。因为这里的商品不仅可以提前购买，还能在指定的时间送货，非常方便。

特别是在销售旺季，这些作为礼品的商品销量会大幅度增长。卖家如果不想错过销售旺季，那么从这里参考选品也许是个不错的选择。亚马逊礼物榜页面如图 4-9 所示。

图 4-9 亚马逊礼物榜页面

2. 全球速卖通选品：数据纵横和选品专家选品

每一款商品都有一个生命周期，有些类目的商品更新的速度很快，卖家只有不断地打造畅销款，才能让店铺一直保持优势。

在商品生命周期的不同阶段，卖家应采取不同的运营策略。

选品期。卖家开始科学选品，可以通过站内和站外等多种渠道开展选品工作。

成长期。卖家通过店铺的自主营销、直通车及站外营销进行全渠道的营销推广。

成熟期。当商品订单和流量进入稳定期，有一定的评价积累时，卖家就可以通过关联营销等方式提高店铺的客单价，利用好引入的优质流量。

保护期。当成功地打造出一件"爆款"后，竞争对手也会开始打造类似商品，此时竞争难度会增大，卖家需要增强自己商品的竞争力，以保证稳定的订单量。而作为市场的领先者，卖家可以适当地降低价格，以巩固自身的优势地位。

衰退期。在此阶段，商品的价格战会非常激烈，加上市场的需求降低和新商品的升级，订单量和流量都会减少，这时卖家需要重新进行选品或对原有商品进行优化。

通过全球速卖通平台提供的数据纵横功能，卖家可以了解行业情报（热搜、热销）；也可以通过选品专家进行理性选品，精准设置关键词；还可以进行商铺分析，找到经营短板，制定有针对性的营销策略。

1）选品专家——热销

选品专家——热销主要是从行业、国家（地区）、时间的维度查看最近主要市场的热销品类、品类的热销属性，以及这些热销品类的特征、关联销售等信息。

（1）TOP 热销商品词。TOP 热销商品词可使卖家从行业、国家（地区）、时间的维度查看 TOP 热销的品类。TOP 热销商品词页面如图 4-10 所示，图中圆圈越大，表示销量越大。颜色代表竞争情况，红色越深，表示竞争越激烈；蓝色越深，表示竞争越小（扫描二维码，即可查看图中的颜色，下同）。

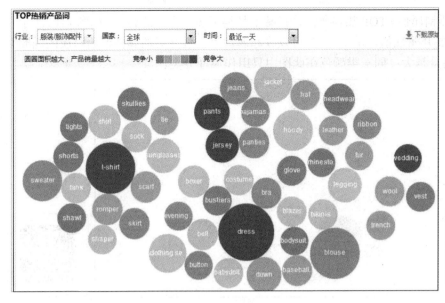

图 4-10　TOP 热销商品词页面

相关数据指标说明如下。

①成交指数：在所选行业、国家（地区）、时间范围内，累计成交订单数经过数据处理后得到的对应指数。成交指数不等于成交量，但成交指数越大，说明成交量越大。

②购买率排名：在所选行业、国家（地区）、时间范围内，购买率的排名情况。

③竞争指数：在所选行业、国家（地区）、时间范围内，商品词对应的竞争指数。竞争指数越大，竞争越激烈。

（2）TOP 关联商品。TOP 关联商品是指买家同时浏览、点击、购买的商品。TOP 关联商品页面如图 4-11 所示，连线越粗，表示买家对商品的关注度越高，即买家同时浏览、点击、购买的人数越多。圆圈面积越大，表示销量越大。颜色表示竞争情况，红色越深，表示竞争越激烈；蓝色越深，表示竞争越小。

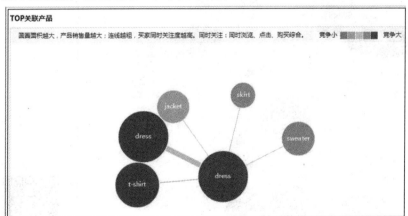

图 4-11　TOP 关联商品页面

（3）TOP 热销属性。TOP 热销属性是指某个品类下热销商品的属性，如图 4-12 所示。单击"+"可以展开属性值，单击"-"可以收起属性值。展开后的属性值所对应的圆圈面积越大，表示销量越大；同一类颜色在此图中只用作属性分类。

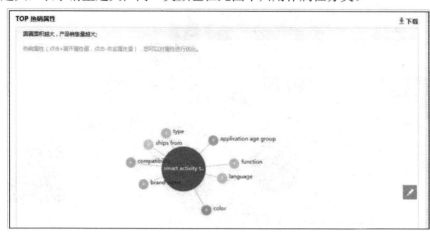

图 4-12　TOP 热销属性页面

图 4-13 所示为"dress"的热销属性页面，单击"+"可以分析出下列属性值。

- 袖子长度：无袖。
- 面料：雪纺。
- 裙长：膝盖以上。
- 风格：迷你裙。

……

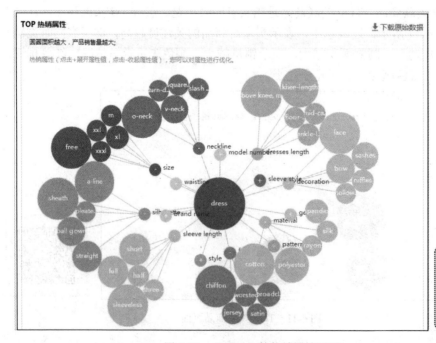

图 4-13　"dress"的热销属性页面

卖家可以结合自己商品的特征优化商品属性，增加买家找到商品的机会；也可以了解目前商品的热销属性，方便选品。

（4）热销属性组合。热销属性组合是指某个品类下热销属性的组合，相同颜色代表一类属性组合，圆圈面积越大，表示对应商品的销量越大。热销属性组合页面如图4-14所示。

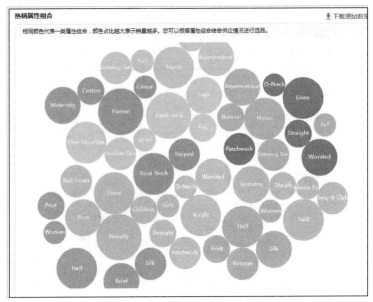

图4-14 热销属性组合页面

单击圆圈，卖家可以查看属性组合详情。例如，单击"novelty"圆圈，弹出图4-15所示的热销属性组合页面。这类商品的热销属性有带花的（floral）、蝴蝶结（bow）、蓬蓬裙（ball gown）、女孩（girls）等。

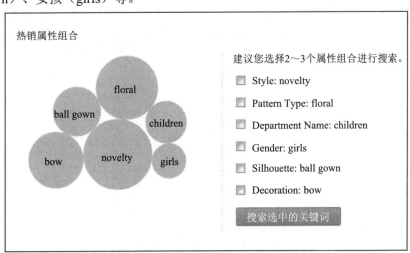

图4-15 "novelty"的热销属性组合页面

通过热销属性组合，卖家既可以在全球速卖通平台上查看此类商品的特征，也可以在其他网站上搜索这类商品的特征。

2）选品专家——热搜

热搜从行业、国家（地区）、时间的维度反映最近主要市场的热搜品类、品类的热搜属性及关联销售，卖家可以从这里查看买家在搜索什么样的商品。

（1）TOP 热搜商品词。TOP 热搜商品词可以使卖家从行业、国家（地区）、时间等维度查看热搜商品。TOP 热搜商品词页面如图 4-16 所示，圆圈面积越大，表示该热搜商品词的搜索量越大，其对应商品的销量也就越大。

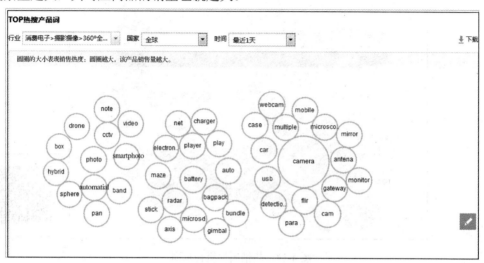

图 4-16　TOP 热搜商品词页面

（2）TOP 关联商品。TOP 关联商品页面如图 4-17 所示，圆圈面积越大，表示对应产品的搜索量越大；连线越粗，表示既搜索关键词 A 又搜索关键词 B 的买家越多。

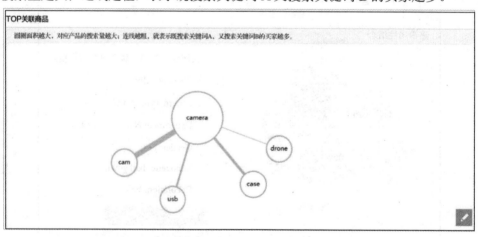

图 4-17　TOP 关联商品页面

（3）TOP 热搜属性。卖家通过 TOP 热搜属性页面可以查看某个品类下的热搜属性。单击"+"可以展开属性值，单击"-"可以收起属性值。点开后属性值的圆圈面积越大，表示产品搜索量越大；同一种颜色在此图中只作为属性分类用。TOP 热搜属性页面如图 4-18 所示。

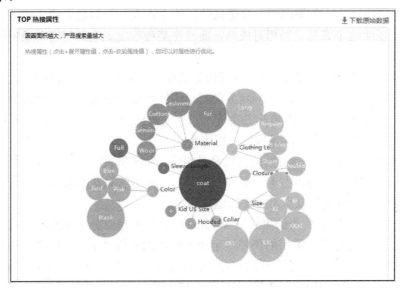

图 4-18　TOP 热搜属性页面

从图 4-18 可以看出，"coat"热搜的属性有以下特征。
- 材质：皮草、羊绒。
- 颜色：黑色。
- 外套长度：长款。
- 尺寸：4XL、XXXL、XXL、XL、M、S。

相关指标说明如下。
- 搜索指数：在所选行业、国家（地区）、时间范围内，搜索该关键词的次数经过数据处理后得到的对应指数。搜索指数不等于搜索次数，但搜索指数越大，说明搜索次数越多。
- 搜索人气：在所选行业、国家（地区）、时间范围内，搜索该关键词的人数经过数据处理后得到的对应指数。搜索人气不等于搜索人数，但搜索人气越高，说明搜索人数越多。
- 购买率排名：在所选行业、国家（地区）、时间范围内，该关键词所对应商品的购买率的排名情况。
- 竞争指数：在所选行业、国家（地区）、时间范围内，该关键词对应的竞争指数。竞争指数越大，表示竞争越激烈。

3. Wish 选品：模仿式选品

1）观察其他平台选品

Wish 的很多规则学习了亚马逊，如使用亚马逊的服务器储存图片，商品和服务定位也偏向亚马逊，所以这里为新手卖家分享从亚马逊开发 Wish 商品的方法。

（1）查看是否有FBA（亚马逊提供的代发货服务）。买家想看一个商品是否有FBA，可直接看Sold by后面是否显示Fulfillment by Amazon。FBA有利于提高转化率，也确实给买家带来了比较好的购物体验。如果同一个关键词的同一个搜索结果列表中的大部分商品后显示了FBA，那就证明这个商品已经相对成熟，而且在某种程度上也证明它有稳定的需求量。

（2）看商品评价质量与数量。Wish的商品评价等级是学习亚马逊的，所以Wish卖家在选品时参考亚马逊的评价数量十分重要。但事实上，评价质量才是关键。一般认为，评价分数的合格线是4.6~4.9分，分数影响的主要是一二星的占比。一个好商品才值得Wish卖家选择，后面销售时就会省时省力，且售后纠纷更少。

（3）根据买家对商品的提问有针对性地优化商品描述。买家所关心的商品问题是买家的痛点，了解它们有利于Wish卖家制作自己的商品描述。直接把买家最关心的问题的答案嵌入商品描述，可优化买家体验和减少不必要的退款纠纷。

（4）不要以在全球速卖通上使用的思维做Wish选品。最近有部分全球速卖通的卖家转做Wish，它们推崇1美元包邮，沿用的仍然是全球速卖通的低价"引流"思维，采取平邮策略，在选品方面参考的也是全球速卖通的数据。全球速卖通的市场定位是新兴国家（地区）市场，与Wish定位的成熟国家（地区）市场不一样，两者的买家的消费水平不一样，品位更不一样。卖家可以在Wish上卖低价商品，但这是得不偿失的做法，Wish采用推送方式，即买家先看到的是图片，然后才是价格，所以以全球速卖通的思维逻辑做Wish很不明智，而且低价对应的多是地摊货品，长时间的运输无疑会给卖家带来资金方面的压力。低价商品的供应商雷同必然导致商品同质化现象严重，买家审美疲倦，这也是Wish近期流量普遍减少的原因之一。

2）跟着沃尔玛挑商品

Wish平台的诞生，与其说颠覆了人们的购物习惯，不如说走到了潮流的前沿。移动购物是不可逆转的世界潮流，所以近两年来，Wish已经成为全球最大的移动购物平台之一，而既然卖家选择Wish平台，就离不开选品。

4. eBay选品：平台自身选品

eBay的选品思维具有一定的复杂性，可以用"海外仓派系"和"中国直发派系"区分。

"海外仓派系"的选品思维类似于亚马逊的"跟卖"选品思维，但不同的是，在"海外仓派系"的选品思维下，标题、关键词、图片、商品描述、本地物流选择方式等会因卖家自身的不同而不同，所以，谁在这方面下功夫，实现账号绩效及eBay实操细节的结合，谁就已经胜出了一大半，剩下的就和"跟卖"思维一样了。知道eBay实操细节的卖家都懂得，实操霸主卖家对待新人卖家最狠的就是在性价比上动手，当累积到一定的销售比例后，霸主卖家的售价反而会高出新人卖家很多，从而拿到定价权和引领市场均价的旗帜。新人卖家是无法抗衡霸主卖家的，持久的坚守战和境外特定的时间管理是霸主卖家的核心策略；一些在站内做得比较好的卖家还会到站外的社交平台上"引流"。

"中国直发派系"的选品思维类似于全球速卖通的选品思维。可以说，eBay和全球速卖通是基本相同的，不同点是平台对卖家的考核和平台在受众国家（地区）的宣传力度。

 复习与思考

1. 简述跨境电子商务产品开发定义。
2. 简述跨境电子商务产品开发的流程。
3. 简述跨境电子商务产品开发的原则与方法。
4. 简述跨境电子商务选品方法。
5. 简述跨境电子商务选品工具。

第 5 章　跨境电子商务产品定价管理

教学目标

- 了解跨境电子商务产品定价的概念。
- 了解跨境电子商务产品定价的术语。

学习重难点

重点
- 了解跨境电子商务产品定价的策略。

难点
- 掌握跨境电子商务产品定价的方法。

案例导入

定价的困扰

杭州某个经营农产品的企业准备扩大自己的市场,并制定了通过阿里巴巴国际站进行跨国销售的计划。然而企业在实施计划的进程中遇到了难题——企业应该为产品制定什么样的价格呢?毫无疑问,企业当然希望产品售价越高越好,但是产品价格太高就会失去竞争力,所以定价不能太高;但产品定价过低企业就无法获得利润,无法维持正常的商业运转。由于缺乏制定跨国销售产品价格的相关经验,该企业决定参照市场中其他同行的售价制定销售价格。经过一年的运营和发展,该企业终于在海外市场中有了自己的一席之地。

5.1　跨境电子商务产品定价认知

5.1.1　定价的概念与术语

1. 定价的概念

定价是市场营销学里面最重要的组成部分之一,主要研究商品和服务的价格制定和变更的策略,以求得营销效果和收益的最佳。

2. 定价的术语

1) 上架价格

上架价格 LP(list price),即产品在上架的时候所填的价格:

上架价格=(采购价+费用+利润)/银行外汇买入价

采购价为从产品供应平台（如1688）或从工厂采购（批发或者零购）的成本价，可含税（增值税，如能提供增值税发票，可享受退税）。

费用主要包括跨境物流运费、平台交易费用（推广、佣金等）、关税（用邮政小包等个人物品申报的零售出口一般在目的国不交关税）及其他费用。

利润指的是合理利润，可根据产品的实际情况、竞争者的价格以及市场情况确定合理的利润率。

> **课堂思考 5-1** 产品成本是 10 欧元，按照目前的平均毛利润率（20%），还有平台成交费率 10%，及部分订单产生的推广费用 6%~10%，计算上架价格。

2）销售价格

销售价格 DP（discount price）也称为折后价，即产品在店铺折扣下显示的价格：

销售价格=上架价格×折扣率

> **课堂思考 5-2** 产品成本是 20 欧元，按照目前的平均毛利润率（10%），还有平台成交费率 3%，以及部分订单产生的推广费用 1%~3%，计算销售价格。

3）成交价格

成交价格 OP（order price），即消费者在最终下单后所支付的单位价格：

成交价=销售价格-营销推广成本

> **课堂思考 5-3** 产品成本是 20 欧元，按照目前的平均毛利润率（10%），平台成交费率 3%，产品营销推广成本 15 欧元，计算成交价格。

5.1.2 定价考虑的因素

价格策略是企业营销策略中最富有灵活性和艺术性的策略，影响企业国际市场营销定价的主要因素有以下几个。

1. 定价目标因素

定价目标是指企业希望通过制定产品价格所实现的目的。企业的定价目标一般有维持企业生存、当前利润最大化、市场占有率最大化、应付和防止竞争、保证产品质量最优五个方面。定价目标不同，企业选择的定价方法和制定的价格策略也会不同。

2. 成本因素

国际市场营销活动中，除了国内市场营销成本，还会发生许多国内市场营销所没有的成本或者费用。国际市场营销产品成本包括产品的生产成本和营销成本两大部分。生产成本主要包括原材料成本，生产线工人和管理人员工资、奖金与福利，厂房及设备的投资费用。营销成本主要包括关税、分销成本、融资成本和风险成本等，如表 5-1 所示。

关税是一国进行宏观经济调控的重要手段之一，常常构成进口产品成本的重要组成部分；各进口国分销渠道较长，加上没有统一的中间商加成标准，是出口企业必须考虑却又难以控制的一项成本；由于出口产品销售周期一般较长，因此必须考虑通货膨胀、汇率变动、资金呆滞等因素对成本的影响，这些因素构成了国际市场营销产品的融资和风险成本。

表5-1 国际市场营销产品的成本因素

生产成本	国内生产产品的生产成本
	外销产品修正形成的附加成本
	国际市场营销公司新产品研发成本、管理成本和设计成本等
销售成本	各种中间商的毛利及佣金
	国内运输费用
	发生的进出口关税、报关费用等
	产品从出口国到进口国的运输、保险、包装、装卸等各项费用
	进口国征收的消费税、增值税等
	选择、培训与激励中间商的费用
	商品库存费用
	国际市场上的各种促销费用
	直接在国外建立分销机构的设施、人员及管理费用等
风险成本	汇率风险
	进口国通货膨胀风险
	法律纠纷风险
	买方不付款的财务风险

3. 需求因素

市场需求规模、消费者的消费心理、感受价值、收入水平、对价格的敏感程度、消费者的议价能力等都是影响企业定价的主要因素。出口企业根据成本和利润定出一个出厂基本价，还必须考虑国外顾客对此产品的购买欲望和支付能力等需求因素。

4. 竞争因素

产品的国际市场营销定价除了考虑企业自身可以决定和控制的因素，还要考虑国际市场上竞争强弱这一不可忽视的因素。在相对充分竞争的市场上，如果企业的产品独一无二，并受专利保护，才有可能实行高价垄断策略。否则，企业的定价必然受到其他竞争者可能采取的对策的牵制。

在世界市场上，由于自由竞争与垄断的并存，出现了"自由市场"价格与"封闭市场"价格并存的现象。

（1）世界"自由市场"价格。世界"自由市场"价格是指在不受垄断或不受国家垄断力量干扰的条件下，由独立经营的买者和卖者之间进行交易的价格。国际供求关系是这种价格形成的客观基础。

（2）世界"封闭市场"价格。世界"封闭市场"价格是买卖双方在一定的约束关系下形成的价格。商品在各国间的供求关系一般对它不会产生实质性的影响。世界"封闭市场"价格一般包括国际转移定价、垄断价格、区域性经济贸易集团内价格和国际商品协定下的协定价格4种。

5. 政府干预因素

作为出口企业，不可避免地要遇到各国政府有关价格规定和条例的限制，各国政府干预市场价格的方式和措施大致有下述几种。

1）限定最高价或最低价

许多国家在某一时期或者针对某些特定产品可能会实行最低限价和最高限价，以保护相应的产业和防止暴利行为。有的国家为了稳定物价，也可能颁布法令，限定产品的最高售价。为了保护本国市场，鼓励自由竞争，有的国家政府还通过有关法规或者利用税收等手段，限定产品的最低售价。

2）限制价格变动

有的国家规定商品价格要接受管制措施，不能随意变动。在巴西，由于通货膨胀严重，政府曾规定一年之内申请提价的次数不得超过两次。

3）实行政府补贴

为了增强出口商品在世界市场上的竞争力，各国政府往往还针对某些行业或产品实行政府补贴制度。政府补贴有直接补贴和间接补贴两种。直接补贴是政府对出口制成品的补贴；间接补贴则是政府对出口制成品中的零部件、原材料等的补贴。

4）直接参与市场竞争以管制价格

为了控制价格，一些国家政府或其代理机构会直接参与市场买卖，通过在市场上大量购买或大量抛售某种产品，对市场价格实施干预，促使价格恢复到正常水平。

5）限制共谋

各国政府有许多与国际市场营销产品定价相关的法律规定，《反托拉斯法》是其中主要的法律之一。欧盟的《反托拉斯法》视价格歧视、限制供应和全行业共谋提价为非法行为。

6）限制倾销

限制倾销是指东道国限制对外国商品在本国市场上的倾销所采取的抵制措施。一般是对倾销的外国商品除征收一般进口税外，再增收附加税，使其不能廉价出售，此种附加税称为"反倾销税"。

6. 国际价格协定因素

在国际市场营销实践中，即使东道国政府的干预程度很小，国际企业仍然面临着如何应对国际价格协定的问题。价格协议的形式及其对企业定价决策的影响主要表现在以下 4 个方面。

1）专利授权协定

授权公司首先划分市场范围，然后给予被授权者在一定区域内的独家产销权利，同时控制其销售价格。

2）卡特尔

卡特尔（Cartel）是生产同类产品的不同企业为了控制其产品的销售市场而进行的合作的组织。卡特尔组织可以采用正式协议的形式确定价格、规定成员企业的产品产量和销售量、划分市场范围，甚至可以对利润实行再分配。在有些情况下，卡特尔组织甚至本身接管了全部销售职能，销售各成员企业生产的产品，并负责分配利润。石油输出国组织欧佩克（OPEC）就是著名的国际卡特尔。

3）联营

由参加公司组成理事会，对外一致行动，如同一个整体公司，成员中有违反协定者将受到处罚。

4）同业工会

工会对其产品定价进行控制，保持该行业的价格水平，使会员共同繁荣，并限制外来竞争品的价格制定。

5.1.3 商品成本核算

在跨境电子商务中，销量、关键词是影响商品排序的两大重要因素，而影响销量最关键的因素在于价格。如何进行跨境电子商务商品定价呢？首先必须做好商品成本核算。下面介绍相关的成本和费用。

1. 生产成本或采购成本

跨境电子商务经营成功必须拥有优质的商品、卓越的商品研发能力和良好的跨境电子商务服务意识，更重要的是拥有优质的供应商。一个优质的供应商能提供具有竞争优势的采购价格，这样才能拥有足够的利润空间去开展运营和推广。实践中，开展跨境电子商务经营的既有生产型企业，又有贸易型企业或个人。

生产型企业从事跨境电子商务，一般以批发为主，其产品流通环节少、销量大、成本低，在跨境电子商务平台上一般以 FOB 价格定价，有最低起订量的要求。生产型跨境电子商务企业商品生产成本主要由原材料成本、生产加工成本、包装成本、生产费用等构成。

贸易型跨境电子商务企业或个人则是向厂家或国内批发平台（如 1688 等）采购商品，然后在跨境电子商务平台上销售。其商品成本体现为采购成本，具体包含商品进货成本、国内运费、破损费用等。

由于国家采取出口鼓励政策，且多以出口退税的形式提供，所以跨境电子商务企业的实际成本应该是生产成本或采购成本扣除出口退税收入，用公式表示为

实际成本=生产成本或采购成本−出口退税收入

出口退税收入=采购成本÷(1+增值税率)×出口退税率

2. 跨境电子商务平台费用

跨境电子商务平台费用一般包含平台入驻费用、平台销售佣金、营销推广费用、次品和退费折损等。

1）平台入驻费用

跨境电子商务平台入驻费用各不相同，针对个人卖家、专业卖家和企业卖家的平台入驻费用也有区别。

亚马逊对个人卖家不收取店铺租金，但是每卖出一件产品收取 0.99 美元外加比例不等的类目佣金；对专业卖家，亚马逊每月收取 39.99 美元的店铺租金，类目佣金另行收取。亚马逊平台相关费用如表 5-2 所示。

表 5-2 亚马逊平台相关费用

计划类型	订阅费	月租费	佣金
专业计划	39.99 美元	欧洲站 39 欧元或 25 英镑 北美站 39.99 美元，日本站 4900 日元	8%～20%
个人计划	0 美元（0.99 美元/每笔交易）	0	8%～20%

eBay、Shopee、Lazada 不收取任何入驻费用；Wish 平台收取 2000 美元的店铺预缴注册费；敦煌网平台收费标准分为年缴、半年缴、季度缴，费用分别为 999 元、598 元、298 元；速卖通按照入驻的大类收取保证金，费用在 1 万～5 万元，不同类目的收费标准不同。如果一个卖家同时入驻多个类目，那么平台就按照所有类目中金额最高的费用收取保证金。速卖通 2023 年度部分类目保证金如表 5-3 所示。

表 5-3 速卖通 2023 年度部分类目保证金

序号	2023 年经营大类	保证金
1	珠宝手表（含精品珠宝）	1 万元
2	服装服饰	1 万元
3	婚纱礼服	1 万元
4	美容个护（含护肤品）	1 万元
5	真人发（定向邀约制）	5 万元
6	化纤发	1 万元
7	母婴玩具	1 万元
8	箱包鞋类	1 万元
9	3C 数码（除内置存储器、移动硬盘、U 盘、刻录盘、电子烟、手机、电子元器件外） （投影仪定向邀约）	1 万元
10	内置存储器、移动硬盘、U 盘、刻录盘	1 万元
11	电子烟	3 万元
12	手机	3 万元

2）平台销售佣金

平台销售佣金又叫成交费，主要是对卖家销售商品的实际金额（包括运费和处理费，但不包含销售税）收取一定百分比的费用。

在 eBay 平台，不同类目、不同档次的产品，销售佣金比例不尽相同。eBay 平台销售佣金设有上限，超级精选店铺和企业店铺订户的所有分类销售佣金上限为 250 美元；普通店铺和精品店铺订户除 4 个类目外，所有分类的销售佣金上限为 350 美元。

亚马逊平台销售佣金分为媒介类商品和非媒介类商品两类收取。对媒介类商品，如图书、音乐、影视、软件和视频游戏等，亚马逊按适用的销售佣金百分比或基于销售价格（不含通过亚马逊增值税计算服务收取的任何税费）计算出的适用每件商品最低销售佣金（取二者中的较高者）扣除销售佣金。佣金比例为 8%～15%，大部分按照 15%收取佣金。对非媒介类商品，亚马逊按适用的销售佣金百分比或基于总销售价格（买家支付的总金额，含商品价格及所有运费或礼品包装费，但不含通过亚马逊增值税计算服务收取的任何税费）计算出的适用每件商品最低销售佣金（取二者中的较高者）扣除销售佣金。佣金比例为6%～25%。

敦煌网则采用统一佣金率，实行"阶梯佣金"政策，当单笔订单金额<300美元时，除个别类目外，按照订单金额的12.5%～21.5%收取佣金；当300美元≤订单金额<1000美元时，除个别类目外，按照订单金额的4%～8%收取佣金；当订单金额≥1000美元时，按照订单金额的0.5%～3.5%收取佣金。

速卖通2023年度部分类目佣金比例如表5-4所示。

表5-4　速卖通2023年度部分类目佣金比例

类　　目		佣金比例
Special Category		8%
Home Appliances		5%
Office & School Supplies		8%
Beauty & Health		8%
Phones & Telecommunications	Mobile Phones	5%
	Mobile Phone LCDs	5%
	其他类目	8%
Furniture		5%
Apparel Accessories		8%
Women's Clothing		8%
Hair Extensions & Wigs		10%
Mother & Kids		8%
Jewelry & Accessories	Fine Jewelry	5%
	其他类目	8%
Home & Garden		8%

3）营销推广费用

为了促进产品销售，跨境电子商务卖家有必要开展各种营销推广活动。卖家既可以开展店铺自主营销推广、平台促销、社交平台营销推广活动，也可以使用付费营销推广服务。敦煌网提供免费的流量快车促销活动，也提供付费的视觉精灵和Google Shopping；速卖通平台则提供付费的直通车和联盟营销服务。

速卖通直通车是一种按效果付费的广告，简称P4P（pay for performance）。直通车付费方式是按点击量付费的，简称CPC（cost per click）。

联盟营销即网络联盟营销，由专业的联盟营销机构将各类网站上的广告资源组织起来，为广告主（卖家）提供全网范围的广告推广。速卖通联盟营销是速卖通官方推出的一种按效果付费的推广模式，其佣金模式是按照订单金额比例支付的，即CPS（cost per sale）。联盟营销佣金可以设置店铺默认佣金、类目佣金、主推产品佣金（参考比例10%～20%）和爆品商品佣金（参考比例20%～30%）。加入联盟营销无须预先支付费用，曝光是免费的，客户确认收货后才支付佣金。

4）次品和退费折损

在跨境电子商务业务中，买家可能因为各种原因选择退款退货，这将给卖家带来一定折损。亚马逊平台有 30 天包退货政策。据统计，在亚马逊平台，各国的退货率不大相同，日本为 5%，德国为 20%，美国为 15%，英国为 17%。退回的货物中，大约 20% 的产品可当作新品再次销售，不可当新品再次销售的产品需要移除到当地海外仓进行重新检测、包装，当作二手品再次入库销售。

5）平台其他费用

在跨境电子商务运营中，诸如平台处罚等因素也会产生一些费用。如果卖家严格按照平台规格运营，这些费用完全是可以避免的。

3. 物流费用

物流费用包含国内物流费用和跨境物流费用两部分。

国内物流费用是指卖家在国内采购时发生的物流费用，即从供应商处运输至卖家仓库所需的运费。

跨境物流费用是指商品从卖家仓库发货至卖家手中所发生的国际快递或其他物流费用。该费用的高低与选择的跨境物流方式有关。如果买家选择中国邮政航空小包，则按照航空小包的收费标准收取跨境物流费用；如果买家选择国际快递，则按照不同国际快递收费标准收取物流费用。国际快递费用比中国邮政航空小包贵得多。

如果是亚马逊 FBA 卖家，则需要计算头程物流费用和 FBA 费用等。FBA 费用大概包含仓储费、订单处理费、分拣包装费、称重处理费、其他付费服务等。一般来讲，美国空运头程物流费用约为 32 元人民币/kg（具体价格请查询亚马逊官网），FBA 费用为 2～3 美元/500g。体积越大费用越高，具体如下：

FBA 费用=fulfillment fees（执行费）+monthly storage fees（月仓储费）+
inventory placement service（入库清点放置服务费）
fulfillment fees（执行费）=order handling（订单处理费）+pick&pack
（分拣包装费）+weight handling（称重处理费）

仓储费包含正常仓储费和长期滞销仓储费。正常仓储费几乎可以忽略不计，长期滞销仓储费会随着货物在仓库放置时间的加长而增加。

4. 其他费用

其他费用包括人工费、房租、水电费、办公费用、ERP 系统费等，这类费用的高低与跨境电子商务企业规模直接相关。一个跨境电子商务店铺的人员配备包含店长、店铺操作员、店铺运营与推广、视觉营销（美工）、客服等，人员工资是一笔不小的支出。办公费用则包含计算机、打印机、相机、电信设备、办公耗材等费用。当企业规模发展得越来越大时，靠人力管理商品库存、交易、物流等信息会显得捉襟见肘，这时公司必须依靠 ERP 系统进行管理。目前比较流行的 ERP 系统有店小秘、杭果店长、易仓 ERP、赛盒 ERP 等，它们可以提供产品刊登、订单、商品、仓库、FBA、物流、客服、采购管理，以及财务、报表、员工考核等服务。跨境电子商务 ERP 系统分免费版和付费版。如果要提供全面的功能服务，一般选用付费版，年费从几万元至十几万元不等。

5.2 跨境电子商务产品定价方法

企业可以通过多种方式进行定价，不同规模的企业拍板定价的人员也不一样。规模较小的企业往往是老板的一言堂，定价全凭老板说了算。规模较大的企业则由部门经理或产品经理在考虑中低层管理人员所提议的价格后共同商议决定。一些价格至关重要的行业（航天业、铁路业、石油业），企业通常会设立定价部门，以制定或协助其他部门进行价格决策。产品定价方法有以下4种。

5.2.1 成本加成定价法

成本加成定价法：以全部成本（固定成本+可变成本）作为基础的一种定价方法。成本加成定价法是企业比较常用的一种定价方法。

1. 成本组成

商品成本的种类有固定成本（fixed costs）、可变成本（variable costs）和总成本（total costs）。固定成本又称为固定费用，是指成本总额在一定时期和一定业务量范围内，不受业务量增减变动影响而保持不变的成本。可变成本又称变动成本，是指在总成本中随产量的变化而变动的成本项目，主要是原材料、燃料、动力等生产要素的价值；当一定时期商品的产量增大时，原材料、燃料、动力的消耗会按比例相应增多，所产生的成本也会按比例增大，故称为可变成本。总成本指的是一定产量下可变成本和固定成本之和。

跨境电子商务的成本分为交易前期成本、交易中期成本和交易后期成本。

> **课堂小贴士5-1**
>
> **跨境电子商务成本内容**
>
> （1）交易前期，跨境电子商务的交易成本包含固定成本、搜寻成本、信息成本、协调成本、激励成本、仓储费用、管理费用等。
>
> （2）交易中期，跨境电子商务的交易成本包含沟通交流成本、合同签约成本、营销费用、分销渠道的建设成本、销售费用、管理费用、资金流的交易成本、物流与仓储成本等。
>
> （3）交易后期，跨境电子商务的交易成本包含退货成本、管理费用、库存管理费用等。

2. 成本加成定价法概述

在明确产品各项成本的基础上，加上预期理论或用将成本利润率折算的方法反推产品价格。

成本加成定价法根据成本基础的不同，可分为完全成本加成定价法、变动成本加成定价法和作业成本加成定价法。而加成的利润率，也根据不同行业、不同产品、不同季节有很大不同，动态、合理、浮动的加成利润率可有效增加企业价格的竞争力和获利能力。

> **课堂小贴士 5-2**
>
> **成本加成定价法计算公式**
>
> （1）$X=C(1+w)$。
>
> 其中，X 表示价格，C 表示平均成本，w 表示成本加成率，该模型适用于历史成本信息相对完整的产品定价。
>
> （2）$X=C+T\times r$。
>
> 其中，T 表示资本投资总额，r 表示投资回报率。此模型主要用于新产品的定价决策，没有历史成本信息，仅有项目决策信息，在该定价模型下业务量的确定十分重要，所以其可变形为
>
> $$X=(V+F+L)/Y=b+a+L/Y$$
>
> 其中，V 表示变动成本，F 表示固定成本，L 表示目标利润，Y 表示业务量即销售量，b 表示单位变动成本，a 表示单位固定成本。

课堂思考 5-4 你能举出现实生活中成本加成定价法的例子吗？

5.2.2 市场渗透定价法

市场渗透定价法（market-penetration pricing）是指在新产品投放市场时，将价格定得尽可能低一些，其目的是获得最高销售量和最大市场占有率。

当企业满足以下条件时适合采用市场渗透定价法：①市场对产品价格高度敏感；②产品的规模经济性可以降低生产和分销成本；③低价可以减少实际和潜在的竞争以快速占领市场。

1. 市场渗透定价法的优点

（1）运用价格优势争取消费者，迅速占领市场，并能有效排斥竞争对手加入。

（2）随着销量的增加、市场份额的扩大、成本的降低，可以增加盈利。

2. 市场渗透定价法的缺点

投资回收期较长，降低价格的回旋余地较小。

> **课堂小贴士 5-3**
>
> **价格敏感性的解读**
>
> 价格敏感性（price-sensitive）表示为顾客需求弹性函数，即由于价格变动引起的产品需求量的变化。

课堂思考 5-5 如何判断市场对产品价格的敏感性？

5.2.3 市场撇脂定价法

市场撇脂定价法（market-skimming pricing）是指在新产品上市之初，将其价格定得较高，在短期内获取厚利，尽快收回投资，就像从牛奶中撇取所含的奶油一样取其精华。这

种定价法特别适用于创新产品、市场内没有相似的竞争产品或者替代产品的情况。

经常更新产品的企业会乐于使用市场撇脂定价法，它们会在产品进入市场之初制定较高的价格，从而达到市场获利最大化，然后随着时间的推移逐渐降价，达到市场平均价格。

然而市场撇脂定价法并不是万能的，其存在固有的缺陷。由于市场撇脂定价法是在产品出现之初制定高价，因而当市场上同一行业的竞争对手采用低价策略，且两种产品或服务没有明显的差异时，这种策略是致命的。

1. 市场撇脂定价法的优点

（1）可以提高产品定价，树立新产品高档优质的形象。

（2）容易迎合追求优质、新潮的消费者的购买心理，并为以后降低产品价格留有余地，使企业掌握调价主动权。

2. 市场撇脂定价法的缺点

（1）价格过高易使消费者望而生畏，不利于企业开拓市场。

（2）产品价高利大，也容易诱使大批竞争对手进入。

> **课堂小贴士 5-4**
>
> 撇脂定价法具备的条件如表 5-5 所示。

表 5-5　撇脂定价法具备的条件

	具备的条件
撇脂定价法	（1）有足够的购买者且当前需求很大
	（2）小批量生产的产品单位成本不能太高，否则将抵消高定价带来的收益
	（3）很高的初始价格不会吸引更多的竞争者进入该市场
	（4）高价能传达优质产品的形象

5.2.4　其他定价方法

1. 感知价值定价法

消费者购买产品的本质在于满足他们的期望，从而实现消费者价值，而消费者价值的本质是消费者感知价值。感知价值，即消费者感知价值（customer perceived value），是指消费者在感知到产品或服务的利益之后，减去其在获取产品或服务时所付出的成本，得到的对产品或服务效用的主观评价。因而它区别于产品和服务的客观价值，是因人而异、动态变化的。

2. 价值定价法

最初的价值定价法是指尽量让产品价格反映产品的实际价值，这是麦卡锡认为的最好的定价法。到 21 世纪，科特勒提出价值定价法（value pricing），指的是公司通过提供高质量的产品或服务赢得忠实消费者的一种方法。实行价值定价法的企业需要简单地制定低价，在保证质量不变的前提下降低成本，以此吸引大量注重产品价值的消费者。价值定价不等同于低价或捆绑定价。

价值定价法还可以改变企业制定价格的策略。

天天低价（everyday low pricing，EDLP）是价值定价法的一种重要形式。采用这种定价方法的零售商往往会给产品制定一个固定的低价，很少会进行价格促销或产品特卖，固定的价格减少了各种产品之间的价格不确定性，同时也减少了以促销为导向的采用高—低定价法（high-low pricing）的竞争者。而采用了高—低定价法的零售商通常会把产品的日常价格定得较高，但经常以低于天天低价的价格进行促销。天天低价和高—低定价法策略都会影响消费者对于产品的价格判断。随着时间的推移，即使两种产品的平均价格相同，消费者也往往会认为天天低价的产品价格高于高—低定价的产品价格。

天天低价的定价策略还为消费者提供了时间和金钱效益，一些经销商甚至将它们的整个营销战略建立在极端的天天低价基础上。

3. 差别（歧视）定价法

差别定价法是指灵活运用各类折扣进行差异化定价，如现金折扣、数量折扣、贸易折扣、季节折扣、推广津贴等；歧视定价则是指企业根据不同消费者、不同时间和场所调整产品价格，即对同一产品或劳务定出两种或多种价格。两个概念一般混淆使用，都是指对不同的消费者群、不同的花色品种式样、不同的部位甚至不同的时间采用各种折扣或标准制定不同的价格。

公司经常会调整基础价格以适应消费者、产品、地区等方面的差异。当公司以两个或两个以上的价格出售同一服务或产品，而不同价格的同一产品或服务彼此之间的成本差异小于价格差异时，就存在价格歧视。差别定价分为一级歧视、二级歧视和三级歧视。在一级歧视的情况下，商家根据每个消费者的需求强度单独制定价格；在二级价格歧视下，商家对购买数量大的消费者收取较低的价格；在三级价格歧视下，商家对不同层次的消费者收取不同的价格。

课堂小贴士 5-5

三级价格歧视的分类

（1）消费者细分市场定价，不同的消费者群对同样的产品或服务支付不同的价格。

（2）位置定价，即使成本相同，同样的产品在不同的位置定价也可能不同。

（3）时间定价，价格会因季节、日期或时间的不同而变化。

（4）渠道定价，可口可乐公司根据消费者购买渠道（高级餐厅、快餐店、自动售货机等）的不同而收取不同的价格。

（5）产品样式定价，不同规格的产品售价不同，但是与其成本变化不成比例。

（6）附属产品定价，一些产品需要使用辅助或附属产品，例如刮胡刀和照相机的商家通常会把本身产品的价格定得低，而把刀片、胶卷的价格定得高。

4. 预期利润定价法

预期利润就是长期的平均利润值，价格中所包含的利润水平一般由产品、行业、市场需求以及企业的跨境电子商务卖家策略决定，因此，它并没有一定的标准，往往由跨境电子商务卖家自行决定。在实践中，跨境电子商务卖家根据以往的经验，将出口成本或成交价格的某一固定百分比作为预期利润。

课堂思考 5-6 每一件包装好的风衣重量是 1000 g，采购成本是 30 元，国内邮费是 10 元，发货目的地是美国，预计利润为产品价格的 10%，国际资费标准为：
首重 50 g：9 元/件（首重 50 g，不足 50 g 以 50 g 计算）；续重：1～200 g：0.08 元/g；201～2000 g：0.075 元/g。汇率为 1 美元 = 6.5 元人民币，请问产品的价格是多少。（保留两位小数）

5.3　跨境电子商务产品定价策略

5.3.1　心理定价策略

心理定价策略是运用心理学原理，根据不同类型的客户购买商品的心理动机制定价格，引导客户购买的价格策略。

1. 尾数定价策略

尾数定价策略也称非整数定价策略，即给产品定一个以零头数结尾的非整数价格。消费者一般认为整数定价是概括性定价，定价不准确，而尾数定价可使客户看到减少了一位数，从而产生这是经过精确计算的最低价格的心理。同时，客户会觉得企业定价认真、一丝不苟，甚至连一些高价商品感觉也不太贵了。

> **课堂小贴士 5-6**
>
> 左数效应
>
> 人们会倾向于购买尾数为 9 的产品，我们称这个现象为"左数效应"。大多数人偏好由左向右阅读。由于消费者总是希望价格越低越好，如果尾数为 9，能让人产生价格比较低的感觉，自然更愿意购买产品。

2. 整数定价策略

整数定价策略指企业在定价时，采用合零凑整的方法制定整数价格，这也是针对客户心理状态采取的定价策略，如把一套西装的价格定在 500 元而非 499 元。因为现代商品太复杂，在许多交易中，客户只能利用价格辨别商品的质量，特别是一些名店、名牌商品，或客户不太了解的商品，整数价格反而会提高商品的"身价"，使客户有一种"一分钱、一分货"的想法，从而利于商品的销售。

> **课堂小贴士 5-7**
>
> 锚定效应
>
> 今天你的朋友跟你说某个产品 500 元，之后你在逛街时无意间看到相同产品，但售价是 200 元，你心想：怎么这么便宜？但是其实这个产品一直以来都是卖 200 元，但是你根

据之前接受的信息，在心中认定这个产品价值 500 元，从而让你觉得 200 元购买该产品非常划算，这就是所谓的"锚定效应"。

3. 声望定价策略

声望定价策略指针对消费者"价高质必优"的心理，对在客户心目中有信誉的商品制定较高价格。价格档次常被看成是商品质量最直观的反映，特别是客户在识别名优商品时，这种心理意识尤为强烈。因此，高价与性能优良、独具特色的名牌商品比较协调，更易显示商品特色，增强商品吸引力，产生扩大销售的积极效果。当然，运用这种策略必须慎重，绝不是一般商品可采用的。

4. 招徕定价策略

商品定价低于一般市价，客户总是感兴趣的，这是一种"求廉"心理。有的企业就利用客户这种心理，有意把几种商品的价格定得很低，以此吸引客户上门，借机扩大连带销售，打开销路。

采用这种策略，光靠几种"特价品"的销售，企业不会赚钱，甚至会亏本，但对增加企业总的经济效益还是有利的。

综上所述，市场上具体的营销价格是变化多端的，最易使人"捉摸不定"。因此，企业必须非常重视价格手段的运用。但企业在制定价格时，也要注意与其他非价格竞争手段协调配合。单纯的价格竞争可能会引发企业间的价格战，使企业形象受损。而对于现实中的市场营销活动而言，价格只是吸引客户的因素之一。

5.3.2 折扣定价策略

折扣定价策略是一种在交易过程中，把一部分利润转让给购买者，以争取更多客户的价格策略。

1. 现金折扣

现金折扣也称付款期限折扣，即对现款交易或按期付款的客户给予价格折扣。买方如果在卖方规定的付款期以前若干天内付款，卖方就给予一定的折扣。目的是鼓励买方提前付款，以尽快收回贷款，加速资金周转。

2. 数量折扣

数量折扣是卖方为了鼓励买方大量购买，或集中购买其产品，根据购买者所购买的数量给予一定的折扣。累计数量折扣是规定在一定时期内，购买总数超过一定数额时，按总量给予一定的折扣；非累计数量折扣是规定客户每次购买达到一定数量，或购买多种产品达到一定的金额时，给予价格折扣。

3. 业务折扣

业务折扣也称功能性折扣，即厂商根据各类中间商在市场营销中担负的不同职能，给予不同的价格折扣。

5.3.3 成本差异化定价策略

成本差异化定价策略是一种以成本为基准的定价策略。它是零售行业中最受欢迎的定价模式,其最大的优势就是操作简便。这种策略下,卖家无须进行大量的市场调研和客户调研,只需根据自身生产成本或采购成本进行定价。

根据生产成本或采购成本进行定价时,卖家还要考虑店铺商品的结构。通常,一家店铺会按照商品的功能将商品分成三类:引流款(爆款)、利润款、高端款。

1. 引流款(爆款)

引流款(爆款)就是吸引流量的商品。其主要作用是尽可能抢占搜索排序靠前的位置,增加曝光机会,为店铺引流,并带动店铺其他商品的销售。引流款商品有稳定的销量后,即可称为爆款。引流款商品通常是性价比高、产品质量过关、大众都能接受的款式或产品。引流款一定是目标客户群体中大部分客户可以接受的产品,而非小众产品。比如,女装店铺冬季经典款的打底裤、手机配件店铺里的通用数据线等,这类商品毛利率趋于中间水平,产品转化率高,后期可以带来较大的免费流量。

一个店铺的引流款商品比例通常为30%~50%。引流款商品的定价是进价的1~1.5倍,作为入门基础款,吸引客户购买,是走量的基础。

2. 利润款

利润款是指能够为店铺获取更高利润的商品。这类商品在实际销售商品中应该占最高比例。这类商品一般有特定的客户群体,通常是目标客户群体里某一特定的小众人群。利润款商品要有独立的卖点,商品款式要新颖、独特,在营销推广上要针对特定的人群做定向推广。根据店铺经营的"二八原则",能够为店铺带来80%利润的往往都是20%的利润款商品,所以一个店铺一般要设置至少20%的利润款商品。利润款商品的定价一般为进价的1.5~2倍,它们在有一定出货量的同时,能够为店铺带来不错的利润。

3. 高端款

高端款也被称作形象款,其作用是打造店铺形象,确定店铺的定位。高端款往往是品质最高、品牌功能最全、价格最高的极小众款式或商品。这类商品可以设置3~5款,适合目标客户群体中的3~5个细分人群,如一个婚纱店铺中的高级私人定制婚纱。

在实际操作中,卖家首先要根据生产或采购部门提供的信息得出产品的生产成本或进货价格;然后根据产品重量、体积计算出产品的运费;接下来计算跨境电子商务平台服务费、佣金等,使用海外仓的卖家还需要计算头程费用、仓储费用、尾程费用;最后用总成本加上费用,加上期望的利润率,得到产品的定价。卖家对引流款、利润款和高端款可以设定不同的利润率。

课堂小贴士 5-8

商品定价公式

商品定价=(商品成本+费用)×(1+利润率)÷(1-佣金率)÷汇率

❓ **课堂思考 5-7** 速卖通平台一卖家开发了一款泳衣，进货价格为 70 元/件，该卖家准备将该款泳衣打造成店铺爆款，以带动店铺曝光量和浏览量。平台佣金为 4%，预定利润率为 8%，美国、加拿大包邮。商品包装后的重量为 300g，采用中国邮政航空小包发货。请计算该商品定价。

课堂小贴士 5-9

亚马逊 FBA 商品，可以按照以下公式计算商品定价

FBA 商品定价=产品成本+平台佣金+FBA 头程费用+期望利润+其他费用

亚马逊平台大部分类目的销售佣金为 15%，其他费用包含推广费用、税务费用、人工成本等。

5.3.4 数量差异化定价策略

通常在商品盈利的前提下，销售量越大，企业盈利越多。对购买一件商品或某几件商品数量达到一定量的消费者，给予商品价格优惠，且数量越多，优惠幅度越大，即量大价优，这就是数量差异化定价策略。

实施数量差异化定价策略不仅可以促进商品销售数量提升，而且可以提高销售额度。对购买数量达到不同数量区间的客户，可以授予不同等级的会员级别，会员级别越高，可以享受商品的优惠越多，这样做还可以提高消费者对品牌或商品的依赖程度。

5.3.5 市场差异化定价策略

市场差异化定价与产品没有直接的关系，主要与由市场因素引起的销售价格差异、销售数量差异、售后服务差异等有关。每一种商品都有独特的市场定位，它们在不同市场上的销量会有很大的差异。根据商品的特性和需求度的不同，跨境电子商务要在不同的市场制定不同的价格，以此促进市场的销售。

5.3.6 顾客承受能力定价策略

消费者对价格都非常重视，这并不意味着他们对各种产品的价格敏感程度相同。实践表明，在购买能力范围内，消费者心理都有一个能够承受的价格区间。对于喜爱和信赖的产品，消费者对其价格变动的承受能力强，敏感度低；对于不喜爱和不信赖的产品，消费者对其价格变动承受能力弱，敏感度高。简而言之，消费者对某件商品的心理承受价格范围的高低与喜爱和信赖程度呈正相关关系。

根据全球著名市场研究公司 AC 尼尔森的市场调查，消费者对化妆品类商品可以承受 17%的价格变化，而对化工类商品可以承受 11%的价格变化。跨境电子商务卖家可以通过大数据分析出消费者心理成熟范围的最高价格，并将其作为定价标准，在不影响销售的情况下提高产品利润率。

5.3.7 套餐定价策略

当消费者需要购买某种商品时,也许还会需要与此种商品搭配使用的商品。比如,购买洗发水时,消费者很可能还需要购买护发素;消费者购买了一部手机,那么很大程度上可能还需要再购买手机贴膜或手机壳来配套使用;消费者购买相机,很可能需要购买三脚架、镜头等。针对同种类或互补性质的商品进行套餐定价,对消费者来说不仅可以享受一站式购物的便捷,还可以获得更优惠的价格和更少的物流费用支出,而对于跨境电子商务企业来说,不仅可以扩大好几种商品的销售量,还可以减少配送所需花费的成本。

1. 简述定价的概念。
2. 简述定价的术语。
3. 简述定价考虑的因素。
4. 简述跨境电子商务定价方法。
5. 简述跨境电子商务产品定价策略。

第6章 跨境电子商务产品促销管理

教学目标

- 了解促销的认知和组合。
- 了解搜索引擎的认知。

学习重难点

重点
- 掌握跨境电子商务店铺活动营销。
- 掌握跨境电子商务平台活动。

难点
- 掌握社交媒体营销。
- 掌握视频营销。

案例导入

铂爵旅拍"想去哪儿拍,就去哪儿拍"

2019年最具争议的广告中,铂爵旅拍是绝对不能忽视的。"想去哪儿拍,就去哪儿拍",这超大洗脑广告的横空出世迅速席卷了全国各大电梯,让不少人在电梯里"痛不欲生"。对于这个广告的争议,社会上也不绝于耳。

尽管这类广告令一部分人十分反感,在社交媒体上骂声一片,但是品牌主对这类广告却是喜爱有加。因为不得不承认,此类广告确实为品牌带来了巨大的曝光量,也让品牌广告词魔性地植入公众的大脑。作为厦门的一个地方品牌,铂爵旅拍因为该广告成为全国知名的婚纱旅拍品牌,迅速打开了全国市场。

这类广告对于在前期亟须打开知名度的企业而言,是有效果的。但如果想要在后期提升美誉度,可能并不适合。所以如果想使用这类洗脑广告,企业还需考虑清楚。

此外,洗脑广告的走红也带火了此前一直不被品牌方重视的传播媒介——分众传媒。在当下媒体环境中,很难找到一个像电梯一样高效精准的广告场景,通过对生活场景的独占及广告终端的大量覆盖,直接输出品牌认知,对目标用户进行强制性的广告触达。

从近几年的现象级刷屏品牌案例来看,很多营销都是通过线下带动线上,从而推动全渠道的社交话题扩散。在这个背景下,作为占据线下流量的入口,分众电梯广告其实已经成为营销的必选项。所以品牌方也应该重新认识分众的营销价值。

6.1 跨境电子商务促销与促销组合

6.1.1 促销认知

1. 促销的概念

在现代商品社会里,虽然各种店铺星罗棋布,货架上的商品琳琅满目,但是,有很多客户可能根本就没有注意或无法注意到某些企业产品的存在,企业也可能不了解消费者的需求。因此,企业还需要采用各种有效的方法和手段,加强与客户之间的沟通,掌握用户的需求,同时使客户认知和了解企业产品,以引起目标客户的购买欲望,促成其购买行为的发生。为了达到以上目的,促销就成了行之有效的方法。

促销就是营销者向客户传递有关本企业及产品的各种信息,说服或吸引客户购买其产品,以达到扩大销售量的目的。促销实质上是一种沟通活动,即营销者(信息提供者或发送者)发出刺激消费的各种信息,把信息传递到一个或更多的目标对象(信息接收者,如听众、观众、读者、客户等),以影响其态度和行为。

2. 促销的作用

(1)缩短产品入市的进程。使用促销手段旨在对客户或经销商提供短期激励,可在一段时间内调动人们的购买热情,培养客户的兴趣和使用爱好,使客户尽快地了解产品。

(2)激励客户初次购买,达到使用目的。客户通常对新产品具有抗拒心理。由于使用新产品的初次消费成本是使用老产品的一倍(对新产品一旦不满意,还要花同样的价钱购买老产品,这等于花了两份的价钱才得到了一个满意的产品,所以许多客户在心理上认为买新产品代价高),客户就不愿冒风险对新产品进行尝试。但是,促销可以让客户降低这种风险意识,降低初次消费成本,从而能够接受新产品。

(3)激励客户再次购买,建立消费习惯。当客户试用了产品以后,如果是基本满意的,可能会产生重复使用的意愿。但这种消费意愿在初期一定是不强烈的、不可靠的。促销却可以帮助他实现这种意愿,如果有一个持续的促销计划,就可以使消费群基本固定下来。

(4)提高销售业绩。毫无疑问,促销是一种竞争,可以改变一些客户的使用习惯及品牌忠诚。因受利益驱动,经销商和客户都可能大量进货与购买。因此,在促销阶段,常常会增加消费,提高销售量。

(5)竞争与反竞争。无论是企业发动市场竞争,还是市场的先入者发动反竞争,促销都是有效的应用手段。市场的竞争者可以运用促销强化市场渗透,加速市场占有。市场的反竞争者也可以运用促销针锋相对,达到阻击竞争者的目的。

(6)带动相关产品市场。促销的第一目标是完成促销产品的销售。但是,在甲产品的促销过程中,却可以带动相关的乙产品销售。例如,茶叶的促销可以推动茶具的销售;当卖出更多的咖啡壶的时候,咖啡的销售就会增加。

(7)节庆酬谢。促销可以使产品在节庆期间或企业店庆期间锦上添花。

6.1.2 促销组合

常用的促销手段有人员推销、广告推销、营业推广和公关营销。企业可根据实际情况及市场、产品等因素,选择一种或多种促销手段的组合。

促销组合是一种组织促销活动的策略思路,主张企业运用广告、人员推销、公共关系、营业推广4种基本促销方式组成一个策略系统,使企业的全部促销活动互相配合、协调一致,最大限度地发挥整体效果,从而顺利实现企业目标。促销组合体现了现代市场营销理论的核心思想——整体营销。

1. 人员推销

人员推销指企业派出推销人员或委托推销人员直接与客户见面推销,或通过网络直播向目标客户进行产品介绍、推广,以促进销售的沟通活动。

2. 广告促销

广告促销指企业按照一定的预算方式,支付一定数额的费用,通过不同的媒体对产品进行广泛宣传,从而促进产品销售的传播活动。

3. 营业推广

营业推广指企业为刺激客户购买,采用一系列具有短期诱导性的营业方法,组成沟通活动。

4. 公关促销

公关促销指企业通过开展公共关系活动或通过第三方在各种传播媒体上宣传企业形象,促进与内部员工、外部公众良好关系的沟通活动。

> **课堂思考 6-1** 你知道影响促销组合策略的因素吗?

6.2 跨境电子商务站内营销与推广

6.2.1 跨境电子商务店铺营销活动

1. 单品折扣

单品折扣是指单品级优惠后的价格(商品详情页价格),是用于店铺自主营销的最核心的方法。

单品的打折减价、促销价等信息将在搜索页面、详情页面、购物车等买家路径中展示,这样可以提高买家购买转化,快速出单。在店铺中,有折扣的商品必然比无折扣的商品更有优势,转化率更高。

1)单品折扣设置的注意事项(以速卖通平台为例)

(1)设置名称:活动名称最长不超过32个字符,只供查看,不展示在买家端。

(2)设置时间:活动起止时间为美国太平洋时间。

注意：活动设置的时间开始后，活动即时生效（如在设置过程中到了活动展示时间，则设置完成后活动立即开始）。

（3）设置时长：最长支持设置180天的活动，且取消每月活动时长、次数的限制。

（4）生效时间：设置后即时生效。

注意：同一个商品只能参与同一个时间段内一场单品折扣活动，可同时参加同一个时间段的平台活动，平台活动等级优先于单品折扣，因此平台活动折扣生效。

2）单品折扣设置的操作步骤

步骤1：登录速卖通后台，单击"营销活动"中的"店铺活动"，选择"单品折扣"，然后单击"创建"，完成"单品折扣优惠"的创建，如图6-1所示。

图6-1　创建单品折扣优惠

步骤2：单击"创建活动"，然后编辑活动基本信息（活动名称、活动起止时间等），编辑活动基本信息完成后，单击"活动优惠信息设置"，可筛选全部已选商品和未设置优惠商品，此时可以通过输入商品ID进行搜索。然后可以批量设置折扣、批量设置限购、批量删除。注意在"批量设置"的操作中，默认所有商品SKU都参加活动。

2. 满减活动

满减活动是一款有效的店铺促销工具，可以根据卖家自身经营状况，对店铺设置"满X元优惠Y元"的促销规则，即订单总额满X元，买家付款时则享受Y元扣减。

满件折/满立减的优惠是与其他店铺活动优惠叠加使用的，对于已经参加折扣活动的商品，买家购买时以折扣后的价格计入满件折/满立减规则。

1）满减活动订单运费设置

满减活动分为全店满减活动和商品满减活动两种。

（1）选择"全店所有商品"，即全店所有商品均设置了参与满立减活动，订单金额包含商品价格（不含运费），所有商品按折后价参与。

（2）选择"部分商品"，即活动的部分商品设置了参与满立减活动，订单金额包含商品价格（不包含运费），商品按折后价参与。

2)"满减活动"设置的操作步骤

步骤1:登录速卖通后台,单击"营销活动"中的"店铺活动",选择"满减活动",然后单击"创建",完成"满减活动"的创建,如图6-2所示。

图6-2 创建满减活动

步骤2:单击"创建活动",然后编辑活动基本信息(活动名称、活动起止时间等),编辑活动基本信息完成后,单击"设置活动类型和活动详情",完成相关信息的设置,如图6-3所示。

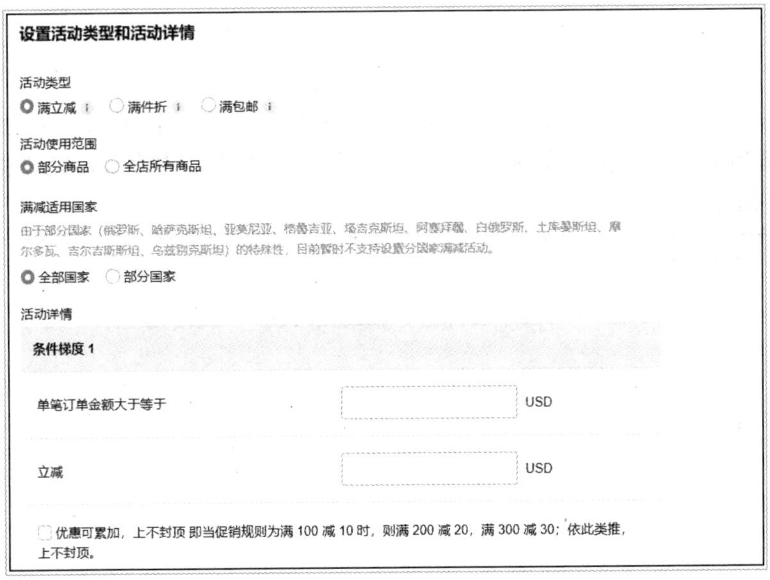

图6-3 设置活动类型和活动详情

3.店铺优惠券

店铺优惠券是用于店铺自主营销与推广的工具。它可以通过多种渠道进行推广,通过设置优惠金额和使用门槛,刺激转化提高客单量。常用的优惠券有领取型、定向发放型和互动型3种类型。

1）店铺优惠券的使用规则

（1）一笔订单只能使用一张店铺优惠券，店铺优惠券不能叠加使用。

（2）若买家拥有店铺里多种类型的优惠券，如金币兑换的优惠券、领取型优惠券及定向发放型优惠券等，在一个订单里也只能使用一张优惠券；若买家既有店铺优惠券又有平台优惠券，则一个订单可以用一张店铺优惠券和一张平台优惠券。

2）"店铺优惠券"设置的操作步骤

步骤1：登录速卖通后台，单击"营销活动"中的"店铺活动"，选择"店铺优惠券"，然后单击"创建"，完成"店铺优惠券"的创建，如图6-4所示。

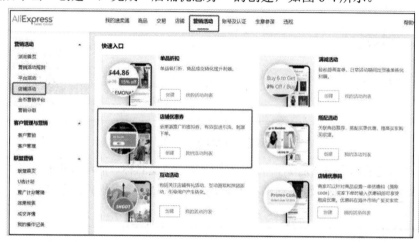

图6-4　创建店铺优惠券

步骤2：单击"创建活动"，然后编辑活动基本信息（发放渠道、活动起止时间、活动名称等），编辑活动基本信息完成后，单击"设置优惠券详细内容"，完成相关信息的设置，如图6-5所示。

图6-5　设置优惠券详细内容

4. 搭配活动

搭配活动是指去掉了算法搭配折扣比例，卖家可以编辑算法创建的搭配套餐，进行自主定价。将店铺商品进行组合销售（关联商品推荐销售），可以刺激转化，提高客单量。

1）搭配套餐展示渠道

搭配套餐设置成功后会自动在 App 端展示，暂时不支持 PC 端展示。

2）"搭配活动"设置的操作步骤

步骤1：登录速卖通后台，单击"营销活动"中的"店铺活动"，选择"搭配活动"，然后单击"创建"，完成"搭配活动"的创建。

步骤2：选择主商品和搭配的子商品，选择1个主商品（必须有）和1～4个子商品（最多选择4个商品），同时设置搭配价。一个商品最多可作为主商品出现在3个搭配套餐中，最多可作为子商品出现在100个搭配套餐中。

注意事项：

（1）设置搭配价：可以批量设置或单个进行设置，搭配价不能高于商品原价。

（2）通过"删除"已选的商品，重新进行商品选择。

（3）通过"前移""后移"，可以进行子商品的顺序移动，确认在对消费者展示时的子商品搭配顺序。

步骤3：编辑搭配商品信息后提交创建搭配套餐，完成"搭配套餐"活动的创建。

5. 互动活动

互动活动是指能有效增加店铺整体流量，提升商品转化的营销工具。互动活动包括"翻牌子""打泡泡""收藏有礼"3种，其中活动时间、买家互动次数和奖品都可自行设置。

1）设置店铺互动奖励的注意事项

设置了优惠券，但是设置店铺互动奖励时无法选择。出现这种情况，应该核查如下3种设置。

（1）确认设置的优惠券类型是否为定向发放型优惠券（不要选择二维码）。设置入口：营销活动→店铺活动→店铺优惠券→定向发放型优惠券活动。

（2）检查优惠券的活动时间是否包含了互动游戏的活动时间，即优惠券开始时间早于互动游戏开始时间，结束时间晚于互动游戏结束时间。

（3）请确认优惠券没有被发放完毕，仍旧有可发放的数量。

2）"互动活动"设置的操作步骤

步骤1：登录速卖通后台，单击"营销活动"中的"店铺活动"，选择"互动活动"，再单击"创建"，完成"互动活动"的创建。单击"创建活动"，然后编辑活动基本信息（活动名称、活动起止时间等），如图6-6所示。

步骤2：编辑活动基本信息完成后，单击"设置游戏类型和详情"，完成相关信息的设置。

6. 店铺优惠码

卖家可针对商品设置一串优惠码，客户在下订单时输入优惠码即可享受相应优惠。优惠码在海外市场广受买家欢迎，使用习惯更符合海外买家偏好，可帮助商家提升转化率和客单量。

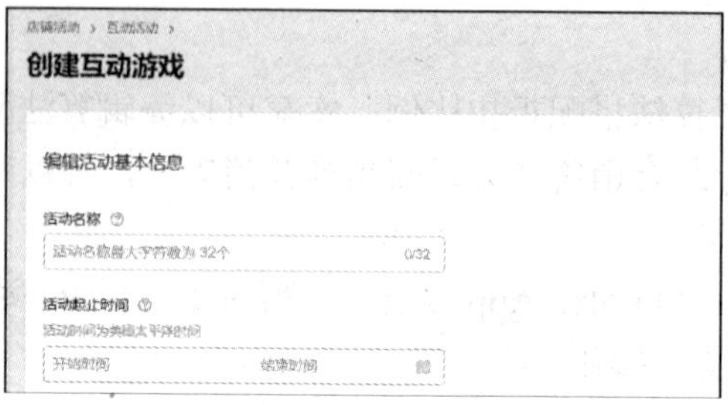

图 6-6　编辑活动基本信息

1）店铺优惠码买家使用规则

店铺优惠码一般由卖家自行设置，卖家可以设置一个用户多次领取，也可以设置仅能领取一次。这样的设置可以让更多买家参与活动，能够显著提升店铺的销售数据，从而获得更好的活动宣传效果。

2）店铺优惠码设置的操作步骤

步骤 1：登录速卖通后台，单击"营销活动"中的"店铺活动"，选择"店铺优惠码"，然后单击"创建"，完成"店铺优惠码"的创建。

步骤 2：单击"创建活动"，然后编辑活动基本信息（活动名称、活动起止时间等），编辑活动信息完成后，单击"设置活动详情"，完成相关信息的设置，如图 6-7 所示。

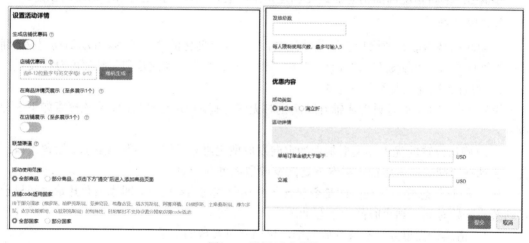

图 6-7　设置活动详情

7. 直通车推广

1）直通车的定义

直通车主要是为速卖通平台进行精准投放，卖家可以设置多个维度商品关键词，以展示店铺商品信息，通过大量曝光商品吸引客户，并按照付费广告方式进行营销推广。

2）新增推广计划的操作步骤

步骤 1：登录速卖通后台，单击"直通车"中的"推广管理"，选择"新增推广计划"，如图 6-8 所示。

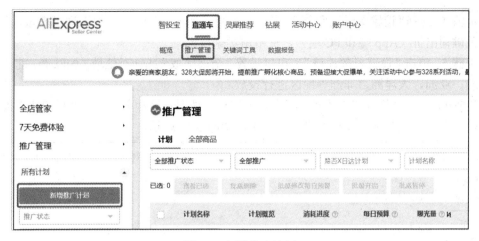

图6-8　新增推广计划

步骤2：单击"第一步 添加推广商品"，然后填写相关信息，完成后单击"下一步，设置推广详情"，如图6-9所示。

图6-9　添加推广商品

步骤3：在推广详情页面中选择推广方式，填写"计划推广名称"，设置"每日预算"，如图6-10所示。

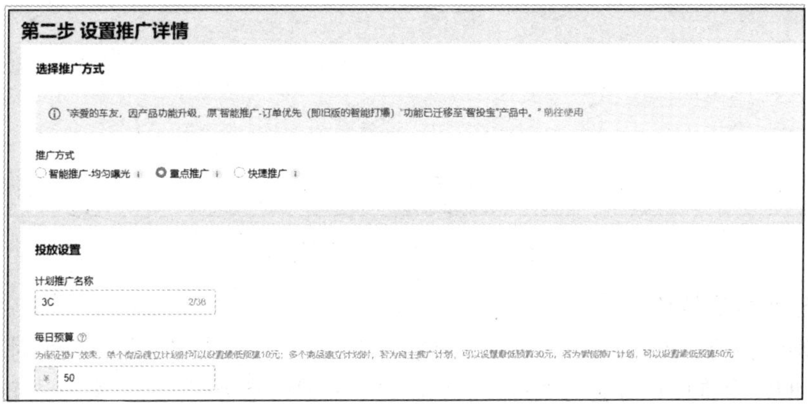

图6-10　设置推广方式和投放

步骤 4：选择"设置关键词和创意"（按照不同商品平台自动推荐关键词供卖家选择），设置关键词出价（App 端和 PC 端），价格由卖家自定。

步骤 5：单击"设置投放地域"，可以设置"全部地域"或针对地域，如欧洲、北美洲、南美洲、亚洲、大洋洲、非洲等地区进行投放。

步骤 6：单击"增加投放人群标签"，根据实际情况设置相关信息，然后单击"提交，开始推广"，直通车推广流程就设置完成了，如图 6-11 所示。

图 6-11　设置投放人群标签

3）直通车推广技巧

（1）操作技巧。先看直通车的展示位置，假设我们排名在第 5 页，竞争对手在首页展示。Listing 的综合推广评分会与"商品信息质量、关键词是否有关联、客户认可度"挂钩，否则 Listing 进行直通车推广综合质量不佳，只会浪费广告费用。

（2）推广方式。推广方式有重点推广和快捷推广两种，重点推广主要针对店铺有潜力、有销量的商品进行，可以起到"爆款"效果；快捷推广主要针对新品，添加多个关键词，可以起到测词效果。

（3）筛选关键词。直通车推广进行一星期后，应检查使用的关键词是否有曝光率、点击率，如果有曝光率，没有点击率，关键词不符合商品本身，可以考虑更换关键词；如果有曝光率，有点击率，但两者都不高，可以尝试调整关键词出价。

6.2.2 跨境电子商务平台活动

1. 平台活动认知

平台活动是针对大促活动，在卖家报名后，符合招商门槛的卖家即可进入活动报名页面提交商品。提交成功后，商品进入审核阶段，在招商过程中同时进行审核，审核通过的商品将无法自主退出、编辑商品信息。活动开始后将会被投放至各行业会场页面，以千人千面的形式呈现给消费者。平台活动主要包括平台促销活动和频道活动两种，具体内容如表 6-1 所示。

表 6-1 平台活动

活动分类	类 型	活动买家端展示位	参加方式
平台促销活动	大型促销活动、618、双11、黑五、冬季清仓等	大促期间网站首页、商品详情页、大促 banner 等整体网站气氛宣导	由于各个活动的营销目标有差异，各个活动对参与的店铺和商品会有不同指标要求。因此不是所有活动、所有店铺都能参加。各店铺能参加的活动在后台"平台活动→可报名"筛选，后台没有招商入口即无法参与
	日常促销活动	活动时间内网站首页	
	分国家营销	活动对应的国家站首页	
频道活动	金币频道	买家 App 的 Coins 频道或买家互动游戏内	
	品牌闪购	买家首页轮播图为活动入口	
	试用频道	买家 App 首页 Freebies 频道	
	俄罗斯低价频道	俄罗斯买家 App 固定展位	
	Super Deals（含俄罗斯团购）	买家首页 Super Deals 频道	
	砍价	买家 App 首页的 Slash it	
	会员活动	买家 App-Account-Member Center	

2. "平台促销活动"操作步骤

步骤 1：登录速卖通后台，单击"营销活动"，在"平台活动营销中心"中有醒目的大促活动入口，不同招商中的大促活动都会出现在这里，我们以"【TrendSpotting】2023 年 3 月风尚周大促"为例，单击"立即报名"即进入大促报名独立详情页。

步骤2：进入"【TrendSpotting】2023年3月风尚周大促"仔细阅读报名攻略后，了解平台活动对店铺资质要求，再进行下一步。

步骤3：我们可以看到该店铺资质审核符合"【TrendSpotting】2023年3月风尚周大促"报名要求，卖家在签署《全球速卖通平台营销卖家协议》后可进入"下一步，报名入围活动"。

步骤4：进入入围活动报名中的"基本活动要求""商品资质要求"，卖家需要了解清楚自身情况再进行，若无问题直接单击"开始报名活动商品"。

步骤5：进入"频道/会场活动报名"，选择活动类型进行报名（不用全部都报名，按照需求报名即可），报名成功后选择"下一步，素材报名"。

步骤6：完成"素材招商"，整个报名流程成功。

3. 频道促销

频道促销是速卖通平台根据不同的用户需求开辟的营销专区，卖家可以根据自己的实际情况进行选择。

目前有Flash Deals（含俄罗斯团购）、金币频道、品牌闪购频道、团购、试用频道、俄罗斯低价频道、砍价等比较固定的频道活动。不同的频道活动都有不同的参与要求，所展现的效果也会有所不同，如图6-12所示。

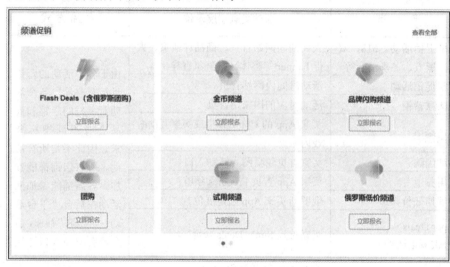

图6-12　频道促销

（1）Flash Deals（含俄罗斯团购）：是根据不同行业的特性推出的行业营销性活动，针对有销量、高折扣的促销商品进行招商。

（2）金币频道：平台提供领金币、抵折扣、兑换、互动等工具给消费者，客户获得和使用权益时，查看卖家广告和购买卖家商品时获得折扣。

（3）品牌闪购频道：每周频道会固定为单个品牌举办常态活动，而为了配合节日等特殊节点，平台也会选择多个品牌集中发力。经过筹备期和预热期，将流量集中到一天内爆发。无论是在预热期还是活动当天，平台都会拿出首焦、后台、行业楼层、搜索框、各站顶通等多个黄金资源位，确保品牌能够最大限度地触达消费者，如图 6-13 所示。

图 6-13　品牌闪购频道

（4）团购：团购的宗旨是提供俄语系买家极致性价比的商品和服务，目标是打造最火爆的折扣频道。团购组织者在招商的时候非常重视价格（商家供应链能力）、商家服务能力（服务保障）、商品好评和销量，如图 6-14 所示。

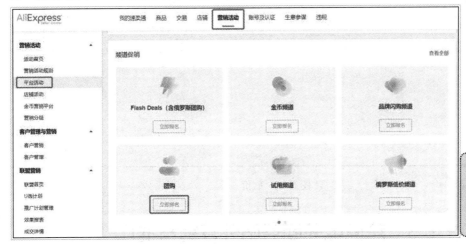

图 6-14　团购

（5）试用频道：速卖通平台提供的商品免费试用中心，最专业的全球试客分享平台，特推出集用户营销、活动营销、口碑营销、商品营销为一体的营销导购平台，如图 6-15 所示。

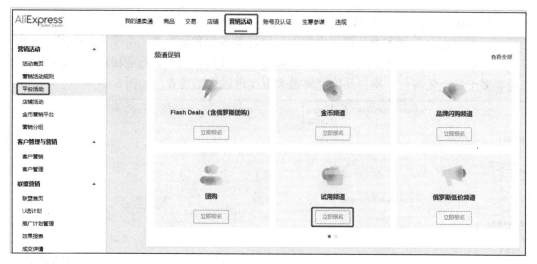

图 6-15 试用频道

（6）砍价：基于货品引爆社交裂变的营销商品与模式，是新店铺或新品有效破零的方法，商品被砍成功，用户下单支付后计入常规销量，如图 6-16 所示。

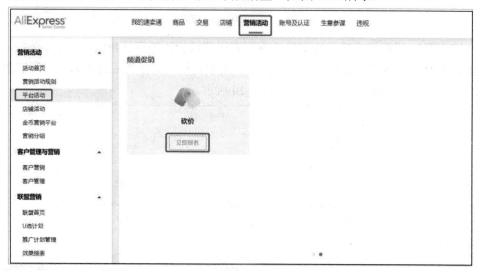

图 6-16 砍价

6.3 跨境电子商务站外营销与推广

6.3.1 搜索引擎的认知

1. 搜索引擎的定义

搜索引擎（search engine，SE）是指根据一定的策略，运用特定的计算机程序从互联网上搜集信息，在对信息进行组织和处理后，为用户提供检索服务，将用户检索的相关信息展示给用户的系统。百度和谷歌等是搜索引擎的代表。

搜索引擎的工作原理其实非常简单，很多人都误认为搜索引擎返回的结果是动态的，其实搜索引擎返回的结果是提前就已经抓取好的，然后经过了一系列算法筛选之后放入数据库，用户查询时就立即对索引数据库进行查找，准确地反馈用户搜索关键词时的查询结果。

2. 搜索引擎营销的定义

搜索引擎营销（search engine marketing，SEM）是目前应用最广泛、时效性最强的一种网络营销推广方式。它利用搜索引擎的特点，根据用户使用搜索引擎检索信息的机会，配合一系列技术和策略，将更多的企业信息呈现给目标客户，从而使其赢利。

搜索引擎营销的基本过程如下。

第一步：企业将信息发布在网站上，使网站成为以网页形式存在的信息源。

第二步：搜索引擎将网站网页信息收录到索引数据库中。

第三步：用户利用关键词进行检索，检索结果中罗列相关的索引信息及其链接（URL）。

第四步：用户根据对检索结果的判断，选择感兴趣的信息，并点击 URL 进入信息源所在的网页。

3. 搜索引擎选择技巧

如果跨境电子商务企业想要开拓国际市场，那么搜索引擎排名将直接影响其营销的推广效果。很多企业多年的推广经验表明，选择大型的搜索引擎进行营销能够让企业获得更佳的推广效果。如果能够排到前几位，那么企业将比其他竞争对手更早一步吸引住目标客户，进一步扩大外销渠道，实现企业利益最大化。

4. 搜索引擎常见的平台

1）谷歌

谷歌公司成立于 1998 年 9 月 4 日，由拉里·佩奇和谢尔盖·布林共同创建，被公认为全球最大的搜索引擎公司。这家位于美国的跨国科技企业的业务包括互联网搜索、云计算、广告技术等，同时开发并提供大量基于互联网的产品与服务，其主要利润来自 AdWords 等广告服务。

2）Bing

Bing（必应）是微软公司于 2009 年 5 月 28 日推出的全新搜索引擎服务。

3）百度

百度是全球最大的中文搜索引擎，2000 年 1 月由李彦宏、徐勇两个人创立于北京中关村，"百度"二字源于我国宋朝词人辛弃疾《青玉案》中的诗句"众里寻他千百度"，象征着百度对中文信息检索技术的执着追求，并于 2005 年 8 月 5 日在美国纳斯达克市场上市。公司秉承"以用户为导向"的理念，不断坚持技术创新，致力于为用户提供"简单，可依赖"的互联网搜索产品与服务，其中包括以网络搜索为主的功能性搜索，以贴吧为主的社区搜索，针对各区域、行业所需的垂直搜索、MP3 搜索以及门户频道、IM（即时通信）等，全面覆盖了中文网络世界内所有的搜索需求。

4) Yandex

1997年9月23日,俄罗斯搜索引擎Yandex(语言目录)首次上线。Yandex是俄罗斯重要的网络服务门户之一。Yandex目前所提供的服务包括搜索、最新新闻、地图和百科、电子邮箱、电子商务、互联网广告及其他服务。Yandex在俄罗斯本地搜索引擎的市场份额已远超俄罗斯谷歌。

5) NAVER

NAVER是韩国知名的门户、搜索引擎网站,其logo为一顶草帽,于1999年6月正式投入使用。它使用独有的搜索引擎,并且在韩文搜索服务中独占鳌头。除搜索外,NAVER提供了许多其他的服务,如韩文新闻、电子邮箱等。NAVER还提供了本土化搜索服务,在用户进行搜索时,NAVER会将搜索结果按照网站、新闻、博客、图片、购物等进行分类整理,过滤和拒绝了很多垃圾站点和垃圾信息。

5. 搜索引擎营销的推广手段

搜索引擎营销的推广手段主要有竞价排名、购买关键词广告、搜索引擎优化。

1) 竞价排名

竞价排名是指用户在网站付费后才能被搜索引擎收录,付费越高排名会越靠前。实质是用户为自己的网页购买关键词排名,搜索引擎按照点击计费的一种营销方式。用户可以通过调整每次点击付费的价格控制自己在特定关键词搜索结果中的排名,并可以用相同的关键词捕捉不同类型的目标访问者。

2) 购买关键词广告

购买关键词广告是指在搜索引擎的搜索结果页面显示广告内容,实现高级定位投放,用户根据需要更换关键词,这就相当于在不同页面轮换投放广告。

3) 搜索引擎优化

搜索引擎优化(search engine optimization,SEO)是在了解搜索引擎自然排名机制的基础上,对网站进行内部及外部的调整优化,改进网站在搜索引擎中的关键词自然排名,获得更多流量,从而达到网站销售及品牌建设的预期目标。搜索引擎优化包括网站内容优化、关键词优化、外部链接优化、内部链接优化、代码优化、图片优化、搜索引擎登录优化等。

6. 做好搜索引擎营销技巧

在跨境电子商务行业中,搜索引擎是跨境电子商务企业引入流量最重要的渠道。下面以谷歌为例,分析做好搜索引擎营销的技巧。

1) 及时更新网站,丰富页面内容

网站内容的质量和时效性是谷歌排名算法的重要参考因素,因此,保持网站的及时更新是维持和提升网站排名的有效方法。

此外,网站内容最好是原创的,且不要是纯文本的内容,要适当添加图片和视频,以提升用户体验度。

2) 提升网站打开的速度

网站加载速度也是谷歌排名算法的参考因素。如果网站的加载速度太慢,就很容易导致访问者跳转到其他网站,且现在越来越多的人使用移动端搜索,网站的加载速度就显得更加重要了。因此，在移动端最好将网站的加载速度降低到秒以下。

3）注重链接的质量

对于已经有了良好排名的关键词，无须再过多地设置链接，以免网站因以不合理的速度获得大量链接被谷歌监测到，而导致网站被禁。避免将多数链接全部指向同一篇文章，要为访问者提供有价值的、相关的内容信息。将链接建立在网站的各个页面上，以保持链接布局的丰富性和多样性。

4）重视出站链接和链向自己网站的内链

卖家可以向行业内的权威品牌提供出站链接，这样能保证网站内容的相关性，更容易得到谷歌的认同。要永远确保你的链接所指向的网页能够为访问者提供有价值的、相关的内容信息。例如，销售汽配类产品，可以与米其林的主页建立链接，但不能与哈佛大学的主页建立链接，因为哈佛大学网站的内容与销售的汽配类产品毫不相关。

所谓内链，就是网站内部页面之间的链接。做好网站内链，能够帮助搜索引擎更好地处理页面内容，此外，还能延长访问者的驻留时间，因为访问者能够在你的网站方便地访问到更多的内容。但是，创建内链同样不宜过多，适量即可。

5）增加社交媒体曝光度

要重视其他社交媒体平台网站的权重，如 Facebook、Twitter 等网站，因为它们在谷歌有非常好的排名，通过这些社交媒体平台获取链接，能够提升网站的相关性。若你的网站有多人分享，那么在社交媒体上就能获得更多的曝光机会，进而帮助自己的网站获得更好的排名。

7. 搜索引擎付费推广

Google AdWords 的中文含义是谷歌关键词广告，是一种通过使用谷歌关键词广告或谷歌遍布全球的内容联盟网络推广网站的付费网络推广方式。企业可以选择包括文字、图片及视频广告在内的多种广告形式。Google AdWords 的目标是为各种规模的企业提供最有效的广告服务。

关键词广告是付费搜索引擎营销的一种形式，也可称为搜索引擎广告、付费搜索引擎关键词广告等。它属于 CPC 收费制，即按点击次数收取广告费。

关键词广告的原理是：当用户利用某一个关键词进行检索时，在检索结果页面会出现与该关键词相关的广告内容。由于关键词广告具有较高的定位，因此，其效果比一般网络广告的效果好，其表现形式主要有以下几种。

1）固定广告排名

固定广告排名是指当用户进行关键词检索时，企业按照预先支付给搜索引擎的固定排名广告费，在用户检索结果的相关固定位置出现企业的网站。

2）竞价广告排名

竞价广告排名是一种按点击付费的网络推广方式。用少量的投入就可以给企业带来大量潜在的客户，有效提升企业销售额和品牌知名度。竞价广告排名按照给企业带来的潜在客户访问数量计费，企业可以灵活控制网络推广投入，以便获得最大回报。

一般来说，市场占有率高、企业广告资源丰富的搜索引擎服务商采用竞价广告排名模式；市场占有率低、企业广告资源匮乏的搜索引擎服务商采用固定广告排名模式。

8. 搜索引擎优化推广

1）搜索引擎优化的原理

搜索引擎优化是根据搜索引擎对网页的检索特点，让网站建设各项基本要素适合搜索引擎的检索原则并使之对用户更友好，从而尽可能多地获得搜索引擎的收录，并在搜索引擎的自然检索结果中排名靠前，最终达到网站推广及品牌建设的目标。

> **课堂小贴士 6-1**
>
> **搜索引擎推广的类型**
>
> ①搜索引擎优化；②付费排名；③信息流广告；④品牌广告；⑤精准广告。

2）搜索引擎优化的策略

（1）关键词优化。关键词就是用户输入搜索框中的文字，也就是用户命令搜索引擎寻找的东西，关键词形式多样，可以是中文、英文或中英文混合体，可以是一个字、两个字、三个字甚至是一句话。按照不同的搜索目的，关键词大致可以分为导航类关键词、交易类关键词和信息类关键词等几种不同的类别。

①导航类关键词是指用户在搜索特定网站时，知道自己想去访问哪个网站，只是自己不记得网址或懒得输入网址，所以在搜索引擎中直接输入品牌名称或特定的品牌相关词。通常这类关键词搜索结果中排在第一的就是用户想访问的官方网站。

②交易类关键词是指用户带有明显购买意图的搜索，如"苹果手机价格""哪款笔记本电脑最好"等。很显然交易类关键词的商业价值最大，因为用户已经开始进入商品分析过程，正在寻找最合适的卖家，离交易只有一步之遥。

③信息类关键词是没有明显购买意图的关键词，也不含有明显网站指向的搜索，如"手机图片""减肥方法"等，这类信息类关键词搜索数量最多，变化形式也最多。

（2）研究关键词的意义。从关键词的定义中不难看出研究关键词如此重要，研究关键词的意义主要体现在以下四个方面。

①确保目标关键词有人搜索。网站的核心关键词并不是想当然设定的，必须经过关键词研究才能确保这个关键词确实有人搜索，没有人搜索的关键词对网站来说没有任何价值。因此，企业网站要确定合适的关键词，首先要做的是研究，研究这些关键词有没有被用户搜索过或搜索次数有没有达到一定的数量级。

②降低优化难度。选择关键词的前提是找到有搜索量的关键词，但这并不意味着要选择最热门、搜索次数最多的关键词，原因是这种关键词竞争力度太大，很难在搜索页面中排在首页，同时也不能确保搜索这些热门关键词的用户都是我们的目标客户。如搜索"房地产"这个关键词的用户有很多，企业要想在"房地产"这个关键词上排在首页，估计没有80万～100万元的推广费用是很难做到的，而且也不能确保搜索"房地产"这个关键词的用户都是想买房的。

因此，对中小型企业或个人站长来说，要想把网页做到首页，就必须降低关键词的热度，网站的核心关键词最好是在100万～300万人次搜索量级别的关键词，这样既能保证有人搜索，也能保证在关键词优化的过程中难度不是太大。

③提炼有效流量。流量与排名都不是其目的，有效的流量带来转化才是目的，要想提高有效流量，就必须考虑关键词的选取，如搜索"房地产价格"这个关键词的用户很明显比搜索"房地产"这个关键词的用户更有倾向购买房子，当然也不能把关键词设置得太具体或太专业，这样有效流量是提高了，但是这样的关键词基本上没有人搜索。

④发现新的机会。网络营销和推广是一个不断改进的过程，对于关键词研究也是一样的，因为每个人的思维都会有局限，而且也不能在一开始就把关键词选择得非常准确，"实践是检验真理的唯一标准"，同样实践也是检验关键词是否正确的唯一标准，SEO 人员在查询搜索引擎提供的关键词扩展工具或分析网站流量时，有可能发现更好的、更有效的关键词。

（3）选取关键词的标准和原则。选择恰当的关键词是 SEO 最具技巧性的环节之一。只有选择正确的关键词，才能保证企业的搜索效果。选择关键词时需要遵循以下原则。

①关键词的相关性。SEO 选择目标关键词的原则首先是必须与网站内容有相关性。SEO 早期曾经流行在页面上设置甚至堆积搜索次数，现在这样的做法早已过时，网站需要的不仅仅是流量，更是有效流量，可以带来订单的流量，靠欺骗性的关键词带来访客除了消耗带宽，没有其他作用，对网站毫无意义，这样的排名和流量不是资产，而是负担。

当然，这不一定适用于所有网站，对一些网站来说，只要有流量，就有一定的价值，网站并不依靠本身的转化盈利，如新闻门户或纯粹依靠广告盈利的信息类网站。很多门户类网站包罗万象，内容相关性判断也比较模糊。

②关键词要选搜索次数多、竞争小的词。在做关键词优化时，最好的关键词是搜索次数最多、竞争程度最小的那些词，这样既保证 SEO 代价最低，又保证流量最大。但现实不会这么理想，大部分搜索次数多的关键词，也是竞争比较激烈的关键词。不过，通过大量细致的关键词挖掘、扩展，列出搜索次数及竞争程度数据，还是可以找到搜索次数相对多、竞争相对小的关键词。

研究搜索次数比较直接、简单的方法是使用谷歌关键词工具。虽然确定一个词的竞争强度比较复杂，需要参考的数据较多，而且带有比较大的不确定性，但根据搜索次数和竞争程度可以大致判断出关键词效能，在投入相同的情况下，效能高的关键词获得好排名的可能性较大，可以带来更多的流量。

③关键词要有商业价值。购买意图强烈、商业价值较高的关键词应该是优化时最先考虑的，无论内容规划，还是内部链接安排，都要予以侧重，不同的关键词有不同的商业价值，就算长度相同，也会造成不同的转化率。

例如，搜索"液晶电视原理"这个关键词的用户购买意图就比较低，商业价值也低，而搜索"液晶电视图片"这个关键词的用户商业价值有所提高，搜索"液晶电视价格"这个关键词的用户的购买意图则大大提高了，已经进入产品比较选择阶段，而搜索"液晶电视促销"这个关键词或"液晶电视购买"这个关键词的用户商业价值进一步提高，一个大减价信息就可能促成用户做出最后的购买决策。在做关键词研究时，SEO 人员可以通过各种方式查询到大量搜索词，通过常识就能判断出不同关键词的购买可能性。

（4）网站结构和内容的优化。网站的内容是网站发展的基础，一个好的网站前提一定是能够持续地给用户提供丰富的、有价值的内容。同时这也是搜索引擎对网站的要求，一个网站成功与否，内容是关键所在。要想做好网站的内容首先要站在用户的角度思考，先思考用户会搜索什么，然后根据用户的搜索需求去写作。一般网站内容的组成包括四个部分，分别是标题、引入、主体和结尾，同时要关注搜索引擎"喜欢"的内容。各大搜索引擎针对网站内容编辑都有相应的要求和说明。

内容是网站优化的基础。第一，内容要与网站主题协调，不要为了引流而加一些与网站无关的内容，这样只会降低网站的质量；第二，内容需要定期更新，长期稳定的更新才能使搜索引擎更有活力；第三，内容被转载的多少：在互联网中，内容被转载的越多，证明网站的价值与影响力也就越大，理性的转载是有好处的；第四，搜索引擎可以识别转载内容。目前，搜索引擎的技术已经完全可以识别转载的内容，即使深度加工，也逃不出搜索引擎的"眼睛"。因此，原创内容的编辑显得尤为重要。针对搜索引擎创作文章时，要考虑搜索引擎的工作原理，将关键词重复、有逻辑地合理插入内容中。同时，也要注意文章面对的人群。

（5）内链和外链的优化。内链指的就是一个网站内部，页面与页面之间相互连接，主要泛指网站内部相互连接的页面。一般是通过关键词相互连接，或者是纯文本。外链顾名思义就是网站外部导入网站的链接。

内链建设得好可以提高搜索引擎蜘蛛对网站的索引效率。当网站内容进行更新的时候，可以通过内链的建设，让内容快速被收录，这对于网站关键词排名和权重提升是有帮助的。但是要特别注意的是，为了避免起到反作用，在进行网站内容更新的时候，我们一定要注意定期清理死链和断链，这样搜索引擎蜘蛛在网站爬行的时候，不至于留下不好的印象。

外链建设得好其实是可以给网站进行引流的，特别是在一些权重高、比较热门的网站上发布外链，可以快速增加网站的浏览量。对于新建的网站，建设质量度高的网站是非常有必要的。外链的发布一定要记住不仅仅是数量多就好，质量更关键。质量度高的一条外链能抵得上随便发布的十几条甚至几十条质量度低的外链，所以为了节省时间和增加效率，外链发布的平台也要特别关注。

网站 SEO 优化，内链和外链是相辅相成的，好的外链能有效地将流量带到网站，而内链能留住用户，两者缺一不可。假如只是做了外链，将流量引到网站，而网站没有什么内容，也就是内链建设得有问题，那么对网站本身来说也是有弊端的。

在进行网站优化的过程中，切忌厚此薄彼。除了内链和外链，友情链接、反链等都是可以有效帮助网站提高优化效果的。无论选择哪种优化手段，都需要一定的时间才能将企业排名及关键词排名提升。

> **课堂小贴士 6-2**
>
> **制定搜索引擎推广方案的步骤**
>
> 第一步，明确搜索引擎推广目的；
>
> 第二步，确定搜索引擎推广所适用的人群；
>
> 第三步，熟悉搜索引擎推广技巧；

第四步，执行推广；

第五步，衡量推广效果。

9. 谷歌搜索引擎营销案例分析

1）谷歌算法

谷歌搜索算法需要考虑很多因素，包括查询的关键词和相关的关键词、不同网页的相关性和可用性、用户所在的国家或者区域等。谷歌算法主要有以下 3 种。

第一种：Google Panda（熊猫算法）。2011 年熊猫算法发布，目的是减少谷歌搜索引擎中内容农场或低质量网站的存在。熊猫算法主要审查网页内容是否存在内容薄弱（页面内容非常少、无相关性）、重复内容（出现多个相似或一样的页面）、低质量内容（缺乏深入或建设性资讯，对用户毫无价值）、内容农场（内容通常是非原创性的）、内容和关键词相关性低等问题。

第二种：Google Penguin（企鹅算法）。2012 年企鹅算法发布，目的是惩罚利用黑帽 SEO 手法排名的网站，针对外部链接。

第三种：Google Hummingbird（蜂鸟算法）。2013 年蜂鸟算法发布，主要是针对用户的搜索意图进行更复杂的分析，甚至了解用户口语化的搜索，就像人工智能一样，让用户有更好的体验，使用户快速且精准地获得自己想要的搜索结果。

2）Google AdWords

Google AdWords 是一种通过使用谷歌关键词广告或者谷歌遍布全球的内容联盟网络推广网站的付费网络推广方式，可以选择包括文字、图片及视频广告在内的多种广告形式。

（1）Google AdWords 账号注册。要使用关键词策划师工具，需要先登录 Google AdWords 并且注册一个账号，注册过程很简单，只需要邮箱就可以，并且不用充钱就可以使用。

（2）选择广告系列类型及投放。要投放 AdWords 广告，可以根据自己的广告目标选择要制作的广告系列类型，如图 6-17 所示。

图 6-17　广告系列类型

如果选择"Search"类型，系统会给出以下四种具体方式：Website visits、Phone calls、Store visits 和 App downloads，如图 6-18 所示。

如果选择"Display"类型，这里又有了变化。在展示广告系列类型中，又有多个细分类别，所以除了选择展示这个大类，还需要选择细分类别，如图 6-19 所示。

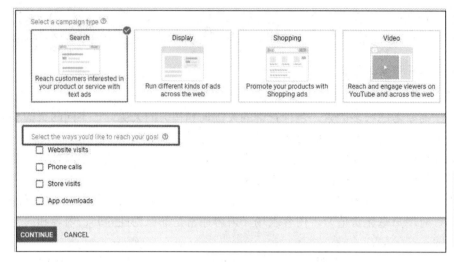

图 6-18 "Search"类型

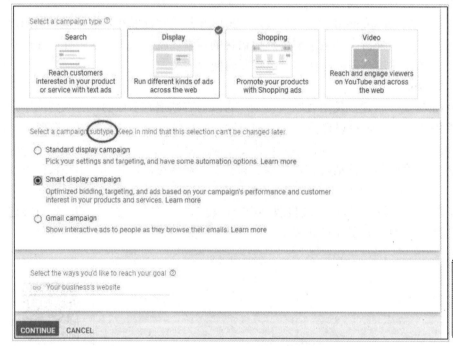

图 6-19 "Display"类型

如果选择"Shopping"类型，系统就会要求填写"linked account"。我们可以把它理解为一个商品的数据源，如果设置了已连接账户，那么就可以对其中的商品在谷歌上打广告，如图 6-20 所示。

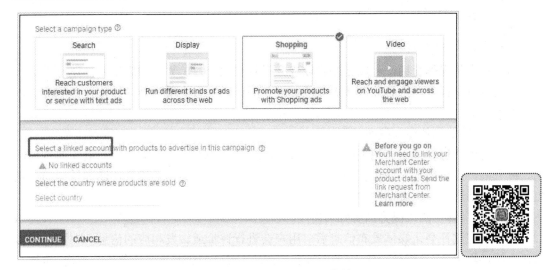

图 6-20 "Shopping"类型

如果选择"Video"类型,这里没有更多需要选择的,直接单击"CONTINUE"按钮即可,如图 6-21 所示。

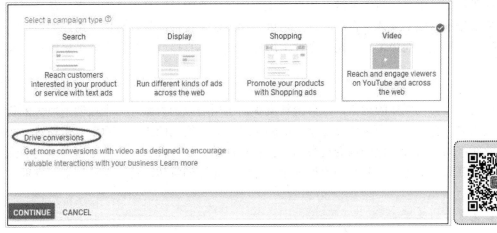

图 6-21 "Video"类型

6.3.2 社会化媒体营销

社会化媒体营销(social media marketing,SMM)是以多对多沟通交流为目的、大众创造的信息为内容、互联网技术应用方式的新型大众媒体,它旨在帮助人们建立社会化网络的互联网应用服务。社会化媒体营销是随着网络社区化而兴起的营销方式。

1. 社会化媒体营销的定义

社会化媒体营销是利用社会化网络,例如在线社区、博客、百科或其他互联网协作平台和媒体传播和发布资讯,从而形成营销、销售、公共关系处理和客户关系服务维护及开拓的一种方式。一般社会化媒体营销工具包括论坛、微博、博客、SNS 社区、图片和视频分享等。

2. 社会化媒体营销的优势

通过社会化媒体营销,可以帮助企业提升品牌关注度、美誉度和忠诚度,还可以配合与辅助搜索引擎推广,为企业创造更多的利润。因此,综合来看社会化媒体营销的价值体现在以下4个方面。

1)企业的信息传递与发布的平台

企业可以通过媒体发布相关信息,进行产品或服务的介绍。例如,发布最新的市场活动、最近的产品更新等。通过社会化媒体,企业得到了免费宣传的机会,通过持续的信息更新,不断筛选、激发潜在用户。

2)树立品牌形象,提升品牌知名度

在企业通过社会化媒体发布信息后,用户会进行评价或转发相应的信息。在评价和转发信息的过程中,企业媒体负责人可以通过一定的方式对企业的正面形象进行塑造、传播,对负面信息进行处理,给用户树立一个正向、积极的形象。通过宣传,制造"口碑效应",树立企业品牌,凸显企业的核心竞争力。

3)为企业网站引入流量

企业在社会化媒体发布信息时,如果媒体平台允许,则可以直接添加链接,从而直接为企业带来流量;如果媒体平台不允许,则可以通过信息传播品牌,再加上用户的讨论,进而引导用户搜索,间接带来流量。企业运用社会化媒体直接或间接为企业带来流量,激发潜在客户。

4)为企业创造收入

企业通过社会化媒体的运营,聚合粉丝资源,运用粉丝的力量,为企业创造巨大的价值。在快销界,有很多社会化媒体运营很好的企业,如手机圈的果粉、锤粉、米粉等,每一次企业新产品发布时,他们都会自发地举行各种活动,做各种宣传,甚至自发地为企业筹集资金、联系场地等。这些活动不仅为企业进行了正面的宣传,还为企业创造了高额的利润。

3. 社交平台的选择

想要做好社会化媒体营销,首先要选择好社交平台,要根据产品的品类和特点选择更适合、更容易维护的社交平台。如今社交平台的数量和种类已经非常多了,跨境电子商务企业要根据自己的需求,选择真正适合自己的社会化媒体营销推广平台。

跨境电子商务企业在选择社交媒体平台之前,要分析一下自己产品的特点、目标国家客户的消费习惯及客户活跃的一些社交平台等。一些转化率低的社会化媒体影响往往存在两种问题:一是选择的社交网站不合适,二是运作的方法或策略不到位。

对于跨境电子商务而言,因为客户来自不同的国家和地区,所涉及的社交平台比较多,所以做出的文化营销方案需要覆盖好几个平台。但是,这并不意味着所有能够涉猎的平台都要去做,应该选择一个或几个合适的平台。因为我们的资源是有限的,不能只求数量而不求质量。只有找到合适的社交平台,才能在提高流量和转化率的基础上,节省营销推广的成本。

1）LinkedIn（领英）

LinkedIn 成立于 2002 年 12 月并于 2003 年启动，总部位于美国加利福尼亚州山景城（Mountain View）。公司于 2011 年 5 月 20 日在美国上市。2014 年 2 月 25 日，LindedIn 简体中文版网站正式上线，并宣布中文名为"领英"。LinkedIn 的 CEO 及创始人是雷德·霍夫曼（Reid Hoffman）。LinkedIn 是一个面向职场的社交平台，旨在让注册用户维护他们在商业交往中认识并信任的联系人，俗称"人脉"。用户可以邀请他认识的人成为"关系"圈的人。

2）Twitter

Twitter（推特）是一家美国社交网络及微博客服务的公司，致力于服务公众对话。它可以让用户更新不超过 140 个字符的消息（除中文、日文和韩文外已提高上限至 280 个字符），这些消息也被称作"推文"（tweet）。Twitter 被称为"互联网的短信服务"。这个服务是由杰克·多西（Jack Dorsey）在 2006 年 3 月与合伙人共同创办并在当年 7 月启动的。Twitter 是提供当下全球实时事件和热议话题讨论的平台。在 Twitter 上，从突发事件、娱乐讯息、体育消息、政治新闻到日常资讯、实时评论对话全方位地展示了故事的每一面。在这里，用户可以加入开放的实时对话或观看活动直播。

3）Pinterest

Pinterest 由美国加州帕罗奥多的一个名为 Cold Brew Labs 的团队创办于 2010 年。该项目的创意来自创始人 Ben Silbermann 为他的女朋友寻找订婚戒指之时。他发现了很多中意的戒指，但又需要反复比较，于是他就开发了 Pinterest，把这些戒指的照片随手贴在同一个页面上。

Pinterest 堪称图片版的 Twitter，网友可以将感兴趣的图片在 Pinterest 上进行保存，其他网友可以关注，也可以转发图片。索尼等许多公司也在 Pinterest 建立了主页，用图片营销旗下的产品和服务。

4）VK

VK（全称为 Vkontakte）是俄罗斯知名在线社交网络服务网站，支持 70 多种语言，其用户主要来自俄语体系国家。VK 在俄罗斯、乌克兰、阿塞拜疆、哈萨克斯坦、摩尔多瓦、白俄罗斯、以色列等国较为活跃。

作为 VK 的会员，可以向好友的手机发送加入邀请，如果好友接受邀请，不需要注册就可以加入 VK。VK 允许用户公开或私下留言、创建社团、公共页面和活动，也可以分享和标记图像、音乐和视频、基于浏览器的游戏等功能。

与大多数社交网络相同，该网站的核心功能是基于个人信息和共享照片实现状态更新及与朋友的联系。VK 也有用于管理网络社团和名人的网页工具。该网站允许用户上传、搜索新闻媒体内容，如视频和音乐。VK 具有先进的搜索引擎，能有效搜索到较为复杂且深远的好友，以及实时性新闻。

5）Tumblr（汤博乐）

Tumblr 成立于 2007 年，是目前全球最大的轻博客网站，也是轻博客网站的始祖。

"汤博乐"一词源于 Tumblr 的音译，在我国偶尔也被网友戏称为"汤不热"。"汤博乐"这个中文名字不仅在发音上刚好跟 Tumblr 英文发音一致，而且含义上更加丰富。"汤博乐"一词,其中"汤"字为助音字,虽有美食之本义,但此处象征着美好的东西;"博"字不仅有博大精深之含义,而且也代指轻博客和社交网络;"乐"字表示快乐。Tumblr是一种介于传统博客和微博之间的全新媒体形态,既注重表达,又注重社交,而且注重个性化设置,成为当前最受年轻人欢迎的社交网站之一。

> **课堂小贴士6-3**
>
> **海外社会化媒体营销内容的类型**
>
> (1)文字信息。展示正面情绪的文字信息。在海外社会化媒体上要发布具有积极性、高情感价值的文字信息,能很好地带动其他用户的活跃性和参与性。
>
> (2)图片。有明确主题的图片。Facebook上带有图片的帖子比一般帖子平均高出53%的阅读量和104%的评论量。如果想提升效果,那么一定要运用好图片。
>
> (3)视频。原创视频当然是最好的,但多数企业无法保证高频的原创视频制作和发布,也可以转发与企业形象和产品相关的热点视频。
>
> (4)播客。播客可以是音频或视频的形式,以音频为主。品牌播客越来越受到大公司青睐,内容以娱乐为主,但承载着品牌建设作用。
>
> (5)新闻转载。转载与产品类目相关或与社会热点相关的新闻。例如,数码类产品可以转载新技术突破,时尚类产品可以转载明星动态或者流行趋势等。注意要转载权威媒体的相关新闻,不要转载来源不明、未经核实的信息。
>
> (6)信息图表。信息图表用简单明了的方式为受众提供信息。例如,产品的性能参数或与其他产品的比较,公司产品的销量数据等。直观的数据更容易吸引受众的注意力,并使受众产生信任感。
>
> (7)产品评测。发布新产品的评测报告或操作指南。例如,数码类产品的评测报告或使用说明,时尚类产品的穿搭摆设造型设计。可以采用图文并茂或者拍摄视频的方式,把产品的细节和功能展示在消费者的面前,引起互动讨论。
>
> (8)用户互动。包括抽奖、调研或鼓励用户发布内容(user generated content, UGC)。例如,鼓励用户与产品进行自拍或与产品合照并发布,对结果进行投票评选,或根据主题创作短视频等。

4.社会化营销媒体内容的创作原则

1)围绕关键词创作内容

海外社会化媒体营销的目的是传播,为了使内容更容易被搜索引擎收录,可以先在谷歌、百度等搜索引擎查询热搜词,再围绕热搜词创作内容。但好内容的评判标准是让文章的读者转换成产品的购买者,不自然地引用关键词会让读者摸不着头脑,既不会传播内容,也不会购买产品。

2)发布的内容要保持品牌一致性

"一致性"是打造品牌的必然要求。"一致性"包括账户、主页、内容风格、互动行为习惯等。

3）要创作真实的内容

与事实不符的内容让品牌失信于人，必须坚持发布已验证过的、真实的内容，坚决杜绝随意转发未经证实的信息。只有这样，客户才会尊重这个品牌。

4）要有明确的主题

研究表明，每天有不计其数的内容传到社会化媒体上，争夺着大众的注意力。要想从这些信息中脱颖而出，内容必须有明确的主题，最好直接反映在标题上。

5. 社会化营销媒体策略

1）免费模式

互联网的盈利模式中有一个最受用户推崇的模式，那就是免费模式。人们喜欢免费的东西和促销活动。通过这样的活动获取用户的参与，试销新产品，获得用户反馈，收集市场的样本。

2）抓住意见领袖

无权威，但是有意见领袖。各个细分的区域都有用户自己的意见领袖，如3C、互联网、美食、旅游等领域。品牌如果想更快、更有效地推广产品，能不能成功地圈定重要的意见领袖，并引导意见领袖去讨论、传播产品是至关重要的一环。通过这些意见领袖，产品在社交媒体圈中有影响力的群体中进行传播将更加有效及时地获得互联网用户的共鸣，尤其对产品的信誉将会有无以复加的好处。

3）优秀的内容

在互联网上原创的内容不多，大量复制品充斥着互联网，因此保护知识产权难度更大。"内容为王"非常适用于目前互联网的现状。为此诞生了"content marketing"（内容营销）这个细分的领域。在社交媒体的环境下营销人员必须做出真正优秀的内容，真正与消费者产生共鸣，或内容令消费者感到震惊。社交媒体中用户自发的传播基于用户喜欢你的内容，如视频或图片，用户愿意通过转帖和好朋友分享他们的感受。粗制滥造的营销内容没人会去分享。

4）重视内心的情感

真正想调动用户参与社交媒体活动的传播，需要我们能够把握住用户的情感密码器，以及与其沟通的方式，深层次地走入用户的内心，积极塑造品牌的影响力。我们需要创造有吸引力的内容及能产生共鸣的情感链条。

6. 社会化媒体营销主流平台营销与推广

1）LinkedIn广告营销

（1）LinkedIn广告营销类型。LinkedIn广告有以下3种。

第一种：侧边栏广告。利用动态生成的广告推动与优质受众的互动，这些广告由个人资料数据提供支持，还可以通过自定义达成你的广告活动目标。

第二种：信息流广告。通过准确的基于用户档案的一手数据触达最相关的人群，促进高质量互动，最终建立合作关系。

第三种：推广邮件。给与你的业务最相关的人发送相关的一对一邮件消息。

（2）LinkedIn广告营销技巧。目前，LinkedIn平台不同公司的员工在平台上互相联系业务，寻找工作，改善他们的服务，交流商业想法与信息。无论是经营什么品类的跨境电子商务企业，其大部分的潜在客户都在用 LinkedIn。LinkedIn 广告无疑会为企业带来更大的知名度和销量。

① 使用有吸引力的文字和相关的图片。LinkedIn 的广告很短，广告的描述和标题的字数限制分别是 75 和 25 个字。你可以在描述中添加一个网站的链接，也可以添加你 LinkedIn 上一个页面的链接。对于营销人员来说，增加 LinkedIn 公司页面的粉丝，提高产品网站的转化率是很重要的。但是无论你的链接会将你的受众送到哪个页面，在广告中添加一个有引导性的行动号召语言是极其必要的。

"下载""注册""寻求样本"等行动号召语言都能给你的受众很清晰的指导，如图 6-22 所示。

图 6-22　使用有吸引力的文字和相关的图片

在这个广告中，就添加了一个很清晰的号召性的语言。

② 了解并精确定位你的目标客户。通过一些受众信息的设置（目标受众的所在行业、职位、兴趣爱好等）锁定目标客户。同时每天还需要查看你的 LinkedIn 主页，了解相关行业分享率最高的内容是什么，从而明确受众可能感兴趣的内容。然后发布符合受众"口味"的内容。

③ 通过测试广告优化广告。LinkedIn 每个广告系列都有自己的每日预算、定位选项和广告。LinkedIn 建议你为每个广告系列至少创建 3 个广告，其中包含不同的标题、号召性用语和图片。你最多可以为每个广告系列创建 15 个不同的广告。LinkedIn 会将你的广告展示给所选的目标受众群体。当你开始获得点击时，点击率最高的广告将更频繁地展示，因此会获得更多点击次数。你可以更改设置，让 LinkedIn 以更加均衡的速度展示你的广告，每个展示次数都相同。跟踪哪些广告最成功，并暂停点击率最低的广告，如图 6-23 所示。

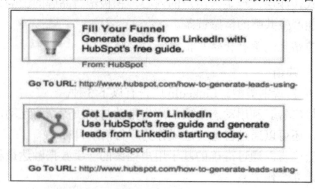

图 6-23　通过测试广告优化广告的图片

④ 进行合理的预算和竞价。

a. 预算。每日预算是每天花费的最高金额。LinkedIn 会根据用户在一天中不同的活跃程度控制你广告播放的频率。你的预算的 50%可能在早上消费，25%的时间在下午，另外 25%的时间在晚上。当你达到每日预算上限时，你的广告会在当天停止放送。没有获得尽可能多的展示次数和点击次数？你的每日预算可能太低。计算上周的每日平均总支出，并将该金额与你的每日预算进行比较。如果这些数字相等或相近，那么提高每日预算可以帮助你获得更多展示次数和点击次数。

b. 竞价。每当潜在客户访问 LinkedIn 上的某个网页时，你的广告和其他广告客户之间就会出现"竞价"。LinkedIn 提供建议的出价范围，或其他广告客户当前竞争出价的估算值。出价越高，"赢得竞价"的可能性就越大。如果你没有在建议的范围内输入出价，你的广告将不太可能在竞价中击败其他广告客户的出价，从而减少展示次数或点击。

⑤ 衡量广告的效率。

a.衡量点击率。无论你是在 LinkedIn 上宣传某个网页还是在自己的网站上宣传某个网页，都需要检测点击率。根据 LinkedIn，一个好广告的点击率应该大于 0.025%。要经常监控点击率，一旦发现点击率有所下降，不妨尝试使用新的广告文本或图片优化广告。缩小目标受众群体，使你的广告更具相关性和针对性（竞争较少），也有助于提高点击率。

b.衡量潜在客户。如果你希望将广告浏览者发送到你网站上的联系表单，那你的重心不能只集中在 LinkedIn 广告上，同时也要兼顾网页的设计。如果你的点击率较高，但潜在客户的转化率较低，那么你的目标网页可能需要进一步优化。

（3）LinkedIn 广告营销策略。

① 构建有价值的关系网。有价值的关系网意味着要把一般的连接转化成实际的交往关系，同时在社交圈中得到别人的认可，受到别人的重视。如今，即使是高端的 LinkedIn 也避免不了一般社交媒体内容泛滥的问题，内容同质化现象也存在。要想从同质化现象中脱颖而出，就必须创造一些对别人有价值的内容，即便是随手转发，也要简单表达自己的见解。

对于跨境电子商务企业而言，建立关系也是至关重要的。关系主要体现在对客户的情感化管理上。比如，哪些人访问你的主页，分享了什么内容，对内容有什么反馈，这些是企业和用户建立关系的基础，也是了解客户的途径。再者就是做问题的解决者，而不是产品的推销者，多提建议，彰显价值。

② 贡献有价值的小组讨论。内容营销的信条之一就是营销者要通过有质量的内容向潜在客户递送价值。这种营销方式更侧重于建立思维引导，让客户平时感受到好处，在做购买决策时自然更倾向于你的品牌。这样的原则同样适用于 LinkedIn 的小组讨论。

对于营销者而言，通过讨论组可以了解信息、接触到潜在客户，客户已经自发根据兴趣聚集，营销者只要花很少的精力就能获得积极的回应，引发积极的话题讨论。这种潜在的资源非常有价值。

③ 专注小团体，切忌遍地撒网。在 LinkedIn 的小组讨论中，如果是一般人，且没有什么网络影响力，那更应该专注于所属的行业，在擅长的、想学习的领域慢慢积累，加强自己在某些话题上的优势和威信，也方便和讨论小组中的一些人建立稳定的关系。在 LinkedIn

或其他社交平台中,即便有最好的内容也可能被埋没,可能得不到关注。有时候专注于小团体比遍地撒网有效得多,特别是在小组讨论中,越专注,个人在小组最佳榜中停留的时间越久,当别人搜索到你所在的小组时就会发现你,认可你的权威。

④ 利用 LinkedIn 推广功能。LinkedIn 主打职场社交,聚集的大多是高端白领人群及企业中高层管理人员。它的强关系性质又进一步细分了用户群体,推广的内容很容易在社交网中传播,形成较大的影响力。尤其对于跨境电子商务 B2B 企业来说,通过 LinkedIn 甚至有机会接触到企业决策层人员,这是非常有竞争力的。

LinkedIn 的高端特性决定了推广内容必须是干货,一定是所有内容里最好的、最有价值的。职场人士时间本来就少,如果用一些空洞烂俗的内容进行轰炸,很容易让用户产生反感,用户没有理由停留。长期经营干货确实需要一定的时间和精力,但是回报是值得的,跨境电子商务企业在所属行业中获得较好的印象和较高的威信后,品牌更容易得到青睐。

2)Pinterest 营销技巧与活动

(1)Pinterest 推广技巧。跨境电子商务卖家要做好 Pinterest 社会化媒体营销,就要利用自己获得的数据、自己店铺的品类、客户的行为以及平台和渠道制定相应的策略。

① 找到用户感兴趣的主题做主题页面。Pinterest 中有各种各样的主题分类,跨境电子商务卖家可以在 Pinterest 中找到一些相关的主题,观察在这个主题中有哪些图片是最受人关注的,从而将其作为选品的参考。一些有心的卖家会根据图片的受欢迎程度,将最受欢迎的图片做主题页面来吸引用户的眼球。有的卖家在做了专题之后,就将在 Pinterest 上比较受欢迎的产品进行打折,其他店铺没有折扣,这样能获得更多的流量。

② 利用网络红人进行广泛传播。相对其他社交平台,Pinterest 平台最大的好处就是图片上有链接,用户只要单击了图片就可以直接进入你的店铺。这在引流上可以发挥很大的作用。因此,如果你的图片被更多的人分享,那么你店铺的点击率也会升高,潜在的客户也就会更多。例如,有一个跨境电子商务卖家是这样做的:他找到一些网络红人,由他们定期发布他的产品图片到自己的主页上,每周发十几张图片。一年后,他的店铺就实现了每天 1000 多个订单的目标。

③ 结合强关系的社交平台。虽然利用 Pinterest 可以为跨境电子商务卖家带来大量的兴趣类流量,但是 Pinterest 与客户建立的关系是一种弱关系。如果客户没有成功沉淀成老客户,可能就会很快流失。因此,卖家还需要结合强关系的社交平台做营销。在获得了新客户的流量之后,卖家要进行相应的转化,如在店铺中做相关的专题页面,通过强关系的社交平台将弱关系的社交平台的流量沉淀下来。

④ 注重精细化发展。如果跨境电子商务卖家能够做好精细化发展,就会形成强有力的竞争优势,因此卖家接下来将会在精细化方面展开新一轮比拼。强化供应链、在流量渠道和客户层面建立门槛,要想进一步取得优势,卖家要做的就是别人目前还做不到的。而 Pinterest 的大多数流量都来自移动端,因为相对于 PC 端,移动端在分享女性消费品方面更便捷和迅速。从中我们也可以看出,未来跨境电子商务的很多订单可能会更多地出现在移动端,这也给跨境电子商务卖家提供了一个大的发展方向。

(2)Pinterest 广告技巧。广告 Pin 虽然看起来像普通 Pin,但是它们具有更多的功能。通过广告 Pin 可以在 Pinterest 添加关键字并定位给特定的目标群体,以达到提高品牌知名度和提高转化率等目标。跨境电子商务企业可以根据用户的人口统计、搜索条件及兴趣定位广告的受众。

① 持续地监控和优化广告系列。Pinterest 是一个主要由视觉驱动的社交媒体平台。想要成功地运行 Pinterest 广告，需要不断测试广告系列中不同的图片、视频、文字、关键字、出价及受众群体，最后找出最适合的组合，以便带来最大的转化和效益。在广告的概览页面，你可以观察 30 天内广告运行的效果并做出优化。

② 在说明中加入行动号召。Pinterest 不允许在 Pin 广告描述中使用直接的行动号召语句，但并不意味着你的广告系列就应该缺少行动号召，你的目标用户需要知道他在看到 Pin 广告后应该做什么。

③ 在定位选项中加入相关关键字。Pinterest 允许在 Pin 广告中最多添加 150 个关键字，但大多数营销人员会错误地认为关键字添加得越多越好。其实，这样做会导致较低的点击率和转化次数。尝试有针对性地添加关键字，考虑目标客户每天如何使用 Pinterest 并定位这些关键字。所选择的关键字不应只专注于目标客户，还应该和 Pin 内容、转到的网页保持相关性。

④ 使用受众特征定位。即使 Pinterest 没有提供像其他社交平台一样多的定位选项，它仍然允许根据地理位置、设备、性别和语言等受众特征向目标受众展示 Pin 广告。利用这些特征定位合适的目标受众是非常重要的。

⑤ 继续积极出价。Pin 广告的费用方面，你只需为获得的点击次数支付费用。因此，营销人员应持续衡量业绩并相应地调整广告出价，求得最大限度的业绩提高。尽管最初的出价可能很高，一旦广告收益增加，你会看到投标价格下降，尤其是针对高参与度和高互动的 Pin。所以，要不断测试广告并优化出价，以获得点击次数和转化次数，最终实现目标。

（3）Pinterest 营销活动。在 Pinterest 上做活动是增加用户参与度、增加 Pinterest 粉丝的重要手段，甚至通过 Pinterest 能有效地增加你网站的销售。在 Pinterest 上进行引流已经被证明是一种行之有效的手段，毫无疑问品牌的辨识度会在这个引流的过程中大大提高。

Pinterest 是继 Facebook、Twitter 营销推广之后的又一火热社会化营销方式，它是基于兴趣图谱的新兴社交媒体。它通过瀑布流式的模式呈现漂亮的图片，博得很多用户的喜爱。Pinterest 的用户增长非常快，目前已经拥有 1100 万用户。而品牌商也持续关注着 Pinterest，因为它不仅可以给自己的网站带来让人惊喜的流量，同时都跃跃欲试地想通过 Pinterest 发现自己的潜在消费者，与他们互动。本书分享了两个不同的利用 Pinterest 做营销活动的品牌，看看它们能给你带来什么新的启发。

① 汽车品牌 Peugeot 利用 Pinterest 做了一个拼图的活动。Peugeot 通过这个拼图的活动激励用户去其官方主页与 Facebook 企业页面寻找图片的碎片，利用 Pin，用户可以在 Pinterest 上完成拼图，如图 6-24、图 6-25 所示。

最先完成拼图的五个人可以获得奖品。从评论中看到，为了活动更好地执行，它非常积极地回复粉丝们的问题，与他们互动，如图 6-26 所示。

图 6-24　在 Pinterest 上完成拼图　　　　图 6-25　利用 Pin 完成拼图

图 6-26　最先完成拼图的五个人可以获得奖品

② Kotex 将女生喜欢的东西变成真实的礼物（视频）。Kotext 找到在 Pinterest 具有一定影响力的 50 名女性，研究每一个人的 Pin——她们收集的图片、喜欢的东西。基于这 50 个人的兴趣喜好，Kotex 做成实际的商品，放了一个个礼物盒里。如果她们想得到这些礼物盒，只要 Repin 这些礼物盒的图片。这些女性中的意见领袖会通过 Pinterest 等其他社交媒体散播口碑。粗略估计，在这次营销活动中，Kotex 只送出了 50 个礼物，却得到了 2284 次互动、总计 69 万左右的网页被访问次数，如图 6-27 所示。

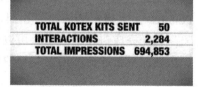

图 6-27　Kotex 广告截图

Pinterest 不但在用户体验与内容上给我们带来了惊喜，企业也在绞尽脑汁通过不同的方式接近其用户。

6.3.3 视频营销

1. 视频营销的概念

视频营销是指主要基于视频网站的营销，以内容为核心，以创意为导向，利用精细策划的视频内容实现产品营销与品牌传播的目的，是"视频"和"互联网"的结合，具备二者的优点。视频营销既具有电视短片的优点，如感染力强、形式多样、创意新颖等，又有互联网营销的优势，如互动性、主动传播性、传播速度快、成本低廉等；既有专业团队制作的精美"微电影"，又有中小企业的独立制作、小型外包甚至众包。

2. 制订视频营销方案

视频营销的推广需要一个完善的推广方案。

（1）确定推广目的。根据推广目的的不同，推广的方法也各不相同。视频推广一般有宣传产品品牌、吸引新客户、为网站带来流量、树立品牌形象等目的。

（2）选用营销视频。视频本身是视频营销的重点，视频的内容一定是最重要的。卖家可以选择自制或者寻找可用的视频，在整个过程中，需要特别注意版权以及商用的各种规则。

（3）确定推广方式。不同的推广目的需要匹配不同的推广方式，视频推广可以从视频本身或结合其他营销方式两个方面开展。

（4）检验推广效果。每一个视频平台都会统计视频的数据，包括观看次数、评论数、账号关注粉丝数、频道订阅数、视频转发量等，这些数据就是检验推广效果最好的依据。

课堂小贴士 6-4

制作适合推广的视频

（1）基本标准。在跨境电子商务卖家制作视频或是在已有作品中筛选视频时，首要标准就是视频内容适合作为宣传产品投放，内容是原创或有相应的商业使用权限，并且不违反视频平台的规则。

（2）根据发布目标进行编辑。商家需要根据具体的目标对视频进行编辑或分类。根据发布目标的不同，视频基本可以分为"导入访问量"视频、"稳定阅读量"视频、"冲击点击量"视频。

（3）选择合适的发布平台。

① 考虑目标受众喜欢登录哪个平台。

② 考虑平台的竞争是否激烈。

③ 考虑平台是否适合企业视频的形式。

课堂思考 6-2 你知道现有的主流视频营销发布平台有哪些吗？

3. 视频营销模式

跨境电子商务卖家可以选择适合自己的方式进行视频营销,下面是两种主流视频营销模式。

1)贴片广告

贴片广告就是在视频上找广告位做露出,如在视频网站播放视频前、视频播放时或是视频播放结束后,总是会有几秒不等的广告视频。这种形式的营销,关键点是内容的制作质量,即 5 秒之内能否吸引观众,因为这些广告视频都会给观看者一个在 5 秒之后跳过广告的选项。贴片广告在国外的推广渠道以 YouTube 为主,所以 YouTube 也为企业提供了专门的 YouTube Ads 功能。

(1)展览式。展览式的贴片广告通常会展示在 YouTube 网站页面右侧,这个广告可以是静态或动态的图像,通过 Google AdWords 里 Display Capaign 类型完成投放。这种广告只出现在电脑端的 YouTube 界面,而不能出现在手机端的 YouTube 界面。

(2)覆盖式。覆盖式贴片广告通常显示在视频下面,很显眼,用户可以点击右上角的按钮关闭,但仍影响观看视频时的视觉效果。

(3)插播式。插播式贴片广告通常 5 秒之后可以跳过,因此企业需要非常用心地设计这 5 秒,巧妙地吸引观众眼球。

2)原生视频广告

原生视频广告是依据品牌的调性、特质、价值观定制的视频广告,也是当下最流行的视频广告形式。从模式上看,原生视频广告主要有两种:第一种是依附于大流量的平台,根据平台调性和内容制作的原生视频广告;第二种是制作好视频后,借助网红和社交平台形成大范围传播的原生视频广告。

复习与思考

1. 简述促销的概念。
2. 简述促销的作用。
3. 简述搜索引擎的定义。
4. 简述搜索引擎常见的平台。
5. 简述搜索引擎营销的推广手段。
6. 简述视频营销概念。
7. 简述如何制订视频营销方案。
8. 简述视频营销模式。

第 7 章　跨境电子商务产品渠道管理

教学目标

- 了解电子商务产品渠道的相关概念。
- 了解电子商务产品渠道的策略与类型。

学习重难点

重点
- 了解跨境电子商务产品开发的原则与方法。
- 了解跨境产品供应商的概念与作用。

难点
- 掌握渠道设计方案建设。
- 掌握电子商务产品渠道的选择。
- 掌握寻求电子商务产品供应商的方法。

案例导入

O2O 融合战略

在 2018 年以前的双十一期间，银泰百货的一些专柜会有一些告示牌提醒消费者柜台不接受纯试衣的行为，导购的服务因此受到一些质疑。这一现象的根源在于双十一期间有一些消费者在线下试衣后再到网上平台下单，以享受双十一的各类优惠打折活动，导致线下渠道的导购产生抵触情绪。这一情况在 2018 年以后得到彻底改变，因为天猫与银泰百货开展 O2O 融合战略，解决了线上线下渠道的冲突问题。

7.1　跨境电子商务产品渠道认知

7.1.1　渠道的相关概念、策略与类型

1. 相关概念

1) 渠道概念

渠道是指公司内部的组织单位和公司外部的代理商或经销商、批发商与零售商的结构。

2）渠道策略概念

渠道策略主要是指企业以合理地选择分销渠道和组织商品实体流通的方式实现其营销目标，其中包括对同分销有关的渠道覆盖面、商品流转环节、中间商、网点设置以及储存运输等可控因素的组合和运用。

3）营销渠道概念

营销渠道指从商品的生产者向消费者转移的方式和路径。美国经济学家菲利普·科特勒说过，营销渠道是指某种货物或劳务从生产者向消费者移动，从而取得这种货物或劳务所有权或帮助转移其所有权的企业或个人。营销渠道的起点是生产者，终点是消费者，参与者是商品流通过程中各种类型的中间商。现阶段营销渠道逐步以终端市场建设为中心，由机械化转向全方位化，渠道的格局也由单一转向多元化，并且渠道结构逐渐扁平化。

4）渠道层级概念

在商品从生产者向消费者转移的过程中，每一个对产品拥有所有权或负有推销责任的机构都叫作一个渠道层次。具体分为零级渠道、一级渠道、二级渠道、三级渠道等。零级渠道也叫直接营销渠道，商品由生产者直接销售给最终顾客。主要方式包括上门推销、邮购、电话营销、电视直销、互联网销售等。一级渠道则包括一个销售中间商；二级渠道、三级渠道同理类推。

2. 渠道策略

1）单一渠道策略

单一渠道策略指的是生产者只用一种营销渠道把商品销售出去，此渠道形式不利于企业整合中间渠道的优势，它的缺点很明显，容易导致信息流、物流、资金流受到限制，阻碍渠道功能的发挥。

2）多渠道策略

多渠道策略是指生产者利用多种营销渠道销售产品，充分发挥各个渠道的优势，能够更容易地销售产品。实行多渠道策略不仅可以加强市场渗透，而且可以提高潜在竞争者进入门槛。

3）全渠道策略

多渠道策略的问题是这些渠道经常单独使用，因此可能缺乏统一性和连贯性，对于消费者来说没有完美的体验。全渠道策略是指以消费者为中心，利用所有销售渠道，将消费者在各种不同渠道的购物体验无缝连接，可将消费过程中的愉悦性最大化。

课堂思考 7-1　你知道跨境电子商务企业如何进行营销渠道选择吗？

3. 渠道类型

1）线上渠道

互联网的发展带动了销售渠道的变革，在传统零售渠道的基础上出现了网络直销渠道、线上线下相结合的双渠道等销售模式。线上渠道作为一种网络电子商务营销渠道是跨境零售电子商务中传统的营销渠道，在跨境电子商务渠道模式下，消费者与商家之间通过网络平台进行密切联系。

2）线下渠道

为实现转型升级，更进一步满足消费者对产品质量的把控，提高消费者购买动机，可在线上渠道建设基础上开设线下实体店，从而形成跨境零售电子商务双渠道销售模式。通过建立线下店对产品进行引流，从而实现深层次的传播，满足消费者对产品质量的需求。

7.1.2 渠道设计方案建设

渠道设计是在细分市场、渠道定位和确定目标市场之后，建立新渠道或改善现有渠道的一系列过程。在渠道设计中需要考虑渠道之间的利弊，同时结合实际情况制定最适合企业、产品以及社会环境的营销渠道。渠道设计方案的制订有以下 7 个步骤。

1. 分析顾客需求

通过渠道建设，企业可以更好地了解消费者的需求，并提供符合其需求的产品和服务。首先，企业需要准确清晰地识别和判断消费者的需求，包括他们对产品特性、价格、品质、服务等方面的要求。这有助于企业有针对性地规划和实施相关的产品战略、服务战略和消费者关系战略。其次，通过大数据分析，企业可以识别并挖掘关键要素，了解消费者的购买行为、偏好和需求变化趋势。通过分析消费者的购买历史、浏览记录、社交媒体活动等数据，企业可以更好地了解消费者的需求，从而调整产品和服务的设计和推广策略。最后，企业需要对需求进行深层挖掘，准确定位优质消费者的需求。通过市场调研、消费者访谈、用户反馈等方式，企业可以深入了解消费者的心理需求、情感需求和个性化需求。这有助于企业精准定位目标消费者，并提供符合其需求的个性化产品和服务。综上所述，渠道建设的终极目的是为消费者提供产品和服务，通过准确清晰地识别和判断消费者需求，基于大数据分析识别并挖掘关键要素，对需求进行深层挖掘。企业可以更好地了解消费者的需求，并提供符合其需求的产品和服务。这有助于企业实施相关的产品战略、服务战略和消费者关系战略，提升消费者满意度和忠诚度，从而实现渠道建设的终极目标。

2. 确立渠道目标

确立渠道目标是渠道设计的重要一步，它需要与企业的发展规划和目标相结合。在确立渠道目标的过程中需要对目标进行细化，主要包括以下三个方面：首先，明确渠道管理活动的主要服务对象以及如何服务。企业需要确定渠道的主要服务对象是谁，例如是终端消费者、经销商、代理商等。同时，还需要确定如何服务这些对象，包括提供什么样的产品和服务、如何进行销售和营销等。这有助于企业更好地满足不同对象的需求，提升其满意度。其次，确定企业活动所要达到的经济利益指标。企业需要明确渠道设计的经济目标，如销售额、市场占有率、市场覆盖范围等。这些指标可以帮助企业评估渠道设计的效果，指导企业的经营决策和资源配置。最后，进一步确定目标消费者和渠道成员的满意度等。除了经济指标，企业还需要考虑目标消费者和渠道成员的满意度。通过调研和反馈，企业可以了解消费者和渠道成员对渠道设计的满意度，从而不断改进和优化渠道设计，提升其满意度。综上所述，确立渠道目标需要对目标进行细化，包括明确渠道管理活动的主要服务对象以及如何服务、确定企业活动所要达到的经济利益指标，以及进一步确定目标消费者和渠道成员的满意度等。这些细化的目标可以帮助企业更好地规划和实施渠道设计，使其能够达成公司整体规划。

3. 评估渠道方案

在设计营销渠道时，企业应该对可供选择的渠道进行评估，并根据评估结果选择最有利于实现企业长期目标的渠道。评估主要从经济性、可控性和适应性三个方面展开。首先，经济性是评估渠道方案的首要标准。不同渠道之间会由于差异性产生不同的经济效益。企业需要评估每个渠道的成本、销售额、利润等经济指标，以确定哪个渠道对企业来说是最具经济性的选择。经济性评估可以帮助企业合理配置资源，提高效益。其次，可控性是评估渠道方案的重要考虑因素。渠道的可控性能够保证企业的长期利益和实现营销策略。例如，企业需要考虑渠道的可控性，包括产品价格的可控性、渠道冲突的减少等。可控性评估可以帮助企业选择能够更好地控制和管理的渠道，以确保企业的长期利益。最后，适应性是评估渠道方案的另一个重要考虑因素。企业需要从供求双方的角度考虑渠道的适用性。例如，某些品类的消费者习惯于网上交易，某些类目的网络营销门槛很高。适应性评估可以帮助企业选择与目标消费者和市场需求相匹配的渠道，以提供更好的购物体验和满足消费者需求。

综上所述，企业在设计营销渠道时，应该对可供选择的渠道进行评估，并根据经济性、可控性和适应性等方面的考虑，选择最有利于实现企业长期目标的渠道。这样可以确保企业能够合理配置资源，提高效益，并满足消费者需求，实现营销策略的有效实施。

4. 选择渠道成员

选择渠道成员是指从众多相同类型的分销成员中选出适合企业渠道结构，并能有效帮助企业完成分销目标的合作伙伴。在进行渠道成员选择的过程中，需要明确选择机制，包括管理水平、经营理念、对新生事物的接受程度、服务水平等因素。首先，企业需要考虑渠道成员的管理水平。渠道成员的管理水平直接影响分销过程的效率和质量。企业应该选择具有良好管理能力和经验的渠道成员，能够有效地组织和管理销售活动，提高销售效率和客户满意度。其次，企业需要考虑渠道成员的经营理念。渠道成员的经营理念应与企业的价值观和战略目标相一致。企业应选择与自身理念相符的渠道成员，以确保双方能够共同合作，共同追求长期发展。此外，企业还需要考虑渠道成员对新生事物的接受程度。随着科技和市场的不断变化，新的销售渠道和营销方式不断涌现。企业应选择愿意接受新事物、具有创新意识和适应能力的渠道成员，以适应市场变化和满足消费者需求。最后，企业需要考虑渠道成员的服务水平。渠道成员的服务水平直接影响消费者的购买体验和满意度。企业应选择具有良好服务意识和能力的渠道成员，能够提供优质的售前咨询、售后服务和问题解决，以提升消费者的满意度。综上所述，选择渠道成员是为了建立长久的合作关系，能够更好地解决产品销售过程中的问题，并为消费者提供优质的服务。在进行渠道成员选择时，企业需要明确选择机制，包括管理水平、经营理念、对新生事物的接受程度、服务水平等因素，以确保选择到适合企业的合作伙伴。这样可以建立稳定的渠道网络，提升销售效果和消费者满意度。

课堂思考 7-2 你知道在选择渠道成员过程中应制定哪些标准吗？

5. 培训渠道成员

对渠道成员进行系统化培训可以确保他们与企业战略和价值观保持一致,从而为企业发展创造更大的价值。以下是对渠道成员进行培训的三个主要方面:首先,销售技能培训。这包括以消费者为出发点,培养渠道成员熟练运用互联网技术,了解网络营销渠道的运营技巧。渠道成员需要学习如何有效地推广和销售产品,如何与消费者进行有效的沟通和互动,以提高销售效果。其次,产品知识技术培训。渠道成员需要全面了解企业的产品知识和性能,掌握产品的优势和特点。他们需要能够为不同的消费者提供不同的产品解决方案,并能够及时解答消费者对产品的问题。通过产品知识和技术培训,渠道成员可以更好地推销和支持企业的产品。最后,团队管理培训。渠道成员通常属于一个团队,他们需要具备良好的团队合作意识和管理能力。团队管理培训可以帮助他们更好地协作和合作,促进团队的发展壮大。这包括培养团队成员之间的沟通和协调能力,解决团队内部的问题和冲突,以及激励团队成员的积极性和创造力。

通过对渠道成员进行系统化培训,企业可以确保他们具备必要的销售技能、产品知识和团队管理能力,与企业战略和价值观保持一致。这将有助于提高渠道成员的绩效和满意度,为企业发展创造更大的价值。

6. 处理渠道关系

渠道关系的处理对企业的发展至关重要。一个良好的渠道关系可以帮助企业扩大市场份额,提高销售额,增强品牌影响力,降低成本。而一个糟糕的渠道关系则可能导致销售下滑,合作伙伴流失,品牌形象受损。总之,渠道关系的处理需要企业注重合作伙伴的选择和管理,建立互信关系,共同发展,灵活应变,并建立长期合作关系。只有这样,企业才能实现自身的成长和发展。

课堂小贴士 7-1

在处理渠道关系时,企业应该考虑的问题

(1)区域协议。区域协议作为合作协议形式,是为促进企业产品经济发展和解决企业营销渠道冲突问题,对各渠道间的权益签订的协议。

(2)独家授权。独家授权指除了使用者,谁也不能使用此作品,除非经创作者同意,再次签订书面合同独家授权,也被称为专有使用授权、独占许可授权。面对线上线下渠道冲突时,应做好授权工作,明确权益归属。

(3)纠纷处理。渠道建设中会出现渠道冲突和纠纷,因此对于冲突和纠纷的处理非常重要。

---

7. 跨境电子商务渠道建设需要考虑的问题

跨境电子商务的发展促使很多企业开始进入国际市场,跨境电子商务渠道的建设可以提升企业跨境服务水平,创造更多价值,因此,市场领导者常依赖发展中国家的市场支持企业的成长。

课堂思考 7-3 你知道跨境电子商务渠道建设还面临着哪些困难吗?

> **课堂小贴士 7-2**
>
> **渠道冲突的表现**
>
> （1）不同渠道的窜货问题。比如跨区域销售导致价格混乱，进而导致中间商的利润受到损失。
>
> （2）物流配送问题。不同渠道之间的商品流通效率将会影响消费者对产品以及服务的满意度，各地的仓库配送成本存在很大的差异，没有形成统一的标准。
>
> （3）供应链的完整性问题。为保证不同渠道的货源充裕，保证供应链的完整性非常重要。完善供应链可以节约交易成本，给商家带来很大的利润。
>
> （4）消费者服务的统一性问题。对于渠道中的各种服务需要加强，通过提升品牌知名度提高消费者的满意度。

7.2 跨境电子商务产品渠道选择

7.2.1 加工制造渠道

卖家可以委托商品制造商加工制造产品。商品制造商既可以是国内的，也可以是国外的。相比国外制造商，国内制造商的成本低一些。加工制造商品渠道适合人群、优点、缺点、利润及风险如下。

1. 适合人群

加工制造的商品适合具有独特创意的产品或现有产品的变体，而且这种渠道适合已经验证过产品市场需求，并且对产品销售非常有信心的卖家。

2. 优点

（1）单价低：对于单价低的产品来说，加工制造无疑是最好的方法，这样可以获得较多的产品利润。

（2）品牌控制：加工制造意味着商家可以建立自己的品牌，不用受其他品牌规则的限制。

（3）价格控制：既然能够建立自己的品牌，就能够给自己的产品定价。

（4）质量控制：对于加工制造，商家可以有效地把控最终的产品质量，从而留住客户，这点跟代销和批发的商品不同。

3. 缺点

（1）最小订单量：制造商一般都有最低订单数量的要求，如果产品前期没有好的销售途径，商家对自己的产品销售没有信心和把握，大批量生产会带来大量库存积压，还有可能致使产品滞销。

（2）安全风险：如果事先没有完全掌握制造商的运营情况，有可能导致亏本。

（3）时间长：从产品原型到样品，再到细化和生产，会是一个较长的周期。如果是国外制造商，还会存在由于语言、距离、文化带来的障碍，从而有可能导致不能按时交货。

4. 利润

利润与合作的制造商有关。一般来说，商家自己拥有品牌产品的利润会比批发和代销产品的利润高。

5. 风险

制造商通常有最低订单数量的要求，一旦产品销量不好，会导致库存积压、资金供应链断裂。

一般而言，当自制/DIY产品开始有不错的销量之后，就可以转由制造商加工制造。这样卖家可以节省大部分时间，降低产品成本，从而获得更多的利润。

7.2.2 批发渠道

批发相对比较简单直接，从制造商或中间商那里以折扣价、批发价直接购买产品，再以更高的价格转售出去即可。和加工制造产品相比，批发产品的风险就低很多，因为批发的产品本身就有一定的知名度，没有设计加工的风险，最低订单量也比加工制造小得多，有时甚至1件也能批发。批发产品渠道适合人群、优点、缺点、利润及风险如下。

1. 适合人群

想尽快开始电子商务业务，或者想经营多种产品和品牌的卖家，批发会提供广泛选择产品的机会。

2. 优点

（1）品牌知名度：如果品牌事先已经有了一定的知名度，后期也会节省一些广告成本。

（2）库存压力小：批发的产品通常都是经过市场验证的，销售已经验证过的产品可以减轻库存压力。

3. 缺点

（1）缺乏特色：批发的产品不具有独特性，卖家在销售的同时，市场上有可能也有其他大量卖家在销售这款产品。因此，需要表现出自己的特色才能留住消费者。

（2）价格控制：一些品牌会对自己的产品强制执行价格控制。因此，在自主调价方面受到限制。

（3）库存管理：相对于加工制造，批发的最低订单量小得多。

（4）耗费精力：如果销售各种各样的产品，那么商家就需要花费更多时间在供应商管理上，从而耗费更多精力。

4. 利润

一般而言，批发类的产品会有50%左右的利润。

5. 风险

库存风险及同质化竞争风险较高。

7.2.3 代销渠道

代销是一种风险较低的方法,由供货商直接代发货,卖家不需要库存产品。卖家直接把客户订单和发货信息提供给供货商,供货商直接把货物发给客户,而卖家赚取的是供应价格和零售价格之间的差价。作为卖家,不用担心库存积压,甚至可以是零库存,这与传统的销售模式不一样,零售商自始至终与产品都没有实质性的接触。代销产品渠道适合人群、优点、缺点、利润及风险如下。

1. 适合人群

代销是电子商务生意起步的选择,适合不太注重利润率,不用管理库存,又想初步了解电子商务运营的人。如果卖家想以此模式运营,可以与提供该业务的制造商直接联系,或者与一些专门从事代销业务的电子商务平台合作。例如,World Wide Brands 平台是一个与数百家制造商合作的平台,卖家可以代销该平台上的数千种产品,无须与每个制造商保持联系。但是需要注意的是,虽然这些聚合平台能让卖家更容易销售各种产品,但往往会收取一定费用,很多平台需要缴纳会员费或注册费。

2. 优点

(1) 启动成本低:不需要购买产品。
(2) 低风险:没有库存积压风险。
(3) 便于管理:只要满足基本的条件,就能在任何地方轻松管理业务。

3. 缺点

(1) 竞争程度高:代销的产品一定会有很多竞争者,因为对供应商来说,代理销售的卖家肯定是多多益善的。
(2) 利润率低:因为赚的只是供应价格和零售价格之间的差价,所以利润率不会很高。

4. 利润

一般而言,代销的利润通常为 15%~20%。

5. 风险

代销产品风险相当低,因为不需要库存,也不用担心运费问题。但是,市场上以这种方式运营的卖家非常多,不仅竞争力度非常大,利润也比较低。

7.2.4 自制/DIY 渠道

自制/DIY 是很多手艺人和手工爱好者常用的方法。无论是珠宝类、时尚类的产品,还是天然护肤类的产品,自己生产的能够最大限度地把控它们的质量。不过,这类产品成本也会相对高一些,包括采购原材料、库存管理等费用。不仅如此,自制/DIY 产品还比较耗时,因为很难把控其质量,而且还很难进行规模化的生产。最重要的一点是,并非所有的产品都可以手工制作。自制/DIY 产品渠道适合人群、优点、缺点、利润及风险如下:

1. 适合人群

自制/DIY 产品既适合手工达人,也适合有自己独特的想法,并且有条件自己生产产品,有可用资源的卖家;同时也适合想要完全把控产品质量和品牌,初期投入相对较低的卖家。

2. 优点

启动成本相对较低:自制/DIY 产品不用像生产加工或批发那样大批量生产或购买,这样会使生产成本降低,而生产成本是电子商务运营起步时的主要成本。

(1)品牌控制:商家对自制/DIY 的产品可以创建自己想要的品牌,品牌的创建不受限制。

(2)价格控制:能够自主控制产品定位和价格。

(3)质量控制:可以严格把关产品质量,确保产品符合消费者的预期。

(4)灵活性:自制/DIY 产品能够为卖家的经营带来灵活性,受供应商控制较小,同时商家也可以自由把控产品质量、细节甚至整个运作流程。

3. 缺点

(1)耗时:自制产品是一个非常耗费时间的工程,如果卖家选择自制产品,那么花费在运营方面的时间就会大幅减少。

(2)规模性:当规模逐渐扩大时,自制产品的短板就会随之而来,虽然可以寻找制造商帮助生产,但手工制作产品批量生产的可能性太小。

(3)产品选择受限:潜在产品的选择会受到商家手艺和当前拥有资源的限制。

4. 利润

与其他货源渠道的产品相比,自制/DIY 产品的利润是相对较高的,因为商家可以自己控制成本和价格,但要谨慎考虑单位时间的产出效率。

5. 风险

风险低且不需要库存,卖家可以等接到订单后再开始生产。

自制/DIY 产品是美国非常流行的一种产品生产方式,许多电子商务公司创始人都是从他们的车库开始创业的,销售的正是自制/DIY 产品。

课堂小贴士 7-3

针对商品及其特点进行渠道选择

(1)产品没有具体实物——自制/DIY 或加工制造。
(2)资金不够——代销。
(3)其他品牌的产品——批发或代销。
(4)手工生产产品——自制/DIY。
(5)追求较高利润——加工制造。
(6)追求最低风险——代销。
(7)能够承受一定的风险——批发。
(8)能够承受较大的风险——加工制造。

7.3 跨境电子商务产品供应商选择

7.3.1 供应商的概念与作用

1. 供应商的概念

供应商是指为企业提供原材料、设备、工具、产品及其他资源的企业。

> **课堂小贴士7-4**
>
> **供应商评估鉴定的主要目的**
>
> 选择适合跨境电子商务企业的、稳定可靠的优质供应商,确保供应商能及时以最优成本提供符合质量和数量要求的产品和服务。

2. 供应商的作用

供应商管理是缩短供应链相应周期的重要环节,是跨境电子商务企业的难题之一。优质供应商可产生以下作用。

(1) 提高物流效率。物流是跨境电子商务企业经营的重点,优质供应商可以缩短供货周期,大大提高物流的整体效率,提升物流的速度。

(2) 降低运营成本。优质供应商可以帮助跨境电子商务企业节约各种成本,使跨境电子商务企业可以获得更优惠的价格,使产品更快、更有效地销售。

(3) 调节库存。库存也是跨境电子商务企业经营的关键点。企业的资金流动与正确的库存方式、库存数量、结构和分布直接相关。

(4) 提高企业竞争力。"真正的竞争不是企业之间的竞争,而是供应链之间的竞争",这句话也适用于跨境电子商务企业。

7.3.2 确定供应商类型

目前市场上的供应商众多,要做好选择供应商的工作,首先要对供应商进行分类。

1. 按照80/20原则分类

按照80/20原则,将供应商按照产品的重要程度划分为两类:重点供应商和普通供应商,即占80%价值的供应商(大约占总供应商数的20%)为重点供应商,而其余只占20%价值的供应商(大约占总供应商数的80%)为普通供应商。对于重点供应商,企业应投入80%的时间和精力进行管理与改进。这些供应商提供的产品为企业重点采购产品;而对于普通供应商则只需投入20%的时间和精力就足够了,因为这类供应商所提供的产品对企业的成本、质量和生产的影响较小。

2. 按照合作关系的深浅分类

按照采供双方的合作关系,按照由浅到深的次序,将供应商分为短期目标型、长期目标型、渗透型、联盟型和纵向集成型5类。

1）短期目标型

短期目标型是指采购商和供应商之间是交易关系，即一般的买卖关系。

2）长期目标型

长期目标型是指企业与供应商保持长期的关系，双方为了共同的利益对改进各自的工作感兴趣，并以此为基础建立起超越买卖关系的合作。

3）渗透型

渗透型是在长期目标型关系基础上发展起来的，其指导思想是把对方看成自己企业的一部分，相互的关心程度较上面两种都大大提高。

4）联盟型

联盟型关系是从供应链角度提出的，其特征是在更长的纵向链条上的管理成员之间的关系，双方维持关系的难度更高，要求也更严格。

5）纵向集成型

纵向集成型是最复杂的关系类型之一，即把供应链上的企业整合起来，使它们像属于一个企业一样。

7.3.3　寻找供应商的方法

如果卖家已经对供应商的优、劣势有所了解，可以通过以下几种搜索方式寻找供应商。

1. 谷歌深度搜索

谷歌和Bing都是好用且简单的搜索工具。通常来说，我们在搜索一个关键词时一般只注重第一页的搜索结果，但是很多供应商的SEO做得可能并没有那么出色，没有跟上互联网不断变化的搜索引擎优化规则，所以可能没有列在首页，这意味着卖家需要挖掘得更深一些，后面几页的搜索结果也不要忽视。除此之外，卖家还需要尝试各种关键词搜索，比如批发、批发商和经销商等词可以交换使用，每一种组合都需要尝试着去搜索。

2. 平台网站

有些资源可以从免费的平台和网站上获取，这些平台和网站囊括了无数供应商的信息。国内比较受欢迎的供应商网站有1688、AliExpress等；国外比较受欢迎的供应商网站有Thomas Net、Maker's Row、MFG、Kompass、IndiaMart、Bambify等。

除此之外，还可以从一些有关电子商务和制造商的报纸、杂志上获取信息，如Scotts Online Business Directory，该目录包含北美数百家制造商、批发商和分销商的资料。

3. 他人推荐——社交网络和论坛

互联网的力量非常强大，网络社交是现在年轻人非常喜欢的一种方式，有时候卖家找到潜在供应商的最佳来源可能是在社交网络和论坛通过别人推荐的。例如，LinkedIn就是一个很好的社交网络平台，里面有许多供应商的信息。

如果找到的供应商并不合适，也可以请社交网络的人推荐。

4. 其他搜索建议

除了搜索产品名称，也可以搜索产品的 NAICS 代码，这是北美行业的分类系统，几乎每一个行业和产品都有一个 NAICS 代码。优势制造商和供应商通过 NAICS 代码列出它们的产品，特别是使用专业目录，商家会更容易找到产品的制造商和供应商。NAICS 目录可以在图书馆或网络上找到。

7.3.4 供应商询价

询价是相对简单的过程，但卖家需要确定关键问题，这样可以提高对方的回复率。一般而言，供应商询价的内容主要包括以下 6 点。

1. 最低订单量

卖家先要了解供应商可以接受的最低订单量，产品和供应商不同，最低订单量也不一样。一般而言，最低订单量是可以协商的。

2. 样品定价问题

有的供应商可能会以零售价作为样品的价格，有的供应商可能以折扣价作为样品的价格，甚至还有的供应商会免费提供样品。

3. 产品定价问题

产品定价直接关系到利润问题，因此非常重要。

4. 产品周转时长

卖家要知道产品的周转周期是多久，比如从订单开始至发货到卖家仓库需要多久，这样才能严格把握店铺运营进程。

5. 付款方式

库存成本是卖家需要控制的主要成本之一。有的供应商会要求卖家支付前期的全部订单费用，这样需要确认后期的付款条款。

6. 注意与供应商的沟通方式

发邮件给供应商不一定都会得到回复，因为很多供应商都收到过轮番轰炸的询价邮件，因此供应商并不会一一回复。那么，如何避免邮件被忽视呢？在第一次联系供应商时，卖家要注意以下几点。

（1）用私人电子邮件。供应商每天都会收到大量的邮件，想要得到其回复，普通的发邮件方式肯定不适合，卖家可以使用自己的私人邮箱发送，从而提高供应商回复的概率。

（2）第一封邮件清晰简洁。第一封邮件不需要赘述，简洁明了地表达发邮件的目的，聚焦供应商关心的事情即可。

（3）避免提出的要求过多。第一次邮件交流，相互都是不熟悉的状态，卖家最好只询问最想了解的事情。

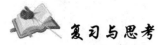

复习与思考

1. 简述渠道的概念。
2. 简述渠道的类型。
3. 简述渠道设计方案的步骤。
4. 简述跨境电子商务产品渠道选择的方法。
5. 简述供应商的概念。
6. 简述供应商的作用。
7. 简述寻找供应商的方法。

第8章 跨境电子商务营销与策划

 **教学目标**

- 了解营销策划的定义与特点。
- 了解品牌营销的定义。
- 掌握产品的概念。
- 了解活动营销的概念。

 学习重难点

重点
- 营销策划的作用。
- 跨境电子商务品牌的认知。
- 产品策略。

难点
- 能够策划跨境网络品牌营销方案。
- 能够策划跨境网络产品营销方案。
- 能够策划跨境网络活动营销方案。

 **案例导入**

跨境电子商务进口零售中的走私案例

跨境电子商务进口零售商品是当前比较热门的贸易模式,很多企业已经或者正打算进入这个贸易领域。跨境电子商务进口零售的海关监管模式,目前分析来看,主要介于行邮模式和一般贸易之间,这几年做了若干次调整(参见《2018跨境电子商务海关监管政策解读》一文,本文不作赘述),目前在直购进口(监管代码为9610)、保税网购模式(监管代码为1210)(以上两种方式下文统称"跨境电子商务监管方式")下,通过跨境电子商务进口零售商品能够享受较一般贸易更为优惠的进口税率,和更为便利的贸易管制措施。但是需要指出的是,经营跨境电子商务进口零售业务依然应当符合现行海关等政府部门的监管要求,跨境电子商务进口零售也不等同于"海淘代购"。违反监管要求,就会触犯法律的红线,构成违规甚至走私行为,这方面的合规风险是旨在从事跨境电子商务进口零售业务的企业需要高度重视的话题。汇业海关律师团队结合典型的跨境电子商务走私违规案例,分析跨境电子商务零售进口环节需要关注的问题。

1. 申报不实

跨境电子商务零售进口实际上也归属于进口贸易的一种形式，因而在一般贸易申报中的违规行为，亦普遍存在于跨境电子商务的零售进口申报环节，比如向海关申报的品名、数量与实际进出口情况有差异，海关监管商品的遗失等：

2017年11月16日，某跨境电子商务有限公司以保税电商A方式向海关申报进口洗手液，申报税号34022090，申报数量46 656瓶，申报总价人民币699 840元。经查，当事人实际进口货物为化妆品，应归入税号3304990011，数量46 656瓶，实际成交价格为人民币1 400 955元。

海关根据《海关行政处罚实施条例》第十五条第（二）项的规定，决定对当事人科处罚款。

分析：本案是一典型的申报不实违规案件，涉及品名与价格的申报不实，品名申报不实，可能涉及关税税率的差异，从而漏缴关税；价格申报不实也可能导致漏缴关税。即使申报不实没有涉及关税的漏缴，也可能因为错误申报被定性为影响监管秩序。这类型案件也比较多地发生于一般贸易进出口情形中。

2. 进口商品不适用跨境电子商务模式

跨境电子商务监管方式下，进口物品可以享受更为优惠的税率和贸易管制要求，但正因如此，监管中也规定了非常严格适用前提，目前主要通过《跨境电子商务零售进口商品清单》对允许以跨境电子商务模式进口的商品给予明确列名，未在《跨境电子商务零售进口商品清单》的商品不能适用跨境电子商务监管方式：

某海关于2017年11月26日对当事人进口商品进行查验时，发现以直邮跨境电子商务模式进口的商品包含创口喷雾、脚气、静脉曲张片等药品。该批药品不属于跨境电子商务正面清单的范畴，属于国家限制进出口的物品，且当事人未提供进口药品和销售药品的许可。

当事人进口国家限制进口的商品未提交许可证件，根据有关法律规定，海关决定对当事人涉案进口商品不予放行，并处以罚款；另，根据《中华人民共和国海关行政处罚实施条例》第五条规定，责令当事人提交涉案商品进境许可证件。

分析：本案当事人按照跨境电子商务直购进口方式申报，而商品却属于正面清单之外的品种，本身已经不符合跨境电子商务监管方式的规定，而且其进口的药品本身具有贸易管制的要求，因此按照有关规定不予放行，并给予行政处罚。

值得注意的是，虽然《零售进口商品清单》的货品名称是比较清楚的，但是进口之前至少要重视两方面问题：一方面，清单货品名称对应的"备注"项目，这些"备注"的内容实际上是对清单列名的货品做了例外规定，比如：规定货品仅限网购保税商品，即这些商品不能通过直购进口方式进口；再如：规定货品不能列入《进出口野生动植物种商品目录》，即列入该目录的货品不能通过跨境电子商务方式进口，由此看来符合备注要求是适用清单货品的前提条件。

另一方面，清单货品名称对应的税则号列也可能具有货品排除规定。《零售进口商品清单》注2中明确规定"表中货品名称为简称，具体范围以税则号列为准"。换言之，从对货品的精确定义而言，税则号列比货品名称具有更高的优先级。税则号列中排除的货品当然也不能按照跨境电子商务监管方式进口。

3. 通过跨境电子商务零售进口方式从事二次销售

跨境电子商务监管方式要求在进口环节向海关申报的收货人应为个人消费者,如果收货人为中间商、批发商、零售商等,则不能按照跨境电子商务监管方式进口,一般应以一般贸易方式进口,全额缴纳进口税款,并按照贸易管制规定提交许可证件。因为在跨境电子商务监管方式下,可以享受税收及贸易管制的优惠,因此,如果明明应该是按照货物贸易进口的货物,假借跨境电子商务监管方式进口,则可能涉及偷逃进口税款和逃避贸易管制的走私违规。

某公司于2016年1月至4月在开展跨境贸易电子商务的过程中,法定代表人、被告人A为谋取非法利益,决定利用事先获得的公民个人信息,采取指使公司员工虚构交易订单的方式,以跨境贸易电子商务的名义申报进口纸尿裤等货物,再批量销售给他人。经海关核定,被告单位采取上述方式走私进口货物9票,偷逃税款共计1 280 675.19元。法院一审判决认定A的行为构成走私普通货物,依法均应予以惩处。

分析:从案情来看,该公司是在进口货物后先在境内囤货,再销售给他人的模式,该公司实际上属于批发商,当然不可能是进口商品的最终消费者,但是该公司却利用跨境电子商务监管方式虚构订单,套取跨境电子商务进口商品,再批量销售给他人,属于明令禁止的"二次销售"行为,当事人存在故意逃避海关监管并进行非法牟利的情节。而选择以跨境电子商务监管方式代替一般贸易进口,就会存在进口商品的税差,即偷逃进口货物的税款,在数量达到法定金额时,即构成走私普通货物罪。

8.1 跨境电子商务营销策划概述

8.1.1 营销策划的定义与特点

1. 营销策划的定义

营销策划是指为整个企业、企业的某一商品或企业的某一次营销活动做出的计策谋划和计划安排,是对企业将要发生的营销行为进行的超前计划和决策。

营销策略策划是营销策划的核心内容。其功能是挖掘各种产品的发展潜力以及促成企业产品的最佳组合,主要包括产品策划、价格策划、渠道策划和促销策划。

要准确地理解营销策划的定义,必须掌握营销策划的几个要点:营销策划是一种超前计划和决策;营销策划集策略性和技巧性于一体;营销策划是解决营销过程的创意思维;营销策划是:杰出的创意×实现的可能性=最大的预期效果。

企业营销策划是企业对将来要发生的营销行为进行的超前计划和决策,是一套有关企业营销的未来方案。因此,它首先必须以未来的市场趋势为前提,然后才能提出适合未来的操作计划。

营销策划是一种超前计划和决策,不可能详尽地预测未来的一切因素,因此必然会出现方案与现实脱节的情况。事实上,任何策划方案都是不完善的,都需要在实施过程中根据实际情况加以补充和完善。于是，营销策划就必须包括超前设计部分与未来完善部分两部分内容。只有将两部分合二为一，营销策划才会实现预期的效果。

2. 营销策划的特点

1）主观性

我们知道，营销策划自始至终都是人脑在参与。它建立在人脑对未来预测的基础上，是客体作用于主体后所形成的主观产物，这就决定了营销策划的主观性。

虽然，营销策划所依据的信息都是客观的、现实的，但经过人们主观的理念加工，就有了主观的烙印，表现为以下几点：不同个体对同一个信息的认识是有个体差异的；不同个体对同一信息的处理不同；在不同的情景下，同一主体对同一事物有不同的看法；同一个体对同一信息处理在不同的情景下也会不同。

2）超前性

策划的超前性主要表现在以下几点。

（1）营销策划是对未来环境进行判断并对未来做出安排的一种超前行为。

（2）营销策划是一种决策。收集现实世界的各种资料进行抽象思考，并通过一定的逻辑推理和创意对未来营销行为做出决策。

（3）营销策划也是一种安排。就是"计划"的意思。营销人员要通过一定的方式将判断付诸行动，形成有针对性的操作程序，使创意这一闪光的"火花"在安排和计划中发出耀眼的光芒。

3）复杂性

营销策划是一项系统工程，是非常复杂的智力工作。这主要表现在以下三个方面。

（1）营销策划需要大量的理论和间接经验的投入。一项优秀的营销策划方案是大量的经济学、管理学、市场学、商品学、心理学、社会学、文化学、策划学、营销学等多学科知识的综合运用和融会贯通，并且要求这些知识要能够非常灵活地与策划知识结合起来，这对营销策划者来说是一个复杂的过程。它至少包括下列两层含义。

① 作为一名优秀的营销策划者，必须具有广博的知识储备，需要对策划和营销知识有深刻的了解和领悟，其中关键一点是要有创造性思维。

② 这些知识和创造性思维能够转化为营销活动。仅有知识是不够的，还需要把这些知识消化并灵活地运用到实际的策划活动中，才能策划出一流方案。

（2）营销策划需要大量的当前知识和直接经验。营销策划过程是一个动态的过程，需要与当前的形势和环境紧密结合，而非纸上谈兵。其原因可概括为如下几点。

① 以前的知识和间接经验具有一定的滞后性。

② 优秀的营销策划创意来源于现实，是对现实大量信息的占有、分析和提炼。

③ 营销策划是对未来的规划。因此，要求营销策划人员具有大量的直接营销经验，需要他们对当今的市场状况有具体、全面、系统的认识和理解。

（3）营销策划是一个庞杂的信息处理过程。

① 在着手准备时，便要积极主动地收集信息。它包括各方面的信息，如政治信息、经济信息、法律信息、文化信息、市场信息、商品信息、消费信息、价格信息等。它们既可

以是当前的直接信息,也可以是过去的间接信息。然后对这些信息进行筛选,并对有价值的信息进行加工处理。

②在收集信息的过程中,要注意如何收集信息、收集什么样的信息、筛选什么样的信息、用何种标准筛选、选出的信息怎样处理等一些问题,最后还要检验信息处理的结果。这一切都是十分复杂的劳动。

总而言之,营销策划是一项复杂的高智慧脑力劳动。营销策划人员不仅要分析和处理大量的营销信息,还要进行策划创意,做出新颖并且行之有效的方案。

4)创造性

策划是创造性的思维活动。创造性思维是一种复杂的辩证思维过程,它具有不同于其他思维的特征。这主要体现在以下几个方面。

(1)积极的求异性。创造性思维往往表现为对常见的现象和权威理论持怀疑、分析的态度,而不是盲从和轻信。

(2)敏锐的洞察力。在观察过程中,分析事物的相似与相异之处,发掘事物之间的必然联系,从而做出新的发现和发明。

(3)创造性的想象。这是创造性思维的重要环节,它不断创造着新表象,赋予抽象思维以独特的形式。

(4)独特的知识结构。这是创造性思维的基础。

(5)活跃的灵感。这是创造性思维突破的关键,可以产生意想不到的效果。

其实策划的过程就是创造性思维发挥的过程,或者说是创造性思维与策划活动的结合过程。创造性思维是策划生命力的源泉,贯穿于策划活动的方方面面和策划过程的始终。

8.1.2 营销策划的内容

营销策划的内容十分广泛,按照不同的分类标准可以分为不同的类别,但其内容主要包括营销组合策划、营销定位策划、企业形象策划、服务营销策划、网络营销策划等。

1. 营销组合策划

营销组合策划是指传统的 4P 及其策略策划,具体内容分述如下。

(1)产品策划。作为营销组合第一位的产品因素,其策划对企业的成败有着决定性作用。产品策划主要解决企业能否推出满足消费者需求的产品,包括产品的开发、设计、品牌、包装、商标、管理等一系列的策划。企业如果拥有完善的系统的产品策划,就等于成功了一半。

(2)价格策划。价格是企业和消费者比较敏感的话题,成功的价格策划能激发消费者的购买欲望,为企业带来可观的利润。

(3)渠道策划。产品从生产者到消费者的过程是通过分销渠道实现的。成功的分销渠道策划可能会给企业带来滚滚财源。

(4)促销策划。促销是营销组合之一,它的利用可以极大地促进销售,它包括公关策划、广告策划、商场促销策划和推销策划。

2. 营销定位策划

定位是20世纪70年代美国的两位营销专家艾·里斯（Al Rise）和杰克·特劳特（Jack Trout）提出的概念，即把产品定位在潜在顾客心中，或者说利用广告为产品在消费者的心中找一个位置。后来，现代营销学之父菲利普·科特勒把"定位"这一概念引入营销领域。一般来说，一个好的定位可以使企业深入人心，达到快速传播的目的。

3. 服务营销策划

科特勒曾经指出，服务营销将是未来营销管理和市场营销学研究的重要领域之一。目前，随着经济全球化和知识经济的到来，服务业已成为全球的第一大产业。在发达国家，服务业所创造的价值已占到国内生产总值的61%，在美国更是占到了75%，而服务营销及其策划也伴随着服务业的发展日益受到重视。

4. 企业形象策划

企业形象策划有两层含义，一是指企业形象，二是指企业识别。一般情况下，我们较多地理解为前一种。优良的企业形象是企业追求的目标，而企业识别则是建立并传达企业形象的手段。这正是为什么一看到大写的M，我们就会想起麦当劳，一看到白鹤，我们就会想起白沙集团的缘故。

5. 网络营销策划

随着信息技术的进步和网络的发展，作为电子商务内容之一的网络营销异军突起，已成为营销学研究的重要内容之一。在网络化的今天，一个良好的网络营销策划可以成就一个企业，因此，网络营销及其策划已是众多企业家研究的热门话题之一。

8.1.3 营销策划的作用

1. 营销策划能使企业正确实施营销策略而战胜危机

任何一家企业在市场活动中都需要面对种种竞争和挑战，难免会在某些时候处于劣势，处于竞争中的不利位置。这时就需要一个完整、系统的营销策划，使企业绝处逢生，化劣势为优势。

2. 营销策划能使企业更好地进行市场定位

营销观念发展至今，已进入了大营销时代。在今天，企业首先要做的是细分市场，找出自己在市场中的位置，并做好市场定位，再借助各种营销组合和营销策略占领市场。

在这个过程中，企业需要营销策划。现代的营销策划，其基本任务是找到市场的空当，为企业确立一个生存和发展的空间，并根据市场定位开展相应的营销活动。有时候，优秀的营销策划能发掘新的市场需求，开发新的市场，这在当今的营销活动中已屡见不鲜。

3. 营销策划能使企业提高营销活动的计划性

营销策划有一定的计划性，中间包含一定的计划方案。一旦确定了未来营销活动的计划方案，企业的营销活动就变得井然有序，未来的营销操作也就有计划可依，从而使整个营销活动有条不紊地进行。

4. 营销策划能在一定程度上降低营销费用

任何一次营销活动都需要投入大量的营销费用，而如果进行营销策划，则能够对费用的支出做最优化组合安排，从而能够避免盲目活动所造成的巨额浪费。据美国布朗市场调查事务所统计，有系统营销策划的企业比无系统营销策划的企业在营销费用上节省 2/5 到 1/2。

8.2 跨境电子商务品牌营销方案的策划

8.2.1 跨境电子商务品牌管理概述

品牌是一种产品综合品质的体现和代表，当人们想到某个品牌的同时总会和时尚、文化、价值联想到一起，企业在创造品牌时不断地创造时尚，培育文化，随着企业的做大做强，不断从低附加值向高附加值升级，向产品开发优势、产品质量优势、文化创新优势的高层次转变。

1. 跨境电子商务品牌相关概念

1）品牌

广义的品牌是具有经济价值的无形资产，是用抽象化的、特有的、能识别的心智概念表现其差异性，从而在人们的意识中占据一定位置的综合反映。品牌建设具有长期性。

狭义的品牌是一种拥有对内对外两面性的"标准"或"规则"，是通过对理念、行为、视觉、听觉四个方面进行标准化、规则化，使之具备特有性、价值性、长期性、认知性的一种识别系统的总称。这套系统我们也称之为企业形象识别系统（corporate identity system，CIS）。

现代营销学之父菲利普·科特勒在《市场营销学》一书中对品牌进行了定义，品牌是销售者向购买者长期提供的一组特定的特点、利益和服务。

2）品牌营销

品牌营销简单地讲就是把企业的产品特定形象通过某种手段深刻地映入消费者的心中。品牌营销是指企业通过利用消费者对产品的需求，用产品的质量、文化及独特性的宣传创造一个牌子在消费者心中的价值认可，最终形成品牌效益的营销策略和过程，是通过市场营销运用各种营销策略使目标消费者形成对企业品牌和产品、服务的认知—认识—认可的一个过程。品牌营销的关键点在于为品牌找到一个具有差异化个性、能够深刻感染消费者内心的品牌核心价值，它让消费者明确、清晰地识别并记住品牌的利益点与个性，是驱动消费者认同、喜欢乃至爱上一个品牌的主要力量。

品牌营销的前提是要保证产品的质量，这样才能得到消费者的认可。品牌建立在有形产品和无形服务的基础上。有形产品是指产品的包装新颖、设计独特及名称富有吸引力等。而无形服务是指在销售过程中或售后服务过程中给消费者满意的感觉，让他们体验到真正做"上帝"的幸福感，让他们始终觉得选择买这种产品的决策是对的，买得开心，用得放心。

从现在的技术推广手段来看，目前市场上的产品质量其实都差不多，从消费者的立场看，他们看重的往往是商家所能提供的服务多寡和效果如何。从长期竞争角度来看，建立品牌营销是企业长期发展的必要途径。对企业而言，既要满足自己的利益，也要顾及消费者的满意度，注重双赢，赢得终身消费者。

3）跨境电子商务品牌认知

从跨境电子商务的角度来看，一个成功的品牌至少包含以下两个方面的内容。

第一，具有较高的品牌溢价能力。一个没有品牌溢价能力的产品无法带来较高的利润，也无法弥补在研发、管理、营销方面的投入。

第二，对渠道的控制能力。由于亚马逊平台以产品为主导而非以店铺为主导，加上平台定位的关系，所以其目前是最适合做品牌的企业。

目前，我国跨境电子商务出海的渠道首选依然是亚马逊，这也造成了很多品牌对亚马逊渠道非常依赖，甚至在离开亚马逊平台后根本无法销售。一个成功的品牌，其销售渠道应该是立体全面的，不管是线上的亚马逊还是线下的沃尔玛，都能让消费者认知并认可。企业是否要将产品品牌化，还要回到企业本身，一方面，跟企业背景有关系，包括创始人的背景、资本背景，创始人是否愿意放弃海量铺货这种低利润赚钱快的模式，下决心转变模式是决定企业做品牌能否成功的因素之一。另一方面，创始人的能力问题，例如，Anker的创始人是谷歌前任工程师，对搜索算法、搜索引擎推广等肯定比国内传统外贸转型做电子商务的人更专业，所以 Anker 品牌在站内外推广营销方面一直做得非常好，品牌的认知度比较高。此外，还有一个非常重要的因素——资金。做品牌的前期需要非常大的投入，包括对品控的管理、营销的投入、人才的招募等，但由于品牌培育需要一段时间，这个时候企业的毛利和净利可能下跌，甚至亏损，如果没有足够的资金支持，对企业来说是非常困难的。

2. 跨境电子商务企业品牌管理现状

近年来跨境电子商务发展迅猛，跨境电子商务企业通过提升供应链与库存管理，提高支付的可靠性与便捷程度，强调品牌的健康、环保、可持续发展等伦理价值。新兴业态不断涌现，众多新的品牌在迅速崛起。

跨境电子商务与国内电子商务相比，品牌管理的难度显著提升，主要原因包括以下几点。多数员工不能熟练掌握外语，尤其是目标市场的外语，造成沟通障碍；即使可以通过翻译工具或专业翻译人员的协助进行沟通，许多文化差异也令品牌管理步履维艰；不同国家的消费者对消费者支持功能的期待可能各不相同，导致企业无法使用同一标准满足不同需求；一些市场的电子支付技术高度成熟，而另一些市场则达不到同样的条件，极大地限制了购买意愿；等等。

1）国际企业的品牌管理

虽然行业、市场各不相同，但在跨境电子商务中取得成功的国际企业在品牌战略上呈现一些共性。首先，由于国际企业的产品组合丰富，品牌资产储备雄厚，管理者通常不会盲目将本国市场热卖的产品原封不动地搬向海外，而是先谨慎地了解其他市场的具体需求。

其次，国际企业会非常全面地分析目标市场本土的竞争对手。为了克服客场作战的弊端,还会通过入股、合资等方式,将自身的优势资源与当地的强势平台或企业进行整合,从而加快市场准入,加快经验曲线的进程,减少不必要的摩擦,分担成本与风险。

最后,国际企业会大刀阔斧地推进产品和品牌的全面本土化进程。从品牌形象、产品研发到仓储物流、营销推广,甚至风土人情、文化习惯,哪家企业能够更快地融入当地市场,接近当地消费者,就能更快地取得成功。

2)中国跨境电子商务企业的品牌管理

在参与跨境电子商务业务的初期,多数中国企业主要靠成熟的国内供应链和相对低廉的价格,通过价格便宜、量又足的老办法赢得海外市场,通过打造爆款产品,创造大量利润,其原理与购买彩票无异。而且,爆款产品缺乏规律,消费者黏性不强,随着国内原材料、土地、人力等成本不断攀升,打造爆款产品的难度越来越高。

近年来,跨境电子商务的外部环境发生剧变,早期的粗放型品牌管理方法不再适用。2021年是"中国制造"出海转向"中国品牌"出海的关键节点。跨境电子商务品牌建设不仅能够提高消费者忠诚度,通过品牌溢价提升企业盈利空间,而且品牌也能够较好地应对疫情、政治经济波动等国际市场常见的风险因素。

> **课堂小贴士 8-1**
>
> **不同类型跨境电子商务的业态品牌管理**
>
> (1)产品导向独立站:由于依靠强势单品,品牌形象是产品立足的唯一法门,因此品牌管理较为规范,水平较高。
>
> (2)品牌导向独立站:由于围绕单个独立站运营,消费者黏性和产品力都比较重要,因此品牌管理力度相对较大,用于减少消费者流失和保证品牌形象。
>
> (3)平台卖家:通过亚马逊等平台起步,依赖消费者黏性,产品可能存在良莠不齐的现象,品牌管理理念刚刚成形。

3.跨境电子商务企业品牌管理误区

跨境电子商务企业在进行理论与实践的结合时,会走入以下误区。

1)品牌维度

对于很多规模较小的跨境电子商务企业而言,不重视品牌管理,单纯依靠电子商务平台的消费者数量进行产品推广,其后果是消费者流失、利润率下降,前文已有探讨,不再赘述。

近年来,品牌管理强调"品牌就是讲故事",利用叙事吸引消费者的注意力。由于消费者厌倦机械单调的广告宣传,对于品牌背后引人入胜、曲折动人的品牌成长经历更加认可,很多跨境电子商务企业也采用类似的方式,在海外市场进行讲故事式的品牌宣传与推广。

这种品牌建设策略在本土市场可能非常奏效。但对于跨境电子商务而言,试图利用品牌故事一蹴而就的企划可能事倍功半。一方面,多数品牌管理者能够根据本土消费者的品位和喜好,设计出脍炙人口的品牌故事,甚至成为病毒营销的范例;但大多数人并无长年旅居海外、深刻理解目标市场文化的经历,本土的品牌故事可能在海外并不受欢迎,反而令消费者觉得与自己的身份、喜好相差更远。另一方面，品牌故事可能会吊起消费者的胃口，造成过高的期待，一旦产品体验不尽如人意，可能造成反效果。

因此，对于大多数跨境电子商务品牌而言，脚踏实地地以优越的产品和服务为品牌铺垫，才是较为稳妥的品牌战略。

2）消费者维度

传统市场营销理论认为，成功的品牌可以根据地域、人口特征等原则对市场进行细分。这种做法对于传统行业而言简单易行，而从消费者维度出发，这样的做法是跨境电子商务企业容易走入的第一个误区。因为对消费者的诠释过于机械，可能给品牌管理带来误导。

3）产品维度

传统的企业国际化理论认为，进入国际市场的路径主要有两条：全球战略意味着企业试图以技术和成本优势孕育具有卓越质量与性能的产品，通过将该产品投放全球市场，尽快完成供应链的全球化；而本土战略则意味着企业以人力资源和文化优势，为不同的国家、地区、族群量身打造不同的产品，从而最大化市场份额和消费者黏性。

因此，管理者可能会依靠价格低廉的产品实施全球战略，或深耕部分地区市场（北美、欧洲、日韩、东南亚等），实施本土战略。这种做法从市场营销学角度而言无可厚非。但传统行业参与竞争的企业数量往往有限，实施不同战略的企业可以各自找到自身的比较优势和细分市场；而跨境电子商务参与竞争的企业数量相对而言非常多，定位各不相同，因此成本优势较传统行业更难体现。同理，跨境电子商务和本土电子商务相比，物流成本更高，产品文化障碍更多，支付方式可能更加繁复，更难与本土企业竞争。

因此，跨境电子商务企业不能盲目实施全球或本土战略。对于垂直品类品牌而言，打造有独特功能的强势单品是取得成功的第一步。而全品类品牌则不宜全面上架所有产品，而是应当理性估计产品生命周期，策略性、周期性上新，与本土企业实现差异化竞争，抓住特定消费者群体提高黏性，拉动销售。

8.2.2 跨境电子商务品牌策划

品牌是一种产品综合品质的体现和代表，当人们想到某个品牌的同时总会和时尚、文化、价值联想到一起。企业在创造品牌时不断地创造时尚，培育文化。企业随着做大做强，不断从低附加值向高附加值升级，向产品开发优势、产品质量优势、文化创新优势的高层次转变。

1. 跨境电子商务品牌定位

1）跨境电子商务品牌定位的概念

跨境电子商务品牌定位是对跨境电子商务品牌进行设计，使其能够在目标消费者心智阶梯中占据独特的、有价值的和不可替代的有利地位的行动。对跨境电子商务企业而言，即通过品牌定位明确企业的核心竞争力，在众多的品牌中实现区隔，鲜明地建立品牌。站在消费者的角度来说，就是通过品牌定位使得消费者对产品、跨境电子商务企业产生感性和理性认知，给消费者相信品牌的依据，提醒或者告诉消费者自己的诉求是什么，并且传递本品牌能够满足的其诉求的信息。当消费者产生需求时，会无意识地将该品牌作为首选，因为该品牌已经在消费者心智中占据了有利地位。跨境电子商务的品牌定位相较于普通的品牌定位更为复杂，跨境电子商务是跨越国际的，商家依附于网络进行跨境销售，使得跨境电子商务品牌定位需要考虑消费者全球性、非中心化等特征。

> **课堂小贴士 8-2**
> **跨境电子商务市场定位、产品定位、品牌定位的相关解读**
>
> （1）市场定位。市场定位是竞争格局层面的，定位企业在哪个层面竞争，与哪些人竞争。
>
> （2）产品定位。产品定位是价值层面的，是针对产品展开的，其核心是产品提供什么价值。
>
> （3）品牌定位。品牌定位是心智层面的，用来满足消费者的情感需求，确定品牌在目标消费者心智中占据什么地位。

2）跨境电子商务品牌定位的意义

跨境电子商务品牌定位的意义有以下 5 点。

（1）有利于开发市场和争夺市场。任何品牌经营的首要任务都是品牌定位，一个成功的跨境电子商务品牌定位对企业占领目标市场、拓展市场具有很大引导作用。跨境电子商务品牌的定位简单来说就是通过对目标消费者的分析，在目标消费者心智中占据优势地位，使目标消费者接受和认可品牌。

（2）有助于为营销整合打下基础。索尼公司副总裁 Michael Lang 认为"整合营销理论一直都在，而且也必将继续以如何为产品建立更具特色的品牌形象和市场营销研究为方向而努力"。营销整合的目的在于将品牌形象传递给消费者，而品牌形象的建设是对品牌定位的系统性表达，因此营销资源的整合必须围绕品牌定位，并以此为出发点。

（3）有利于塑造跨境电子商务的"品牌基因"。品牌基因就是品牌个性。跨境电子商务品牌定位不但有利于向消费者传递个性化的需求选择，也有利于品牌个性的塑造。品牌基因是品牌区别于其他品牌最直观、最鲜明、最根本的竞争优势，同时也肩负着展现品牌活力、丰富品牌意象、强化消费者购买动机的职责。

（4）品牌定位能够避免品牌形象模糊。品牌国际化形象设计的前提就是确定自己的精准定位，这是跨境电子商务企业面临的首要问题。

（5）有助于与消费者沟通。跨境电子商务品牌定位说得通俗一点就是跨境电子商务企业在进入他国市场之前，弄明白"自己是谁、该怎么做、做什么才能占领市场或实现本土化"的过程。

3）跨境电子商务品牌定位的原则

跨境电子商务品牌定位的原则有以下 6 点。

（1）可执行性。品牌定位无论怎么设计，都一定要考虑一个重要的因素，那就是可执行性。在对跨境电子商务进行品牌定位时总的指导原则就是"不好高骛远、不妄自菲薄"，要充分考虑企业自身的资源条件，以优化配置和合理利用企业资源为宜，恰如其分地进行品牌定位的设计，强调品牌定位的可执行性，不盲目攀比行业成功品牌，追求过高的定位，造成资源的浪费，同时也不过于自谦自贱，造成资源的闲置。

（2）相对稳定。当一个品牌在消费者心中留下了深刻的印象之后，其品牌形象在消费者的心中便不易改变，因为人们最开始获得的印象总会更深刻。

（3）符合目标消费者特性。对跨境电子商务品牌进行定位的过程其实就是将品牌的利益点与目标国家或地区消费者的需求构建连接，服务目标消费者群体的过程。

（4）诉求集中。综观成功的品牌定位，往往简明精练，也不存在隐喻让消费者去探索、猜测。对于消费者来说，往往是越简明扼要、朗朗上口，越能占领其心智。

（5）匹配产品特性。产品是品牌的物质载体，品牌是产品的意识体现和形象化身，两者之间存在着紧密的依存关系。品牌给产品赋予一些精神的、心理的、社会的价值或信息，使之更具有竞争力。品牌通过产品走进消费者的生活，扎根于消费者心中。同时，品牌也需要产品对其形成强有力的实证性支撑，帮助品牌成长。

（6）区分竞争者。品牌定位理论的精髓就是要突破常规，将自己与竞争对手彻底区别开来，只有这样才能够在目标消费者心智中占据重要的地位。如果企业墨守成规、人云亦云地进行品牌的定位，就不可能在庞杂的信息中脱颖而出、别具一格。

4）跨境电子商务品牌定位的决策过程

（1）宏观环境分析。跨境电子商务品牌定位主要考虑的因素是目标市场的文化特性。对于进入他国地区市场的品牌而言，最终的结果是文化的融入。尽管当今的地球存在一定的文化融合现象，但无法改变各国在历史文化、风俗习惯、科学技术、政治法律、基础设施等多方面巨大的差异。因此，必须尽可能地对目标市场进行细致的了解，避免在品牌设计阶段可能出现的"水土不服"问题。

（2）消费者分析。跨境电子商务要想突破时空限制，将商务辐射到世界的每个角落，必须从其品牌国际化的战略角度分析所能服务的消费者群体。因此，跨境电子商务品牌定位应是面向他国消费者的，是对目标市场消费者的心智进行管理的过程，因此在对跨境电子商务品牌进行定位之前，对目标市场消费者的分析是不可缺少的步骤。

（3）识别并确认品牌竞争者。在对消费者进行分析后则需要确定本企业主要的竞争者。一个行业内往往存在无数竞争者，但企业主要的竞争者只有少数几家企业。这个过程最重要的是确定企业的竞争者并分析竞争者的强弱，可以从竞争者的产品特征、品牌定位、品牌形象、营销战略、企业在竞争中的位置、消费者对竞争者的看法等方面着手。

（4）评估消费者对品牌竞争者的看法。在明确竞争者之后，需要考察消费者对竞争者品牌的看法，找到消费者认为对品牌评价最重要的属性。为了明确这个属性，企业可以组织专业的本地调研团队，通过网络词频统计、搜索指数、线下产品试用、专题讨论会等方式邀请消费者共同参与整个调查过程，据此了解消费者在做出购买决策时会对产品的哪些属性更为重视。

（5）寻找企业定位点。在对市场竞争情况有所掌握后，跨境电子商务企业需要将重心放置于自身，通过寻找消费者的偏好因子匹配自身资源，筛查自身具有哪些竞争优势，又能发展哪些竞争优势，最后将这些竞争优势发展为企业核心价值和品牌定位。

> **课堂思考 8-1** 你知道如何寻找消费者偏好因子吗？

5）跨境电子商务品牌定位的策略

跨境电子商务品牌定位策略主要有定位维度策略和定位类型策略两种。

（1）定位维度策略。

① 文化定位。跨境电子商务品牌的文化定位在提高跨境电子商务品牌价值的同时，也提高了消费者的文化品位，消费者在对跨境电子商务品牌进行选择时其实就是在选择内心认同的文化。一旦具有某一文化底蕴的品牌成为某一层次消费者文化品位的象征，独特的品牌魅力会给消费者带来精神上的满足和享受，它所释放的能量能为跨境电子商务品牌在激烈的市场竞争中输送源源不断的生命力。

② 产品定位。产品定位主要分为产品类别定位和产品功能定位两种。前者是指将跨境电子商务品牌和某些特定的产品类别（品类）联系在一起，建立联想关系，就是跨境电子商务品牌的产品类别定位，使消费者只要一想到品牌就会联想到品牌所代表的品类。企业以借助 Keyword Spy 等第三方数据分析工具及跨境电子商务平台工具发现热销品类，即品类关键词，用 Google Trends 工具分析品类的周期性特点，把握产品开发先机。后者是指产品功能定位，主要强调产品的功效作用，主要表现在产品所具有的功能上的创新或者其品质上的保障。跨境电子商务品牌能够获得目标消费者的喜欢和信赖，一定是其产品所具有的功能能够满足目标消费者的需要，能够给消费者带来直接或间接利益。产品功能是产品的核心部分和卖点，如果产品有与众不同的功效，便会和同类产品产生差异优势，通过产品特殊功能打造品牌认知。当下其实完全有机会通过改进产品的功能设计和提高品控，创造出自己品牌的一片天地。

③ 情感定位。情感定位就是以品牌所能带给目标消费者的最终情感体验为定位点而进行的品牌定位。情感可以引起消费者的同感和共鸣，是维系品牌和消费者之间关系的纽带。一个触动目标消费者内心世界的情感体验往往会给消费者留下深刻而长久的记忆。

（2）定位类型策略。

① 空档定位。任何产品都不可能占有同类产品的全部市场，空档定位是指寻找到消费者重视却还未被占领的市场，推出能有效满足这一市场需求的产品或者服务填补空隙。

② 首席定位。首席定位是指成为业界或某一方面的"第一"或者"专家"，占据领导者地位，领导整个行业发展走向的定位策略。

③ 比附定位。通过与竞争品牌的比较确定自身市场地位的一种定位策略。其实质是一种借势定位或反应式定位，是希望借助知名品牌的光辉提升本品牌的形象的策略。

④ USP 定位。USP 理论即寻找与竞争者的差异化优势，这个优势在消费者心中的地位是独一无二的。品牌层面的 USP 理论强调其创意来源于对跨境电子商务品牌精髓的挖掘，强调该品牌能带给消费者的利益，建立起品牌在消费者心智中的独特地位，重点在于从产品本身走向产品外延，从理性走向感性。

6）跨境电子商务品牌定位的工具

（1）钻石定位模型。波特钻石理论模型（Michael Porter diamond model）由美国哈佛商学院著名的战略管理学家迈克尔·波特在 20 世纪 90 年代提出，主要用于分析一个国家某种产业为什么会在国际市场上具有较强的竞争力，钻石定位模型可以帮助跨境电子商务企业找出品牌能够挖掘的定位点，从而实现成功的品牌定位。钻石定位模型如图 8-1 所示。

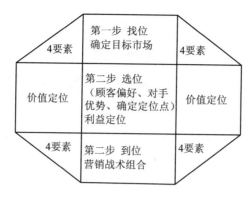

图 8-1 钻石定位模型

钻石定位模型具体内容可以归纳如下。

① 找位——确定目标市场，了解目标消费者在 4P，也就是产品、价格、分销和促销上的需求，研究市场。

② 选位——利益定位，细分目标市场的利益需求，根据消费者偏好、竞争者优势确定某一特征，这一特征则是目标消费者最重视并且品牌最具有明显竞争优势的利益点，然后依据利益点确定属性角度和价值角度的定位。其中属性角度包括产品、沟通、包装、价格、服务等，价值角度包括归属感、成就感、亲密度、社会认同等，两者都可以建立在 4P 理论的任一要素的基础上。

③ 到位——营销战术组合，品牌定位需要围绕目标消费者和相应市场定位进行 4P 理论的 4 要素的合理组合，每个要素都必须符合目标市场和利益定位的要求，在目标市场深耕细作，不断加深品牌印象，实现有效定位。

（2）3C 分析模型认知。

① 3C 模型的概念。3C 分析模型（3C's strategic triangle model）也称 3C 战略三角模型、3C 模型，由日本战略研究学家大前研一（Kenichi Ohmae）提出。他认为企业在进行战略制定时必须对企业自身所处的微观环境、企业目标消费者、企业竞争者三者进行全面的扫描，从三个角度建立企业的经营战略，将三者整合才能制定出一套行之有效的企业经营战略。3C 分析模型在企业战略管理中常常被使用，在进行跨境电子商务品牌定位时也同样适用，因为跨境电子商务的品牌定位过程离不开对企业微观环境、目标消费者及竞争者的分析。跨境电子商务品牌定位的过程其实就是跨境电子商务企业的一项战略性管理。

> **课堂小贴士 8-3**
>
> **目标消费者分析的主要内容**
>
> 目标消费者分析主要包括以下几个方面：目标消费者的人口统计描述特征（包括年龄、性别、职业、收入、教育程度等）、目标消费者的需求及需求场景、目标消费者人群结构的总体个性特征、目标消费者的结构变化、目标消费者的品牌偏好与品牌忠诚度、目标消费者的消费习惯与行为模式等。

> **课堂小贴士 8-4**
>
> **竞争者分析的主要内容**
>
> 竞争者分析主要包括以下内容：主要竞争品牌、竞争品牌在市场竞争中的地位、竞争品牌的产品特征、竞争品牌的品牌定位与品牌形象、竞争品牌的整合营销传播策略设计等。

3C分析模型是由企业自身、目标消费者和竞争者三者共同构成的稳定的三角结构，跨境电子商务企业在制定品牌定位时要深刻把握三者之间的动态关系，弄清楚企业自身的能力如何、消费者的需求是什么、竞争者的情况怎样。

② 3C分析模型实际案例——无印良品。

- 市场·顾客（customer）：无印良品经营广泛的商品类别，包括食品、服装、家居用品等，其市场和顾客主要包括零售行业，进一步细分可以涵盖食品行业、服装市场、家居行业等领域。
- 竞争公司（competitor）：无印良品采取了能够满足所有需求的全线策略，其竞争对手包括采取相同经营模式的公司。然而，根据领域的不同，存在着类似竞争对手，如家居行业的 NITORI 以及服装行业的 UNIQLO 等。
- 自身（company）：无印良品最大的优势在于对市场和顾客需求的灵活应对。它通过有效利用应用程序进行数字化转型、将产品与内容营销相结合、在保持质量的同时降低价格等方式，设计了可产生销售额和顾客满意度的机制。

（3）品牌感知定位图认知。

① 品牌感知定位图概念。品牌感知定位图又称品牌定位直觉图，是一种能够很直观地显示各品牌在消费者心中的位置和竞争对手之间的差异，帮助跨境电子商务企业科学地建立品牌定位或对定位进行调整的方法。

课堂思考 8-2　你知道品牌感知定位图应用在哪些层面的品牌定位决策吗？

品牌感知定位图由一个坐标系构成，选用消费者对品牌评价的重要影响因子，取横纵坐标轴定义影响因子强度或消费者感知效果，然后将消费者对品牌的评价在图上表述出来，其中横坐标和纵坐标之间的距离反映各品牌在影响因子上表现的差异大小，距离越远表示该品牌的竞争优势越突出，距离越近，说明该品牌的特性不够突出，难以形成竞争优势，被替代的风险大。

② 品牌感知定位图实施步骤。第一步，选择定位基准变量。这是品牌感知定位图最重要的一项工作。调查者正确地选择变量是品牌感知定位图成功应用的基础，一旦选错基准，后面的工作做得再好也将毫无价值。一般调查者在选择时应将目标市场顾客关心和重视的变量作为定位基准。当然，对某些行业来说，这有一定难度。如轿车市场，是按价格和消费者收入还是按价格和消费者的生活方式绘制呢？是按价格和安全性，还是按价格和稳定性绘制？这需要 ZMET 或其他技术确定。

第二步，调查数据资料。假如品牌感知定位图的坐标变量已经确定，接下来便是实地调查数据资料阶段。调查方法很多，如李克特法等。

（4）品牌感知定位图实际案例——美国芝加哥啤酒市场。影响啤酒感觉和认知的变量主要有两个：一是味道的浓与淡（即啤酒中酒精浓度）；二是口感的苦味与适中（没有明显的苦味）。如图 8-2 所示是美国芝加哥地区啤酒市场各品牌的感知定位图。

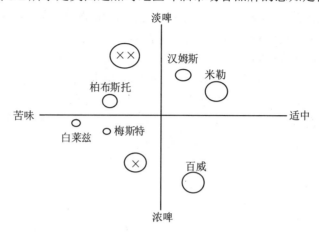

图 8-2　美国芝加哥地区啤酒市场各品牌的感知定位图

可以看出，和是市场空白位置，企业可以考虑进入。但企业在决定进入之前，必须事前深入调研这个市场有没有、大不大，如果市场根本不存在或太小，那么，定位图上的空位就没有实际的意义。例如，市场研究者可根据被测者的心情、年龄、性别等变量对可能的定位点进行小范围测试，以推测其市场潜力。

我们在这里特别提醒读者注意以下两点：一是一种产品可以从多个角度绘制其品牌定位图；二是品牌感知定位图与（品牌）产品位置感知图可以是不一样的，也就是说，知道品牌时的产品感知位置有可能与不知道品牌时的产品感知位置不一样。如图 8-3 所示的知晓品牌的感知图、图 8-4 所示的盲试情况的感知图就是一个很有力的证明。结论是：品牌的定位主张在一定程度上会改变消费者对（品牌）产品的知觉。

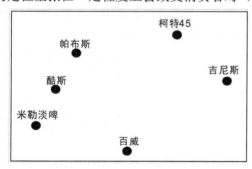

图 8-3　知晓品牌的感知图

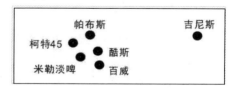

图 8-4　盲试情况的感知图

（5）品牌定位排比图认知。

①品牌定位排比图概念。品牌定位排比图就是将评价变量按其重要程度排列出来，在每个变量上分别比较各品牌的表现，最后在此基础上确定品牌定位。在消费者的需求差异越来越大而同时产品同质化越来越严重的跨境电子商务市场上，影响消费者购买决策的因

素也变得更为复杂,即可作为定位依据的特征因子也越来越多,这令拣选特征因子变得越发艰难。但如果从类似于感知定位的双因素分析模型发展为多因素分析模型,则不但可降低拣选特征因子的难度,还可更全面地对市场进行分析。

②品牌定位排比图实际案例——某品牌定位排比图。图8-5所示为某品牌定位排比图,其纵坐标显示的为某市场消费者对某一品类跨境电子商务品牌以消费者认知为导向挑选出来的特征因子,其重要程度自上而下依次递减,越处于上方的特征因子,越能决定消费者的购买决策,越处于下方,对消费者购买决策的影响越小。图中的字母A、B、C、D、E分别表示各个品牌,其所处的位置根据各品牌在特征因子上的表现由强到弱、从右到左依次排列。如品牌A在消费者最看重的品质上表现最优,而品牌E、D、C在品质上的表现依次递减,品牌B在品质上的表现最差,排在最左端。

高	B	C	D	E	A	品质
重	B	C	D	A	E	价值
要	A	E	D	C	B	优惠
性	B	E	C	A	D	方便
	B	C	E	D	A	服务
低	B	C	E	D	A	流行
	弱				强	

图8-5 某品牌定位排比图

2.跨境电子商务品牌创建

1)战略视角的企业品牌创建

跨境电子商务企业通过不断地修正和完善企业品牌进行企业品牌的创建,具体过程有以下9步。

(1)鉴别外部机会。跨境电子商务企业首先要回答这样几个问题:为何要创建企业品牌?企业品牌的主要受众是谁?受众对企业评价如何,是否满意?竞争企业做得如何?受众最期望企业品牌提供哪些利益?(此处受众可以是任何利益相关者及其组织)

回答这几个问题需要从竞争者和主要受众入手,寻找未被开发和使用的企业品牌利益点,或者竞争者忽视的或做得不尽如人意的品牌策略,在此基础上寻找企业品牌所应主张的远景和价值。

(2)识别内部能力。跨境电子商务企业在考虑如何体现企业品牌利益点时要回答这样几个问题:企业具备哪些资源(人员、资金、企业文化、组织结构等)?这些资源的规模和质量如何,与竞争者相比有哪些优势和劣势,是否适于开发企业品牌的战略?可以开发一个品牌利益点还是多个?选取的利益点能否体现出与竞争者品牌的差异化?企业是否具备持久维护和强化品牌的能力?

(3)定义和开发品牌概念。管理者决定创建企业品牌后,下一步就是建立品牌开发小组,定义和开发品牌概念。为了使企业品牌定义准确,符合需要,品牌开发小组的成员应包括高级管理层人员、产品和服务开发人员、营销人员、销售人员、客户服务部人员和人力资源管理人员等,复杂、不同的小组成员身份有利于全面系统地考虑企业品牌的利益点和冲突点,尽量在主要利益相关者中建立一个比较和谐的企业品牌形象。

(4)定位和差异化品牌。一个成功的企业品牌一定具有突出的差异化特征。如何定位和差异化品牌?解决这个问题有两个前提,一是了解竞争者的企业品牌特性,二是了解受众喜欢的企业品牌属性。竞争者成功的品牌利益点恰恰是企业品牌创建中要回避的东西,而对方企业品牌中缺失或失败之处恰恰是自身要努力开发和宣传的地方。跨境电子商务消费者对产品功能的实现要求更加精确、科学、合理,因此企业要针对不同消费者的具体需求,为其提供更加个性化、有针对性的产品或服务。

(5)考虑品牌可行性。可行性分析就是考察既定的企业品牌差异化能否在动荡的企业外部环境中和企业的能力范围内顺利实施。这个环节首先需要财务部门进行成本核算分析,对品牌战略实施的成本和预期的收入进行比对。然后对整个品牌战略实施进程进行计划安排,保证行动步骤有条不紊地推进。

(6)内部承诺和内部激励。无论是跨境电子商务企业管理还是企业品牌管理,员工都是至关重要的群体。做好员工管理首先要明确适当、科学的领导方式,有效的领导方式要求管理者要以身作则地理解和贯彻品牌精神;其次要招聘、培训合格的员工,如果没有高效的领导,品牌塑造就只能成为漂亮而空洞的口号;然后要保持和各层次员工的沟通,即双向的信息交流;在企业品牌得到员工理解和承诺后,企业要通过适当授权和激励措施解决品牌落实中的突发问题。

(7)构建企业资源。企业内部环境的优劣决定了企业在跨境电子商务上的投入力度和发展水平。跨境电子商务的发展需要长期的规划,如果企业对未来跨境电子商务的发展有详细的规划并切实落实,必然会大大促进企业跨境电子商务业务的发展。

(8)实施运作。实施运作环节包含品牌清晰、一致行动和大力宣传三部分内容。三部分内容环环相扣,互相依存。

(9)市场检验和反馈。在企业品牌活动实施之后,企业要进行:品牌效果的衡量和反馈,以确定企业品牌创建是否得到所有工作常规和员工行动的坚定支持。市场检验和反馈时应该考虑以下问题:受众眼中企业当前的品牌是什么?企业的消费者是否有相同的、持续的、满意的品牌体验?企业的市场份额是否需要改善?企业的品牌知名度和忠诚度如何?对存在的问题及时分析,制定对策,改善品牌管理过程。企业品牌的创建不仅能提升企业形象,还能明显改善企业竞争力,这才是企业打造企业品牌的目的。

2)价值视角的跨境电子商务品牌创建

(1)基于股东价值的品牌构建议。学者仅仅从管理流程上思考成功品牌的构建是不够的,Peter Doyle(2001)提出品牌创造股东价值必须满足四个决定性因素。一是一个强烈的消费者价值主张,二是有效地整合企业的其他资源创造资产,三是定位在一个有充分吸引力的市场上(不断创造利润),四是为了最大化品牌的长期现金流价值而管理(让股东受益)。当管理者致力于这四个决定性因素,企业就能强化品牌价值和发展更有效的营销战略,因此构建品牌就是要创造价值。

(2)基于消费者价值的品牌构建议。消费者营销领域对价值的理解是多样化的,其中一种理解就是消费者价值,指消费者需要的、有用的且重要的东西,是对产品的一般且客观的评价,和产品利益概念基本相同。消费者价值是一个随时代而改变的概念,为了研究方便,可以把消费者价值分为核心价值和边缘价值。一个品牌既有可持续的核心价值,也有反映社会变化的边缘价值(Collins and Porras,1998)。

> **课堂小贴士 8-5**
>
> **品牌创建四阶段过程说**
>
> Davies(2000)提出了一个四阶段的品牌资产管理模型,基本体现了内外部两个视角,品牌构建一定是在一段时间内通过四步工作完成的:知识收集、战略、沟通和管理。知识收集包括对企业品牌的理解和透视,为发展品牌战略提供基础和信息。战略定义了品牌承诺的本质、个性、属性和信息。战略一定基于现实和反映企业特征,符合企业当前权益并能提供充足的发展空间,要提出单一的差异化来源引导品牌的表达和传递。沟通是过程中的第三阶段,落实战略后,对内外部受众传达品牌战略,必须清楚而一致。最后阶段是管理,是长期的激励和承诺,是有关时间、知识和品牌测量的管理。

8.2.3 跨境电子商务品牌营销

1. 跨境电子商务品牌的微博营销

微博作为新媒体的重要代表,其应用范围越来越广,在营销方面的重要价值也逐渐被企业挖掘出来并加以研究应用。

1)微博营销的含义、特点和分类

(1)微博营销的含义。微博营销是指通过微博平台为商家、个人等创造价值,也是指商家或个人通过微博平台发现并满足用户的各类需求的商业行为方式。微博营销以微博作为营销平台,每一个粉丝都是潜在的营销对象,企业可利用微博向网友传播企业信息、产品信息,树立良好的企业形象和产品形象。每天更新内容就可以跟大家交流互动,或者发布大家感兴趣的话题,以此达到营销的目的,这样的方式就是微博营销。

(2)微博营销的特点。微博营销是以传播学理论为基础,以营销学经典理论与案例为指导,集成以往网络媒介营销手段的一种营销途径。微博营销具有以下几个特点。

① 注册简单,操作便捷,运营成本较低,方便实现"自营销"。微博具有媒体属性,是将信息广而告之的媒介,但是与其他媒体相比,微博注册免费、操作界面简洁、操作方法简易(所有操作都基于信息发布、转发、评论),又有多媒体技术使信息呈现形式多样;而运营一个微博账号,不必架构一个网站,不必有专业的计算机网络技术,也不需要专门拍一个广告,或向报纸、电视等媒体支付高额的时段广告费用,等等。充分利用微博的"自媒体"属性做好"内容营销",是微博营销的"王道"。

② 微博营销的"品牌拟人化"特征使其更易受到用户的关注。社交媒体时代,传播强调人性化与个性化,企业用人性化的方式塑造自身的形象,不仅可以拉近和受众的距离,达到良好的营销效果,而且品牌的美誉度和忠诚度会大大提高。

品牌拟人化是指通过饱含个性、风趣、人性化的语言,使品牌账号富有"人"的态度、性格与情感,真正与消费者互动,从而获得消费者的认可。这种认可不是传统的、单纯的买卖关系,更像是建立并维系一种"友情"关系。这样品牌的忠诚度和美誉度就很高,用户就会支持这个企业的产品,甚至还会主动参与品牌的塑造过程,这也是实现口碑营销的绝佳途径。在 SICAS(感知、兴趣互动、联系沟通、行动、分享)消费行为模式时代,品牌拟人化更能够在每一个消费环节发挥作用。

跨境电子商务品牌利用微博进行营销主要就是为了吸引更多的粉丝,并且将这些粉丝转化为跨境电子商务品牌的目标消费者,更进一步地使消费者能够信任跨境电子商务品牌。微博能够让跨境电子商务品牌更近距离地与消费者进行沟通交流,并为消费者提供帮助,以此发展潜在的忠实消费者。

③多账号组成的微博矩阵在保持整体协作的企业文化的同时,便于针对不同的产品受众进行精准营销。

微博矩阵是指在一个大的企业品牌之下开设多个不同功能定位的微博,与各个层次的网友进行沟通,达到 360°塑造企业品牌的目的。换句话说,矩阵营销是内部资源在微博上的最优化排布,以达到最佳效果。

可以及时获得反馈信息。微博作为跨境电子商务品牌与消费者之间直接沟通的平台,可以较好地起到媒介作用,使跨境电子商务品牌能够直接倾听消费者的意见和建议,以及消费者对跨境电子商务品牌产品的使用反馈和未来预期,便于跨境电子商务品牌收集第一手资料与消息,从而通过调整阶段性目标和战略稳定市场份额和达到消费者预期,并在互动过程中将跨境电子商务品牌良好的态度和形象传播出去,形成口碑效应。

④微博"造星",可以借助知名微博主的影响力进行营销。微博的传播机制建立在六度分隔、二级传播等人际传播理论的基础之上,换句话说,微博中的社交关系是现实社交关系链的扩张性虚拟迁徙。微博的影响力代表了一种关系的信用值,按照新浪微博的计算方法,微博影响力由活跃度(原创微博的转发次数、评论次数、私信数)、传播力(原创微博被转发与评论的数量)和覆盖度(即粉丝数)共同决定。借助拥有大量粉丝人气和较高影响力的微博主的平台,一则可以和更多的潜在用户接触,达到广而告之的效果;二则扮演意见领袖的人往往具有消费引导的功能。微博是无可争议的自媒体,借具有大量粉丝受众的微博账号做推广,也是一种打广告的方法。值得一提的是,这种方法和渠道多为营销公关公司利用,开展专业的微博营销有偿服务业务,且根据粉丝量的多少给不同微博账户不同的报酬。

2)跨境电子商务品牌微博营销的优势

企业开展微博营销活动有巨大的优势,发布一条微博的成本几乎是零,却可以快速地将企业及产品相关信息传达给消费者。同时,企业还可通过微博直接与粉丝及潜在用户进行互动,从而拉近与用户的距离。概括起来,企业开展微博营销的优势有以下几点。

(1)形式多样化。企业进行微博营销的形式多种多样,主要表现在微博发布的内容和发布形式两个方面。

从内容上看,企业可以将微博作为对外宣传的窗口,发布与公司有关的新闻活动、新品上市、促销活动等消息。

从形式上看,微博营销的活动形式非常多,除了今日话题、互动问答、投票抽奖,还可借助微博平台的广告中心开通微博粉丝通、微任务、搜索推广等广告服务进行广告推广。

(2)信息传播快。近年来的很多网络热门事件都是最先通过微博发布的。用户只要能够上网和拥有计算机或智能终端设备，即可随时随地将信息发布出去。

（3）覆盖群体广。新浪微博的注册用户非常多，覆盖了不同职业、不同地区、不同阶层、不同民族，其中不仅有超聚人气的社会名人，还有报道新闻的大众媒体及发布公告的政府机构。当然，新浪微博的用户还是以个人用户居多，因而企业通过微博发布的消息覆盖范围更广。依靠微博上的大数据分析，可以收集到用户活跃状态、对各类话题的参与度及微博互动情况、账号关系等社交行为数据。实施起来简单便捷，运营和推广成本低，性价比和容错率高，为跨境电子商务品牌提供更丰富的数据标签选择，使跨境电子商务品牌产品形态和产品投放更加精准。

（4）宣传成本低。同传统的报纸、广播、电视等媒体广告相比，企业通过微博开展营销活动支出的费用低很多。发布一条普通微博的成本几乎为零，即便是借助"微博大 V"或者粉丝通推广，其费用与电视广告费用相比也低得多。但相比传统媒介仍然是较具经济性的；对跨境电子商务品牌而言，投入巨大资金的传统广告式营销有时效果不明显，而微博营销有效地缓解了这一问题，使跨境电子商务品牌可以通过持续输出高质量内容将品牌形象与产品营销出去。微博营销的准入门槛较低，跨境电子商务品牌仅需注册微博账号即可进行商业营销，相比传统广告式营销烦琐的审查程序，微博营销更有效率，更容易及时跟进社会热点现象进行营销，极大地降低了跨境电子商务品牌的营销门槛。

3）跨境电子商务品牌微博营销的目标

（1）品牌推广。微博具有内容门槛低、传播效率高、互动更多元的特性，可将信息迅速传递给广大用户群体。任何企业都可以按照宣传需求随时随地在微博平台发布广告或其他内容。

通过微博运营，企业可以快速聚合用户关注度，提升品牌知名度；与用户形成情感共鸣，提升品牌好感度；扩大品牌传播，曝光新产品和服务。

微博平台本身就具有高聚合和强互动的特点，KOL（关键意见领袖）可以在很大程度上对普通用户产生态度和行为上的影响。因此，KOL 介入微博营销可以有效提升信息传播速度，并且加大信息传播的范围。

基于营销对产品进行内容策划，将跨境电子商务品牌和产品面向受众进行宣传，这是长久持续的过程，受众只有在持续的跨境电子商务品牌产品宣传中，才会最终接受跨境电子商务品牌产品，跨境电子商务品牌可借势微博营销，面向世界打响跨境电子商务品牌知名度，增加曝光量。

（2）用户维护。微博营销的便利之处就是在通过内容、活动触达用户的同时，还可以一对一地进行用户维护，提升用户的满意度，进行用户管理。

现在越来越多的企业在用户购买、产品包装、物流、体验等各个环节中引导用户"晒单"，鼓励用户在使用或体验完企业的产品或服务后，通过微博拍照分享。企业在用户发布此类内容后，通过微博与他们进行一对一互动，可以极大地提高用户满意度。

同时，企业可以通过微博挖掘用户的问题，为他们解决遇到的问题，提供持续性的服务，维护用户关系；通过优质内容与用户深度互动，逐渐将其转化为品牌忠实用户。如果企业能及时发现产品的一些问题，便可通过微博提前告诉用户，快速消除影响，避免负面信息大量传播而陷入被动。

在以用户为核心的商业模式中，用户关系管理强调时刻与用户保持和谐关系，不断地将企业的产品与服务信息及时传递给用户，同时全面、及时地收集用户的反馈信息。

（3）市场调查。市场调查是企业开展营销不可缺少的环节，通常企业可以通过问卷调查、人工调研、数据购买等方式调查用户的需求。但这些调查方式耗费的财力和人力都较大，不同的行业，调查效果也参差不齐。然而，微博的出现为企业提供了一个低成本、高效率的调查工具。

基于微博用户的巨大数量，以及微博平台几十个垂直领域划分，每个用户都有其对应的兴趣领域标签，企业可以有针对性地触达特定偏好的用户并进行调研，这为企业制定个性化服务提供了极大的便利。同时，企业还可以对目标用户发布的微博内容进行有针对性的分析，更深入地挖掘需求，更精准地制定营销策略。

优化资源配置，充分利用品牌资源，通过微博这个载体，将创造性元素融入营销过程，对现有目标市场进行深度覆盖，通过"宣传+用户互动"提升跨境电子商务品牌好感度，提高市场占有率。

（4）危机公关。在微博平台上，涉及知名企业产品质量、企业信用问题等的公众事件会迅速登上热搜排行榜。企业如果不进行处理，事件持续发酵会对企业非常不利。

企业可以通过微博快速了解并应对突发情况。通过检索关键词，企业可以迅速了解对事件高度关注的用户群体，从话题中可以全面了解用户对此事件的评价和意见。由此，企业能够迅速在微博上锁定危机公关的目标人群，了解危机发生的原因和经过，并据此迅速做出有针对性的措施。

快速、有效的微博危机公关不仅能有效地将危机影响降到尽可能低的程度，甚至能将危机转化为重塑企业形象的一次机遇。利用微博快速对事件做出声明和正确的回应有利于企业形象的建设。

（5）闭环电子商务。企业或个人通过微博运营获取一批粉丝后，可以直接导流销售，获取收益。例如，企业在微博平台发布产品推文时，植入产品的购买链接，粉丝看到微博内容后，可直接通过链接进行购买。

企业通过微博与目标用户进行一对一沟通，促使目标用户购买或追加购买产品，这也是很多企业推广的基本策略。此外，有的企业还配合微博粉丝通、微博橱窗进行精准投放，为产品带来更多的曝光，从而让更多的目标用户看到产品并产生购买行为。

课堂思考 8-3　你知道微博营销对跨境电子商务品牌传播的影响吗？

2. 跨境电子商务品牌的短视频营销

在长视频时代，要想做视频营销，需要花费很大的人力、物力和财力。随着短视频的兴起和火爆，人们找到了视频营销的切入点，因为门槛低、传播速度快、入手简单、投入少，短视频成了众多商家青睐的营销工具。目前，已经有越来越多的企业使用短视频开展市场营销活动。

1）短视频营销的概念、特点和价值

（1）短视频营销的概念。短视频营销是内容营销的一种，主要借助短视频，通过选择目标受众人群并向他们传播有价值的内容来吸引用户了解企业品牌产品和服务，最终形成交易。进行短视频营销,最重要的就是找到目标受众人群和创造有价值的内容。

(2)短视频营销的特点。随着5G时代的到来,短视频营销已经成为新的赚钱商机,也是具有巨大潜力的营销方式之一。被寄予厚望的短视频营销成为商家在互联网上新的掘金手段。短视频营销与传统营销方式相比,有其独特性。

① 互动灵活,沟通方便。短视频营销很好地吸取了网络营销的优点——互动性强。

② 低成本,营销简单。短视频营销和短视频一样,拥有低成本的特点,因为较之于传统广告营销的大量人力、物力、精力的投入,短视频营销入驻门槛更低,成本也相对较小。这也是短视频营销的优势之一。短视频内容运营者可以是企业,也可以是个人。短视频内容制作、用户自发传播及粉丝维护的成本相对较低。但是,制作短视频一定要具备良好的内容创意,坚持输出原创的决心,才能打造出优质短视频,吸引用户关注。

③ 购物便捷,激发欲望。短视频是一种时长较短的图文影音结合体,因此短视频营销能够带给消费者图文、音频所不能提供的感官上的冲击,这是一种更为立体、直观的感受。短视频营销的效果比较显著,一是因为画面感更强;二是因为短视频可与电子商务、直播等平台结合,直接赢利。它的高效性体现在消费者可以边看短视频边购买产品,这是传统的电视广告所不具备的优势。随着移动互联网的迅速发展,大多数消费者已习惯在网上进行消费,因此,短视频营销在市场中占据了一席之地。

④ 目标精准,营销效果好。与其他营销方式相比,新媒体短视频营销具有指向性优势,因为它可以准确地找到目标受众,从而实现精准营销。短视频平台通常会设置搜索框,并会对搜索引擎进行优化,用户可以在平台上搜索关键词,这一行为会使短视频营销更加精准。电子商务企业还可以通过在短视频平台发起活动和比赛等聚集用户。营销是新媒体短视频的一项重要功能,当新媒体短视频用于营销时,一般需要符合内容丰富、观赏性强等标准。只要符合这些标准,新媒体短视频就可以赢得用户的青睐,使用户产生购买商品的强烈欲望。

⑤ 数据清晰,营销效果可衡量。新媒体短视频运营者可以对新媒体短视频的传播和营销效果进行分析和衡量,如分析点赞量、关注量、评论量、分享量等。运营者通过这些数据可以衡量新媒体短视频的营销效果,筛选出可以促进销售的短视频,为营销方案提供正确的指导。

(3)短视频营销的价值。新媒体短视频之所以能够获得"快生长",主要在于它更契合用户对内容消费的需求,其传播方式极大地适应了用户碎片化的生活方式。短视频的四大价值也已成为短视频营销新趋势的助推器。

① 流量价值:扩大品牌覆盖面。对于任何一个品牌而言,平台用户量的多少都是决定广告主是否在该平台进行广告营销的第一要素,也是他们认为这个平台是否具备广告营销价值的第一衡量标准。对于广大的品牌广告主来说,短视频平台最大的营销价值体现在平台庞大的用户量上。

② 用户价值:提升品牌转化率。用户转化路径长短是在进行品牌营销时需要考虑的重要因素,能否覆盖主流优质消费群体是短视频营销价值的体现。在用户质量和短视频呈现形式上,各大短视频平台大幅缩短了品牌到用户的转化路径,提高了品牌营销效率。从购买力和转化率的角度分析,短视频的用户质量也相对较高。短视频用户画像显示,用户群

体年轻化，覆盖了主流优质消费群体。

③ 产品价值：增加品牌互动。短视频能够帮助品牌与用户更好地互动，具有深度沉浸感的竖屏视频模式更易于传递品牌信息。以抖音平台为例，抖音结合 15 秒和 60 秒的短视频，加上竖屏视频模式，能有效提升用户视觉注意力，相比横屏视频模式，点击效果提升 1.44 倍，互动效果提升 41%。同时，抖音还为创意营销提供了更多思路和全新的解决办法，包括品牌主页、创意互动、达人内容定制、主题挑战等。由高质量热门作品向外辐射，能形成场景式营销，让用户从围观到参与，自发成为品牌传播的一环，帮品牌打造口碑。抖音多元化的内容营销方案给品牌营销带来了更多创意，以及持续增值的流量。

④ 技术价值：助力品牌精准锁定受众。短视频平台去中心化的分发机制定位于普通用户，通过技术和算法洞察用户行为路径，建立高效的用户生成内容分发系统，持续为用户推荐高质量的短视频，激发更多用户参与创作。这正是短视频如此受用户喜爱的原因。也正因如此，借助高效的短视频分发系统，短视频平台可以帮助品牌定位更多与自身气质契合的用户，通过兴趣圈层实现二次传播，扩大品牌影响力。通过圈层互动形成社交生态向外辐射，吸引更多用户围观、参与，品牌能够实现更大范围的传播，品牌粉丝的客单价也高于非粉丝人群。

2）短视频应用于跨境电子商务品牌营销的前提

（1）对多元文化的尊重。文明具有多样性，而文化是具有多元性的，文化是跨国营销重要的环境因素。跨境电子商务在利用短视频营销时应当充分尊重营销目的国的文化价值观、宗教信仰、风俗习惯、偏好等，避免犯忌，以免造成不必要的麻烦和损失。

（2）建设行业监管制度。行业自律是当前短视频发展的内在要求，也是短视频市场化运行的重要基础。随着短视频用户的增多，行业监管问题也日益增多，行业监管成为短视频发展的重要保障。

（3）选择合适的平台。简单说就是根据目标消费者的需求寻找相应的平台，进行交互式的推广，将信息和内容有效而广泛地传播，从而将信息精准地传达给目标消费者。

（4）平台管理。由于短视频行业的井喷式增长，短视频内容低俗、质量低下、违背社会主流价值观的问题层出不穷。短视频平台应提高门槛，建立完善的内容审核制度，加大对内容的审核和监管力度。

（5）质量保障。短视频通过内容创意和技术创新激发用户的二次传播，引发病毒式的传播效应，本质上是一种创意传播。内容和技术创新制衡着短视频行业的发展，要使短视频应用于跨境电子商务营销中，必须有创新管理意识，通过加强创意传播过程中的管理优化内容生态。

3）跨境电子商务品牌的短视频营销内容与设计

（1）跨境电子商务品牌的短视频营销内容。

① 品牌内容的方向。在短视频中融入品牌的内容。随着短视频流量红利的逐步展现，一些敏锐的跨境电子商务企业已经开始将品牌内容植入短视频，为受众提供产品、品牌、品类相关的信息。

② 专业内容的方向。利用短视频创作专业内容进行传播分享，利用自身的专业特性，吸引有兴趣的用户关注和了解这些内容，提高消费者忠诚度，使其成为粉丝群体。

③用户创造内容方向。随着各种自媒体的崛起,每个人都可以参与传播与分享。目前越来越多的短视频应用软件出现在应用平台中,使得个人用户的短视频创作分享变得十分便捷。

(2)短视频内容结构设计。根据短视频时长的分布,可以把短视频内容分为以下阶段。

①第1阶段:建立期待感。短视频开场的前几秒是用户快速浏览的时间段,如果短视频不能在这个阶段有效地吸引用户,就很有可能被用户忽略。因此,短视频运营者在这个阶段要建立用户期待感,从用户心理角度出发,想办法让用户产生看下去的动机,快速抓住用户的心智,做到"开头即高潮"。

②第2阶段:给出价值吸引。用户经过了第1阶段的开场,大致了解了短视频的类型,下一步就会判断此视频是否有观看价值。因此,短视频运营者在这个阶段需要让作品充分体现出价值性,让用户看完短视频后有所收获。价值可以涉及很多方面,包括使人愉悦、引发好奇、给人惊喜、获得知识与技能、提供信息及服务等。例如,旅游类短视频为用户提供旅游攻略;情感类短视频为用户讲解情感问题的处理方法与技巧;美妆类短视频教用户在不同场合中通过化妆提升自身气质;穿配类短视频帮助用户解决不懂穿配的问题;搞笑类短视频让用户放松,使用户愉悦。短视频运营者应注意结合自己的定位,在自己的视频作品中给出价值吸引,赢得用户的喜欢和关注。

③第3阶段:设置转折点。在设计短视频的内容结构时,转折点的设置非常重要。经过开场的期待、价值的提示,接下来的内容是否有亮点、是否有转折决定了短视频是否能吸引用户继续观看。

短视频运营者要为视频内容设置转折点,使内容有深度,主题更鲜明,人物更立体,从而吸引用户继续浏览。例如,在抖音平台上一些比较火爆的、成熟度比较高的短视频,一般都会恰当地设置转折点,特别是搞笑短剧类内容,设置转折点能够很好地推动剧情的发展,吸引用户继续观看。

需要注意的是,设置转折点的关键在于制造假象,方法是在细节方面使用多义性表达,加入干扰性元素,使观众陷入假象的惯性思维,从而在真相被揭示时形成最大程度的戏剧化效果。

④第4阶段:制造高潮。优质的短视频内容让用户回味无穷,引发他们深入思考。短视频内容要有高潮部分,能够引发用户共鸣、共情,让用户不自觉地把自己代入场景。打动用户的方式有很多,一般来说,在短视频的后半段要设置共鸣点,引发用户互动。

⑤第5阶段:巧设结尾。爆款短视频常见的结尾一般有3种,分别为互动式结尾、共鸣式结尾和反转式结尾。

> **课堂小贴士 8-6**
>
> **短视频应用于跨境电子商务品牌营销的盈利方法**
>
> ①视频内容盈利;②产品盈利;③品牌盈利;④平台流量盈利。

3.跨境电子商务品牌的网络直播营销

随着互联网红利的逐渐消失,以直播为载体的内容营销全面爆发,直播已经成为各个企业或品牌商开展营销活动的重要手段。

1）直播营销的含义与特点

（1）直播营销的含义。直播作为一种全新的内容表现形式，在丰富互联网内容表现形式的同时，也为企业/品牌商带来了一种新的营销方式——直播营销。所谓直播营销，是指企业/品牌商以直播平台为载体进行营销活动，以达到提升品牌影响力和提高商品销量目的的一种营销活动。

（2）直播营销的特点。直播为企业/品牌商带来了新的营销机会。作为一种新兴的网络营销手段，直播营销具有以下3个特点。

① 即时互动性。传统的营销方式通常是由企业/品牌商发布营销信息，用户被动地接收信息。在这个过程中，企业/品牌商无法立刻了解用户对营销信息的接收情况和用户对营销信息的态度。

直播具有良好的互动性，在直播过程中，企业/品牌商在向用户呈现营销信息的同时，用户可以针对营销信息发言和互动，参与直播活动。这样既有利于增强用户的参与感，又调动了直播间的氛围。针对某些话题，甚至可以形成意向用户、围观用户以及企业/品牌商三方之间的强烈互动，真正实现企业/品牌商与用户之间、用户与用户之间的深度互动，实现营销效果最大化。

② 场景真实性。在营销活动中，真实、高质量的商品是企业/品牌商赢得用户信任的首要因素。在传统的营销方式中，无论是图文式广告，还是视频类广告，虽然制作精良，极具吸引力，但是有些用户往往会质疑其真实性，因为它们都是提前制作好的成品，制作过程中经过了大量人为的剪辑和美化。而通过直播，企业/品牌商不仅可以展示商品的生产环境、生产过程，让用户了解商品真实的制作过程，获得用户的信任，还可以展示商品的试吃、试玩、试用等过程，让用户直观地了解商品的使用效果，从而刺激用户的购买。

③ 营销效果直观性。消费者在线下购买商品时，容易受到外部环境的影响，往往比较慎重。而在直播活动中，主播对商品的现场展示和介绍，以及直播间内很多人争相下单购买的氛围，很容易刺激用户直接下单购买商品。在直播过程中，直播运营团队可以看到直播间的实时数据，了解直播间内商品的售卖情况，及时掌握直播活动的营销效果。

2）跨境电子商务品牌直播营销的优势

对于现在的任何企业来说，营销都是至关重要的，不同行业有不同的营销方式，而直播营销可以给企业带来巨大的利益。直播营销具备以下几方面优势。

（1）准确捕捉好奇心。大多数消费者会对一些行业性质较为高端的企业（如B2B与医疗企业等）的运作流程抱有一定的好奇心理。这时候，文字描述虽然可以答疑解惑，但难免显得有些冰冷，图片虽美观，却也只是一个定格的瞬间，视频虽然形象不少，但与直播相比还是少了让人身临其境的感觉。若想激发和满足用户对产品的好奇心，大可试试直播营销，运用实时互动信息的同步/全方位详细展示的特性，实现和用户时间、空间、信息的同步，为用户带来更为真实详尽的体验。

（2）消融品牌与用户间的距离感。运用互动直播营销全方位实时向用户展示最为直观的品牌制造、部分生产流程、企业文化的塑造和交流等，让用户对品牌的理念和细节更为了解，能够直观地感受到产品和背后的文化，企业自然而然地拉近了与潜在购买者的距离，消融了之前存在的距离感。

（3）制造沉浸感。营销宣传环节的用户契合问题一直是实体企业家最头疼的问题。直播营销恰恰能解决这个问题，只要利用其特有的信息实时共享性，在直播中让用户感受到具体的细节，为用户打造身临其境的场景化体验，就可以制造用户沉浸感，让用户共享这场感官盛宴，实现辐射范围的最大化。

（4）发出转型信号。利用直播平台新颖、美观时尚的直播界面，丰富有趣的打赏方式再加上企业本身塑造的别出心裁的直播内容，就可以使企业的宣传方式焕然一新，消除其在用户心目中的刻板印象，向时代发出营销传播转型的信号。

3）跨境电子商务品牌直播营销流程与模式

（1）跨境电子商务品牌直播营销流程。在进行直播营销活动之前，直播运营团队要对直播营销活动的整体流程进行规划和设计，以保障直播营销活动能顺畅进行，确保直播营销活动的有效性。

①定目标。对于企业/品牌商来说，直播是一种营销手段，因此直播时不能只有简单的才艺表演或话题分享，而要围绕企业/品牌商的营销目标展开，否则直播无法给企业品牌商带来实际的效益。

企业/品牌商可以参考 SMART 原则制订直播营销目标，尽量让营销目标科学化、明确化、规范化。SMART 原则的内容如图 8-6 所示。

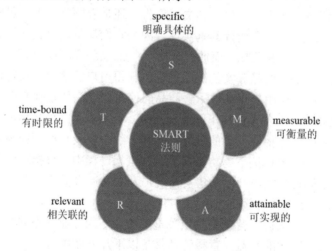

图 8-6　SMART 原则图示

②写方案。开展直播营销要有完整的营销思路，但仅靠思路是无法实现营销目的的。直播运营团队需要将抽象的思路转换成具象的文字表达，用方案的形式呈现出来，并将其传达给参与直播的所有人员，以保证直播活动顺利进行。

直播方案一般用于直播运营团队的内部沟通，目的是让参与直播的人员熟悉直播活动的流程和分工。直播方案要简明扼要、直达主题，通常来说，完整的直播方案包括 5 部分内容，如表 8-1 所示。

表 8-1 直播方案的主要内容

内 容	说 明
直播目标	明确直播需要实现的目标、期望吸引的用户人数等
直播简介	对直播的整体思路进行简要描述,包括直播的形式、直播平台、直播特点、直播主题等
人员分工	对直播运营团队中的人员进行分组,并明确各人员的职责
时间节点	明确直播中各个时间节点,包括直播前期筹备的时间点、宣传预热的时间点、直播开始的时间点、直播结束的时间点等
预算	说明整场直播活动的预算情况,包括直播中各个环节的预算,以合理控制和协调预算

③ 做宣传。为了达到良好的营销效果,在直播活动开始前,直播运营团队要对直播活动进行宣传。与泛娱乐类直播不同,带有营销性质的直播追求的并不是简单的"在线观看人数",而是"目标用户在线观看人数"。

例如,对于一场推广母婴用品的直播,从营销的角度来讲,直播运营团队应该尽量吸引婴幼儿的父母、爷爷、奶奶等进入直播间,而如果因为追求直播的在线观看人数而吸引了很多大学生来观看直播,这对实现直播营销目标是没有价值的。因此,直播宣传要有针对性,要尽可能多地吸引目标用户来观看。

④ 备硬件。为了确保直播顺利进行,在开始直播前,直播运营团队需要筹备必要的硬件,包括场地、直播设备、直播辅助设备等。

⑤ 开直播。做好直播前的一系列筹备工作后,接下来就是正式执行直播营销活动。直播营销活动的执行可以进一步拆解为直播开场、直播过程和直播收尾 3 个环节,各个环节的操作要点如表 8-2 所示。

表 8-2 直播营销活动执行环节的操作要点

执行环节	操作要点
直播开场	通过开场互动让用户了解本场直播的主题、内容等,使用户对本场直播产生兴趣,并停留在直播间
直播过程	借助营销话术、发红包、发优惠券、才艺表演等方式,进一步加深用户对本场直播的兴趣,让用户长时间停留在直播间,并产生购买行为
直播收尾	向用户表示感谢,并预告下一场直播的内容,引导用户关注直播间,将普通用户转化为直播间的忠实粉丝;引导用户在其他媒体平台上分享本场直播或本场直播中推荐的商品

⑥ 再传播。直播结束并不意味着整个直播工作结束。在直播结束后,直播运营团队可以将直播活动的视频进行二次加工,并在抖音、快手、微信、微博等平台上进行二次传播,最大限度地放大直播效果。

⑦ 做复盘。"复盘"是一个围棋术语,指对弈结束后,双方棋手复演该盘棋的记录,以检查自己在对局中招法的优劣与得失。在直播营销中,复盘是指直播运营团队在直播结束后对本次直播进行回顾,评判直播营销的效果,总结直播的经验教训,为后续直播提供参考。

对于效果超过预期的直播活动,直播运营团队要分析直播各个环节的成功之处,为后续直播积累成功经验;对于效果未达预期的直播活动,直播运营团队要总结此次直播的失误之处,并寻找改善方法,以避免在后续的直播中再次出现相同或类似的失误。

直播营销复盘包括直播间数据分析和直播经验总结两部分。其中，直播间数据分析主要是利用直播中形成的客观数据对直播进行复盘，体现的是直播的客观效果；直播经验总结主要是从主观层面对直播过程进行分析与总结，分析的内容包括直播流程设计、团队协作效率、主播现场表现等，直播运营团队通过自我总结、团队讨论等方式对无法通过客观数据表现的内容进行分析，并将其整理成经验手册，为后续开展直播活动提供有效的参考。

（2）跨境电子商务品牌直播营销模式。直播营销具有场景真实的特点，为了吸引用户观看直播，直播运营团队需要根据实际情况选择具有看点的直播营销模式。具体来说，常见的直播模式有以下6种。

① 商品分享式直播。商品分享式直播是指主播在直播间里向用户分享和推荐商品，或者由用户在直播间的评论区留言，告诉主播自己需要的商品，然后主播根据用户的需求推荐并讲解相应的商品，整个直播的内容就是主播讲解并展示商品。

② 产地直销式直播。产地直销式直播是指主播在商品的原产地、生产车间等场景进行直播，直接向用户展示商品真实的生产环境、生产过程，从而吸引用户购买。

③ 基地走播式直播。基地走播式直播是指主播到直播基地进行直播。很多直播基地是由专业的直播机构建立的，能够为主播提供直播间、商品等服务。直播基地通常供直播机构自身旗下的主播开展直播，或租给外界主播、商家进行直播。在供应链比较完善的基地，主播可以根据自身需求在基地挑选商品，并在基地提供的直播场地中直播。

直播基地搭建的直播间和配置的直播设备大多比较高档，所以直播画面及效果比较理想。此外，直播基地中的商品会在电子商务平台店铺中上架，主播在基地选好商品后，在直播时将商品链接导入自己的直播间即可。因为这些商品都是经过主播仔细筛选的，所以比较符合直播间用户的需求，而且基地提供的商品款式非常丰富，主播不用担心缺少直播商品。

一般情况下，在基地进行直播时，主播把商品销售出去后，基地运营方会从中抽取一部分提成作为基地服务费。

④ 现场制作并体验式直播。现场制作并体验式直播是指主播在直播间里对商品进行加工、制作，向用户展示商品被加工后的真实状态。食品、小型家电、3C商品（计算机类、通信类和消费类电子商品三者的统称，也称信息家电，如计算机、平板计算机、手机或数字音频播放器等）等可以采取这种直播营销模式。尤其对于一些可加工的食品来说，主播可以在直播时展示烹饪食品的过程，然后进行试吃。这样既能向用户展示食品的加工方法，提高用户对食品的信任度，又能丰富直播内容，提高直播的吸引力。对于推广食品类商品的直播来说，虽然主播现场试吃食品的形式会对用户产生较大的吸引力，但是这种形式也存在一定的局限性。一场直播通常持续的时间较长，主播要一直试吃，显然是一项不小的挑战。

⑤ 砍价式直播。砍价式直播是指在直播中，主播向用户分析商品的优缺点，并告诉用户商品的大概价格，有用户提出购买意向后，主播再向货主砍价，为用户争取更优惠的价格，价格协商一致后即可成交。

⑥ 秒杀式直播。秒杀式直播是指主播与企业/品牌商合作，在直播中通过限时、限量等方式向用户推荐商品，吸引用户购买的直播方式。秒杀式直播进行时氛围紧张刺激，价格

优惠程度高或商品稀缺性强，能吸引用户积极参与。

8.3 跨境电子商务产品营销方案的策划

产品是作为商品提供给市场，被人们使用和消费，并能满足人们某种需求的任何东西，包括有形的物品，无形的服务、组织、观念或它们的组合。社会需要是不断变化的，因此产品的品种、规格、款式也会相应地改变。新产品的不断出现，产品质量的不断提高，产品数量的不断增加，是现代社会经济发展的显著特点。

8.3.1 产品

菲利普·科特勒以现代观念对产品进行界定，产品是指为留意、获取、使用或消费以满足某种欲望和需要而提供给市场的一切东西。在网络营销中，产品可以分为五个层次：第一层为核心利益层次，是指产品能够提供给消费者的基本效用或益处，是消费者真正要购买的基本效用或益处；第二层为有形产品层次，是指产品在市场上出现时的具体物质形态；第三层为期望产品层次，这时消费者处于主导地位；第四层为延伸产品层次，是指产品的增值服务；第五层为潜在产品层次，指在延伸产品层次之外，由企业提供能够满足消费者潜在需求的产品层次。

8.3.2 产品组合策略

产品组合策略包括产品、价格、分销、促销，其中产品策略是产品组合策略的核心，是价格策略、分销策略和促销策略的基础。产品策略是指企业制定经营战略时，首先要明确企业能提供什么样的产品和服务去满足消费者的需求，也就是要解决产品策略问题。从一定意义上讲，企业成功与发展的关键在于产品满足消费者需求的程度及产品策略正确与否，如图 8-7 所示。

图 8-7 产品组合策略

在跨境电子商务中，要准确地挖掘产品的各个层次，增加产品的附加值，以增强产品的竞争力。网络营销下，产品策略有以下几种方式。

1）网上折价促销

折价亦称打折、折扣，是目前网上最常用的一种促销方式。因为目前消费者在网上购物的热情低于商场、超市等传统购物场所，因此网上商品的价格一般都比传统方式销售时低，以吸引人们购买。由于网上销售商品不能给人全面、直观的印象，也不可试用、触摸等，再加上配送成本和付款方式的复杂性，造成人们对网上购物和订货的积极性下降。而幅度比较大的折扣可以促使消费者进行网上购物的尝试并做出购买决策。目前，大部分网上销售商品都有不同程度的价格折扣。

2）网上赠品促销

赠品促销目前在网上的应用不多，一般情况下，在新产品推出试用、产品更新、对抗竞争品牌、开辟新市场的情况下利用赠品促销可以达到比较好的促销效果。赠品促销的优点：可以提升品牌和网站的知名度；鼓励人们经常访问网站以获得更多的优惠信息；能根据消费者索取赠品的热情程度总结分析营销效果和产品本身的反应情况等。

3）网上抽奖促销

抽奖促销是网上应用较广泛的促销形式之一，是大部分网站乐意采用的促销方式。抽奖促销是以一个人或数人获得超出参加活动成本的奖品为手段进行商品或服务的促销，网上抽奖活动主要附加于调查、产品销售、扩大用户群、庆典、推广某项活动等。消费者或访客通过填写问卷、注册、购买产品或参加网上活动等方式获得抽奖机会。

4）积分促销

积分促销在网络上的应用比传统营销方式简单和易操作。网上积分活动很容易通过编程和数据库等实现，并且结果可信度很高，操作起来相对较为简便。积分促销一般设置价值较高的奖品，消费者通过多次购买或多次参加某项活动增加积分以获得奖品。积分促销可以增加访客访问网站和参加某项活动的次数，可以增加访客对网站的忠诚度，可以提高活动的知名度等。

8.3.3 产品生命周期

1. 产品生命周期基础知识

产品生命周期是以产品销售额和利润额随着时间的变化进行设定和衡量的。如果以时间为横坐标，以销售额和利润额为纵坐标，则典型的产品的生命周期可以表示为一条倒"S"形曲线。例如，有一些产品几十年没有热销，在某个契机下开始畅销，如"王老吉"公益营销所带来的飞速发展，也有一些产品进入导入期后急速成长，然后迅速衰退，其典型代表就是时尚产品的市场生命曲线。此外，还有一些产品的发展趋势像波浪一样起起伏伏，一般每隔几年便会流行起来。通过公司的市场营销活动可以改变产品生命周期曲线，企业应该有意识地从自身的角度控制产品的生命周期，从而有效开展市场营销活动。

一般而言，产品生命周期可以分为导入期、成长期、成熟期、衰退期4个阶段，如图8-8所示。

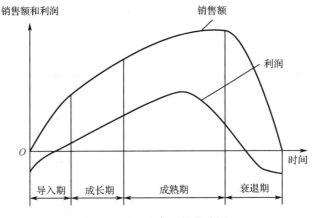

图 8-8 产品生命周期曲线图

典型的产品生命周期概念和曲线说明如下。

（1）销售额曲线和利润额曲线的变化趋势是相同的，但变化的具体时间有所不同。例如，在导入期，销售额曲线为正数，利润额曲线则为负数；在进入成熟期后，销售额曲线还在缓慢上升，而利润额的曲线却已经开始下降，这是由于市场竞争激烈，企业被迫压低了产品销售价格、增加服务和推销费用等造成的。

（2）在实际的市场营销活动中，严格界定某一产品生命周期各个阶段的转折点是很困难的。这些转折点的设定具有一定的主观性，并且它只是表示产品生命周期基本上要经过这样几个有区别的阶段而已。

（3）对产品生命周期的观察是从产品销售额和获利能力的变化上着眼进行的。在衰退期销售额持续下降，利润额剧减，甚至出现负数，如果其他条件正常（如分销渠道畅通、产品质量稳定等），就意味着产品的生命周期即将结束了。

（4）以上所介绍的典型的产品生命周期概念和曲线，作为一种理论抽象，只反映了大多数产品所要经历的生命过程，但并不是所有产品的生命过程都符合这条曲线描述的形态。由于企业营销、市场需求、市场竞争及其他因素的影响，往往会使一种品牌产品的生命周期出现很不规则的变化。有些产品的生命周期非常短，上市后就持续处于销售不佳的低迷状态，从导入期直接进入衰退期；有些产品几乎没有经过投入期，一上市销售额就迅速增长，直接进入成长期；还有的产品很长寿，在成熟期或衰退期重新进入新的成长期。因此，实际生活中的产品生命周期曲线的形状是多种多样、较为复杂的。

（5）典型的产品生命周期概念和曲线，对产品种类、产品形式和产品品牌这 3 种情况的适用性有所不同。其中，产品种类（如食盐、香烟、汽车等）的生命周期最长，这是因为许多产品种类与人口变数（人的需要）高度相关，进入成熟期后生命周期可以无限期地延续下去。产品形式（如食盐、香烟、汽车这些产品种类中各种形式的具体产品）的生命周期是典型的，一般都有规律地经过导入期、成长期、成熟期、衰退期这样几个阶段后退出市场。品牌的生命周期也具有典型性，而且品牌的生命周期是比较短的。因此，典型的产品生命周期主要指产品形式、产品品牌的生命周期。尽管产品种类的总体市场需求也会出现周期性波动，从企业战略管理和营销管理的角度而言，对其进行预测也具有重要的实际意义,但通常情况下,产品种类总体市场需求的周期性波动不能用典型的产品生命周期概念和曲线进行定义。产品生命周期特征如表 8-3 所示。

表 8-3 产品生命周期特征

	导入期	成长期	成熟期		衰退期
			前期	后期	
销售量	低	快速增大	继续增大	有降低趋势	下降
利润	微小或负	大	高峰	逐渐下降	低或负
购买者	爱好新奇者	较多	大众	大众	后随者
竞争	甚微	兴起	增加	甚多	减少
成本	单位客户成本高	单位客户成本一般	单位客户成本低	单位客户成本低	单位客户成本低

从以上分析,人们可以得到如下 3 点启示。

第一,既然产品种类的生命周期很长,总体市场需求也会出现周期性波动,那么企业为了减少经营的风险性,就应考虑多生产一些产品种类,实行多角化经营。

第二,既然产品形式的生命周期依次经过几个阶段后要退出市场,那么企业就应该针对其生命周期不同阶段的特点,采取不同的市场营销策略,并根据市场需要的变化不断推出新的产品形式。

第三,虽然品牌的生命周期较短,但有的品牌长期受到人们的欢迎,就要求企业在一个品牌投入市场后,特别是一个品牌在市场上确立了信誉后,要特别注意加以维护,以充分发挥其作用。

2. 产品生命周期各阶段策略

下面简要分析产品生命周期各阶段的特点,以及企业可采取的营销对策。

1)导入期的特点与营销策略

(1)特点。

① 利润最小、费用高。由于新产品刚刚上市,消费者和经销者对它缺乏了解,所以产品销售量增长较为缓慢,加上产品生产批量小、生产成本较高、广告宣传费用开支较大,企业有可能出现亏损。

② 风险比较大。由于产品处于初期发展阶段,销售额增长缓慢且不稳定,各种资源的投入比较高,因而新产品淘汰的风险、企业新产品开发投入难以收回的风险都比较大。

③ 竞争对手较少。一个产品初次进入市场,特别是那些新研制开发出来的品种,往往很少或没有竞争对手。

(2)营销策略。企业在确定营销策略时,一方面要充分认识到新产品的发展前景,明白短暂的高投入是为了今后的发展;另一方面要考虑到风险性,采取一定的防范措施。在这一时期,企业最重要的是做出正确的判断,抓住时机采用有效的营销策略占领市场,形成批量规模,以便较快地进入成长期。在导入期中可供企业选择的营销策略主要有如下 4 种。

① 快速撇脂策略。快速撇脂策略即企业以高价格、高促销费用将新产品推向市场,以求尽快打开市场,提高市场占有率,迅速补偿开发投资费用并取得较高的利润。企业实施

这种策略应具备 3 个条件：具有一定的经济实力，可以支付高额的促销费用；新产品确实有较大的潜在市场需求，而且可以抓住消费者，使其愿意出高价购买；面临潜在竞争者的威胁，需要尽快形成产品偏好群并建立品牌声誉。

②慢速撇脂策略。慢速撇脂策略即企业以较高的价格、较低的促销费用将新产品推向市场，以期获得较多的利润。企业实施这种策略的条件是，新产品有效地填补了市场空白，没有现实竞争者和潜在竞争威胁市场，购买者迫切需要并且愿意出高价购买。

③快速渗透策略。快速渗透策略即企业以低价格、高促销费用将新产品推上市场，以迅速占领市场，取得尽可能高的市场占有率。企业实施这种策略的条件是，新产品的市场潜力很大，消费者对它不了解但对价格比较敏感，面临潜在竞争对手的较大威胁，随着生产规模的扩大，可以有效地降低企业生产成本。

④缓慢渗透策略。缓慢渗透策略即企业以较低的价格、较低的促销费用将新产品推上市场。企业采取这种策略可以用较低的价格提高产品的竞争能力、扩大市场占有率，依靠较低的促销费用减少经营成本、获得较高的盈利。企业实施这种策略的条件是，新产品的市场容量较大，消费者已经十分了解这种产品并且对价格非常敏感，还存在着潜在的竞争者的威胁。

2）成长期的特点与营销策略

（1）特点。

①新产品已经被消费者接受，因而需求量持续上升，分销渠道的建立推动了销售量迅速增长，产品已经在市场上站稳脚跟，使得市场占有率不断扩大。

②随着新产品基本定型，并进入批量生产，规模效益开始呈现。随着新产品的市场声誉不断提高，促销压力有所减缓。随着生产和销售成本的下降，利润率持续上升，逐步达到最高峰。

③竞争者逐渐增多，竞争程度日趋激烈，有时还会出现假冒仿造者。

（2）营销策略。在这一时期，企业营销工作的重点是维持市场增长率，延长成长期，提高市场占有率，延续获取最大利润的时间。

为了达到这些目标，企业可以采取如下 5 个方面的营销策略。

①促销改进。将广告宣传的重心从介绍产品转向树立产品形象，在不断扩大产品知名度的同时，提高产品的美誉度，树立产品在消费者心目中的良好形象，以便形成稳固的品牌偏好群。

②产品改进。在改善产品质量的同时，根据消费者的需要努力开发新款式、新型号，提供良好的销售服务，以吸引更多的购买者。

③市场开发。通过市场细分，寻找新的尚未满足的市场空间，根据其需要安排好营销组合因素，迅速开辟和进入新的市场。

④分销改进。在巩固原有的分销渠道的同时，增加新的分销渠道，与分销渠道上的成员建立更为协调的关系，促进产品的销售。

⑤价格调整。选准时机采取降价策略，以激发那些对价格比较敏感的消费者形成购买动机，并采取购买行动。

上述 5 个策略本质上都属于扩张型策略。从近期看，采用这些策略会相应地加大产品的营销成本,降低盈利水平;但是从长远看,由于企业加强了市场地位,提高了竞争能力,巩固和提高了市场占有率,规模经济降低了单位成本,因此,企业将会获得更多的利润。

3)成熟期的特点与营销策略

(1)特点。

① 新产品已经被广大消费者接受,产品产量和销量都达到了顶峰。

② 市场潜力逐渐变小并趋于饱和,需求放缓了,增长速度出现了下滑的迹象,进一步扩大市场份额的空间已经很小。

③ 市场竞争异常激烈,为了对付竞争对手、维护市场地位,企业的营销成本会有所增加,利润达到顶峰后逐渐下滑。

(2)营销策略。在这一时期,企业营销工作的重点是稳定市场占有率,维持已有市场地位,通过各种改进措施尽量延长成熟期,以获得尽可能高的收益率。

为了实现这些目标,企业可以采取如下3个方面的营销策略。

① 市场改进策略,指企业通过发展产品新的用途、改进营销方式和开辟新的市场等途径扩大产品的销售量。

② 产品改进策略,指企业通过改进产品适应市场需求的能力,增强产品的市场竞争能力,扩大产品的销售量。这一策略可以通过对产品整体概念所包括的任何一个层次内容的改进加以实现。

③ 市场营销组合改进策略,指企业通过对营销组合因素的综合调整和改进提高企业适应需求的能力,增强市场竞争能力,扩大产品的销售量。

4)衰退期的特点与营销策略

(1)特点。

① 消费者的消费习惯已发生改变,购买兴趣迅速转向了新产品。

② 产品销量趋于迅速下降,企业被迫压缩生产规模。

③ 价格降到了最低水平,各种促销手段已经不起作用,多数企业无利可图,大量的竞争者走出市场另谋他路,留下的企业处于维持状态。

(2)营销策略。在这一时期,企业的决策者应该头脑冷静,既不要在新产品还未跟上来时就抛弃老产品,以致完全失去已有的市场和客户,也不要死抱住老产品不放而错过机会,使企业陷入困境。

为了实现这些目标,企业可以采取如下3个方面的营销策略。

① 维持策略,指企业继续沿用过去的营销策略,尽量把老产品的销售额稳定在一个水平上,或者把经营资源集中在最有利的细分市场的分销渠道上,以便减缓老产品退出市场的速度,这样既可以为新产品研发上市创造一定的时间条件,同时,又能从忠实于老产品的客户中得到利润。

② 收缩策略,指企业缩小生产规模,削减分销渠道,大幅度降低促销水平,尽量减少营销费用,以增加目前的利润,直到该产品完全退出市场。

③ 放弃策略,指企业对于衰落比较迅速的产品,或当机立断完全放弃经营,或将其占用资源逐渐转向其他产品,进而逐步放弃经营。

8.3.4 跨境电子商务卖家在产品生命周期各阶段的运营策略分析

1. 导入期的运营策略

1）选品策略

在导入期，如果企业具有极强的产品开发实力，能准确找到消费者的痛点，则可以开发一款爆款产品，这些产品进入市场后，会长时间地享受成长期红利。例如，usmile toothbrush 创立的电动牙刷（见图8-9），其因为具有创新模式能长时间占据排行榜的前几位（见图8-10）。

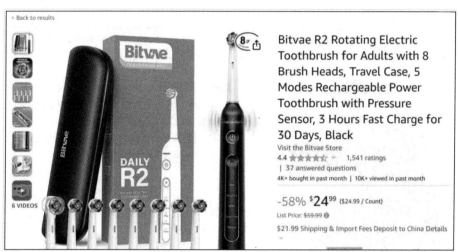

图8-9　usmile electric toothbrush 展示图

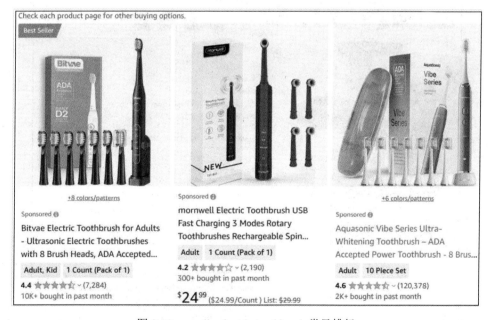

图8-10　usmile electric toothbrush 类目排行

课堂小贴士 8-7

如果企业不具备产品开发的实力,则需要耐心寻找已经存在于平台上的产品,分析这些产品的消费者评价、集中度指标、销量、头部卖家实力等要素,大致可以选出中意的产品并进行差异化改造。

2)定价策略

导入期产品刚上架时,自身优势不明显、产品竞争力较弱、短期内评价数据不够丰富,为了让产品快速进入市场,卖家可将定价设置得低一些,如图 8-11 所示根据产品评价设置低价格。

图 8-11　产品评价页面明细图

3）推广策略

选好品之后，需要开始 listing 的创建。以亚马逊平台为例，listing 包括标题、图片、五点描述、A+页面、关键词、分类节点、评价和星级，上架之前要完善相关信息。跨境电子商务卖家可通过平台广告投放为产品创造曝光的机会，并且对于广告销售成本比率给予一定的关注，重点查看产品的曝光是否足够，从而发现比较好的流量来源。卖家应维持 listing 的活跃度，让平台能够抓取并判定为有潜力的产品，这样平台会给予更多的流量扶持。

4）物流策略

在导入期，消费者对产品还不了解，除了少数追求新奇的消费者，几乎没有消费者实际购买该产品，产品的边际利润较高、潜在需求不确定性较大，体现出小批量、高频率的购买特点，一旦出现缺货，就有可能丧失营销所取得的成果。因此，想要在市场立足，则要满足随时可以交付货物的条件。这一阶段，卖家需要选择有高度的产品可得性和灵活性的物流模式。

2. 成长期的运营策略

1）定价策略

在成长期，产品有了一些销量、好评、星级分数的指标数据。产品销量呈上升趋势，每月好评新增数呈上升趋势，有充足的库存，产品获得消费者的认可，有大量的新消费者购买；但是，忠实消费者数量还是比较少的，产品处于成长期时可以将价格控制在比竞争对手的产品稍微低一点的范围。

2）推广策略

在成长期，想进一步挖掘产品的潜力，需要关注的是产品的转化率和走势。这个阶段要投入各种资源进行站内和站外推广。企业要控制流量推广的转化率，预算也要充足，不然一旦广告中断，之前的权重就会下跌；同时要维护好链接，避免被跟卖或出现差评等情况。

3）物流策略

企业在这一阶段的任务是抢占市场，扩大市场占有率，物流活动的重点已从提供所需服务变为更平衡的服务与成本绩效。企业可以较大批量地采购原材料与发货，建立广泛、密集的分销物流体系。

3. 成熟期的运营策略

1）定价策略

在成熟期，企业的战略目标是打造品牌，以产品品牌延长产品生命周期。当产品销量已经很稳定，排名、流量、星级评分、销量等各方面的指标都很好，或各方面的数据都显示本产品是一款爆品，这时产品更多的是代表品牌形象与店铺定位，企业要通过控制产品定价、广告成本保证产品销量、稳定产品排名，并且不断改善和更新产品，从而为后面的衰退期建立退出机制。

2）推广策略

在成熟期，企业需要重点关注产品的利润率，在这个阶段，listing 的曝光已经达到巅峰，可以降低广告投入。很多爆款可以靠自然流量和品牌效应将这个阶段的流量和转化率基本维持在稳定状态,因此很难有进一步的增长空间,所以要控制好广告预算,精准投放广告,同时也要不断地根据市场的变化调整,利用站内的广告、秒杀活动制造关联流量。

3)物流策略

在成熟期,市场需求趋于饱和,产品边际利润降低,潜在需求不确定性变小。由于产品需求稳定,每个销售网点的需求量和配送中心的发货量都是可以控制的。在这一阶段,企业可以成立大型配送中心,覆盖所有的销售网络,完善现代增值物流服务;也可以利用第三方物流企业降低物流成本,还可以选择专门的物流企业提供的专业化服务。

4. 衰退期的运营策略

1)定价策略

在衰退期,市场需求会逐渐减弱,消费者的忠诚度也会下降,所以这一时期除了降价,还可以通过设置折扣等方式快速清仓;在这个阶段,卖家要开始寻找市场上新热卖的产品进行开发,为下一轮的运营做准备。此时没有新的功能可以再被改善或开发出来,产品的销售基本上被头部卖家所垄断,新进入的卖家在产品实力上很难和这些卖家抗衡。

2)推广策略

在衰退期,若销量与利润大大下降,则没必要继续强推;如果还有库存,可以通过满减、打折、包邮、组合等方式销售出去,最大化减少库存。

3)物流策略

在衰退期,为配合整体营销策略,企业应采取物流紧缩策略,维持基本物流服务,减少物流开支。

8.3.5 跨境电子商务产品销售计划的制订

一个有效、可控的销售计划在整个销售活动中的重要性不言而喻,但是,一般来说,销售计划的跨度不宜过长,企业需要在确定销售目标、制定销售策略、设定预算推广的执行过程中不断修正销售计划。

1. 销售计划的概念与分类

1)销售计划的概念

销售计划是企业战略管理的体现,是实现企业目标的路径,也是企业工作内容的指引;是指导企业在计划期内进行产品销售活动的计划,是在企业内部和外部开展调研,在审视企业的优势和劣势的基础上提出假设、进行预测,根据销售任务、需求预测等资料,规定企业在计划期内产品销售的品种、数量、销售价格、销售对象、销售渠道、销售期限、销售收入、销售费用、销售利润等;是企业制订生产计划和财务计划的重要依据。

2)销售计划的分类

(1)从时间长短来分,销售计划可以分为周销售计划、月度销售计划、年度销售计划等。

(2)从范围大小来分,销售计划可以分为企业总体销售计划、分公司(部门)销售计划、个人销售计划等。

(3)从市场区域来分,销售计划可以分为整体销售计划、区域销售计划。

（4）从企业的性质来分，销售计划可以分为生产企业销售计划、流通企业销售计划、零售企业销售计划等，各类企业由于经营性质和销售产品的不同，其市场销售计划的制订方法和模式也不完全一样。

2. 制订销售计划的步骤

第1步：对销售环境做调研。具体内容包括市场状况、分销状况、宏观环境状况等。

第2步：分析产品。首先，要确定销售目标，如品牌形象、市场定位。其次，对于跨境电子商务企业来说，要想打造好产品，就要找出自己的竞争对手，对竞争对手产品的listing逐个分析，具体内容包括产品状况、竞争状况、市场需求和供应服务商等。

第3步：销售计划制订。企业应该结合生产情况、市场需求情况、市场竞争情况、历史销售情况，多维度对潜在的目标市场进行细分、评估和筛选，明确企业该进入哪个或哪些业务领域，然后做出最佳的销售计划。

> **课堂小贴士8-8**
>
> **制订跨境电子商务企业销售计划的注意事项**
>
> ①注意目标市场的消费习惯；②注意运输时效；③注意符合法律法规。

8.4 跨境电子商务活动营销与策划

媒体市场竞争越来越激烈，除了比发行量、版面、广告受众、广告服务，价格也成为媒体竞争的利器。通过活动推出活动套餐价，比正常广告有一定的优惠折扣，但又不会冲击整个价格体系，同时争取到了更多的广告。另外，优惠套餐价往往是捆绑销售，批发版面，薄利多销，在一定时期内锁定了发展商的广告投入，掌握了其推广节奏。

8.4.1 活动营销的概述

活动营销是指企业通过参与重大的社会活动或整合有效的资源策划大型活动而迅速提高企业及其品牌知名度、美誉度和影响力，促进产品销售的一种营销方式。简单地说，活动营销是围绕活动而展开的营销，以活动为载体，使企业获得品牌的提升或销量的增长。

活动营销能够给企业带来收益，营销的作用其实不仅是为了销售产品，更重要的是塑造品牌影响力。其作用主要有以下几个方面。

1. 提升品牌的影响力

一个好的活动营销不仅能够吸引消费者的注意力，还能够传递出品牌的核心价值，进而提升品牌的影响力。那么，如何让品牌的核心价值被消费者所认同呢？全球品牌网关键就是要将品牌核心价值融入活动营销的主题，让消费者接触活动营销时，自然而然地受到品牌核心价值的感染，并引起消费者的情感共鸣，进而提升品牌的影响力。

2. 提升消费者的忠诚度

活动营销是专为消费者互动参与打造的活动，活动包括消费者的参与和大众的关注，产品和品牌形象深度影响了消费者，更能够提升消费者对品牌的美誉度，进而提升消费者的忠诚度。

3. 吸引媒体的关注

活动营销是近年来国内外十分流行的一种公关传播与市场推广手段，集新闻效应、广告效应、公共关系、形象传播、客户关系于一体，并为新产品推介、品牌展示创造机会，建立品牌识别和品牌定位，成为一种快速提升品牌知名度与美誉度的营销手段。20世纪90年代后期，互联网的飞速发展给活动营销带来了巨大契机。通过网络，一个事件或一个话题可以更轻松地被传播和引起关注，成功的活动营销案例开始大量出现。

8.4.2 跨境电子商务的热门活动

跨境电子商务每年的销售旺季差不多是在 10~12 月，因为在此期间有很多国外的节日，消费者会享受较大的折扣力度，购物欲望高涨。所以每年的下半年都是跨境电子商务的黄金时期，很多跨境电子商务平台的卖家都会使出浑身解数做好节日营销策略。

国内外重点的节日及相应的销售点如下。

1. 元旦（1月1日）

新的一年，意味着新的希望，有着对美好生活的向往，所以营销点在于生理或心理塑造方面的产品。主要包括健身用品、户外运动器材、书籍、健康或有机食品、登山用品、电子设备等，当然少不了节日贺卡。

2. 情人节（2月14日）

情人节又称圣瓦伦丁节或圣华伦泰节，即每年的2月14日，是西方国家的传统节日之一，起源于基督教。这是一个关于爱、浪漫及花、巧克力、贺卡的节日。男女在这一天互送礼物表达爱意或友好。情人节是全球性节日，爱情是永恒的主题，从礼物选择到购买的心路历程，往往少不了各种推广渠道的影响。跨境电子商务卖家可以发送一封情人节邮件，内容为推荐一款男士礼物和一款女士礼物，过多的产品推荐会让人产生选择恐惧症。同时在社交网站上举办上传情侣照的活动，以有奖评选最佳情侣照吸引粉丝进行引流。主推产品包括服装、鞋帽包、护肤品、珠宝、巧克力、鲜花、有纪念意义的物品。

3. 复活节（过春分月圆后的第一个星期日）

复活节（主复活日）是西方的一个重要节日，在每年春分月圆之后第一个星期日。基督徒认为，复活节象征着重生与希望，是为纪念耶稣基督被钉十字架受死后第三日复活的节日。与复活节有关的商品包括塑料蛋、兔子主题的物品、玩具、小礼物、装饰品、宗教用品、柔和的派对礼物和卡片。

4. 母亲节（5月的第二个星期日）

母亲节是一个感谢母亲的节日。母亲们在这一天通常会收到礼物。针对女性的产品主要包括化妆品、花卉、珠宝、衣服、手袋、书籍、贺卡、巧克力、美容产品和家居用品。

5. 父亲节（6月的第三个星期日）

父亲节约始于20世纪初，起源于美国，现已广泛流传于世界各地，节日日期因地域而存在差异。最广泛的日期在每年6月的第三个星期日。可以准备相对应的产品，主要包括领带、书籍、袜子、古龙水、剃须刀、家居装饰用品及运动和户外装备。

6. 万圣节（11月1日）

万圣节又称诸圣节，在每年的11月1日，是西方的传统节日。而万圣节前夜的10月31日是这个节日最热闹的时刻，化装舞会更是该节日的重点项目。与万圣节有关的商品包括各种服装、化妆品、配件、口罩、假发、饮料、恐怖电影及恐怖和新颖的物品（如假血和恐怖的隐形眼镜）。

7. 双十一（11月11日）

双十一的销售额连年攀升，并且正在变为全球化的节日，可准备并实施最有效的营销方案，并保证库存充足。

8. 感恩节（每年11月的第四个星期四）

感恩节，西方传统节日，是美国人独创的一个节日，也是美国人合家欢聚的日子。因为美国人习惯在这一天全家人团聚在一起吃火鸡，所以厨房类用品销量将大增，如厨房用具、火锅、锅和围裙。还适合售卖羽绒服、手套、围巾、毛线帽、滑雪装备和滑雪服。

9. 平安夜（12月24日）和圣诞节（12月25日）

所有类别都与礼物有关。圣诞用品和装饰品、贺卡、蜡烛、日历和灯。

8.4.3 跨境电子商务活动营销方案的策划

活动营销不但是集广告、促销、公关、推广等为一体的营销手段，也是建立在品牌营销、关系营销、数据营销的基础之上的全新营销模式。

1. 活动时间选择

了解国外重要的节日，在一些主要节日进行品牌推广，包括感恩节、圣诞节、光明节和新年等。同时，还需要把一些已经变得十分流行的购物节日也考虑进去，包括"黑色星期五""小型企业星期六"及"网络星期一"等节日。

2. 提供与节日主题相关的产品和内容

为了宣传促销信息，卖家需要为客户提供围绕节日营销主题的产品。在某些情况下，这可能包括为客户提供折扣；另外，还可能包括为节日营销创造内容。例如，可以下载电子贺卡模板进行季节性营销。此外，可以适当增加一些创意，有许多营销工具可供选择，例如广告语、横幅、网页、照片、社交媒体上的图片等，这些都可用于营销推广活动。

3. 规划社交媒体营销策略

节假日的时候，社交媒体上的受众互动率会下降许多。那么，这是为什么呢？可能很多人在度假，抑或在计划即将到来的假期。然而，这并不意味着商家就没事做了，商家仍然有很多种办法让社交媒体受众在节假日的时候与你互动。例如，商家需要提前规划好"编辑日程"，以便在节假日期间写出所有需要的内容。

4. 优化关键词

搞清楚你的受众会在何时搜索你的品牌，以及他们使用什么关键词。如果是 B2B 企业，搜索量最高的时刻可能是工作时间；而如果是 B2C 企业，晚上和周末的时间其流量可能更高。

5. 举办线下活动

利用一次与受众面对面的机会扩大你的受众范围，可以作为一个目标。当商家举办一个活动时，参与者通常会用这个活动的标签发布推文，利用这个标签，商家可以顺势推广营销活动的其他内容，如提供的产品及优惠信息等。这样一来，参加活动的人及他们的社交粉丝通过这个标签看到营销内容的概率就增大了。因此，策略性地结合线上与线下的活动，可以更好地达到你的目标。

 复习与思考

1. 简述营销策划的定义。
2. 简述营销策划的特点。
3. 简述营销策划的内容。
4. 简述营销策划的作用。
5. 跨境电子商务品牌管理概述。
6. 简述跨境电子商务品牌策划。
7. 简述跨境电子商务产品销售计划的制订步骤。
8. 电子商务活动营销概述。
9. 简述跨境电子商务活动营销方案的策划。

第 9 章 跨境电子商务营销实施效果评价

教学目标
- 了解营销实施效果评价的定义与主要内容。
- 了解跨境电子商务营销实施效果评价方法。

学习重难点

重点
- 掌握营销实施效果评价模型。
- 跨境电子商务营销实施效果评价指标。

难点
- 掌握营销实施效果评价流程。

案例导入

浅析：B2B 端产品如何做好数据埋点？

如今，B 端产品已不再是一个只要功能的时代了，也在朝着 C 端产品的精细化迈进，数据埋点是验证猜想、发现问题的客观手段，更在产品方向上有着指导性意义。那么，B 端产品要如何做好数据埋点？

1. 哪些地方需要埋点？

埋点不在于多和全，而在于精。该埋的地方不能漏，不该埋的地方一个都不要有。这样既能节省成本，又能得到有价值的数据。主要埋哪些地方呢？

1）重点功能

重点功能处的埋点可以细致一点，菜单的点击量，各 tab 的点击量，关键按钮的点击量，输入框的点击量，等等。此处的埋点主要用于功能细节的优化，所以要埋有优化空间的点。比如说交易管理→已卖出宝贝中，近三个月订单、待付款订单、待发货订单等，用户关心程度的顺序是怎么样的？如果随意排序，那用户每次进入页面查看订单时都要先切换下 tab，十分麻烦。

而像一些地方，已经没有优化空间了，比如编辑商品时，食品工艺虽不是必填字段，但也是必须字段，最多调整下顺序，把必填的集中到一起。这种就不要去埋哪个点击量高了。

对于一些使用频次不高的功能，也不用去埋，比如说店铺介绍、宣传语设置。有些甚至是一次性的操作，即使有优化空间，也不一定有优化的必要。

2）新上功能

新上功能不一定是重点功能，那为什么要埋点呢？——验证产品决策是否正确。我们在设计产品前，会调研用户，会判断这个功能是不是来源于用户的真实需求，是不是符合产品的定位，是否能带来效益，还会预估下大致有多少用户使用。

如果功能上线后，我们发现用户使用量符合预期，那说明这是一个正确的决策。如果发现没有人用，那可能这个功能宣传太弱，用户没发现，也可能这个决策根本就是错误的。

3）不确定处

有时候是埋点后发现了问题，有时候是有困惑了，进行了埋点。我们在设计时可能经常会有这样的疑问：这样处理合理吗？数据是很有力的证据。A/B test 是 C 端常用的方式，看哪个位置或者形式更能引起用户的注意，达到想要的效果。

B 端产品也会采用这种方式。比如说把消息的按钮放在顶部导航栏的左边还是右边，更能增强提醒？

常见的系统都是放在右边的，但现在右边菜单过多了，再放右边是否反而会被忽略？

类似的不确定会非常多，仍要注意埋有价值的点，能否通过这个埋点更好地了解用户的习惯，使得以后的设计更加人性化？

2. 常用的埋点数据及作用

数据类型和 C 端的采集差异不大，B 端使用最多的是业务数据、PV/UV、点击量，而浏览器类型、页面停留时长、操作路径等用得少一些。原因下面说。

1）业务数据

业务数据包含用户的基础信息，比如说这家店铺有几个客服，有几个角色；也包含用户的交易数据，比如订单数量、订单金额。这些数据不需要通过埋点也能直接从数据库中导出，但每次都要去处理数据，比较费时间，也没法看到实时数据。所以埋点的时候也会把这部分数据统计进去。从这些业务数据可以看出哪些是大客户，利于对客户进行分类管理。

2）PV/UV

PV：页面访问量，每打开一次页面 PV 计数+1，刷新页面也是；

UV：独立访客访问数，一台电脑终端为一个访客。

通过对页面的访问量监测，我们可以区分功能的使用频率，每位用户的平均使用次数，重点去提升核心和重点功能。

3）点击量

常用于页面中按钮、选择的点击量统计。比如批量发货、批量标记、批量免运费的按钮，是否是高频操作，是否需要外放，这样排列的顺序是否合适？该数据利于细节优化。

4）浏览器类型

B 端产品的使用挺多是在 PC 端，我们需要了解用户的浏览器类型、屏幕分辨率，做好适配。比如统计页面数据字段特别多，可能在 1920px 下，正好能看全，但是在 720px 下，会有一部分数据看不到，这时候是等比压缩，还是做拖拉？一般 B 端产品会有一个推荐浏览器，比如推荐在谷歌下打开。屏幕分辨率的使用率可以去网上查，虽然和实际用户的使用情况会有些差异，但在资源有限的情况下，还是可以不埋点的。

5）页面停留时长

B 端用户在页面的停留时长其实不能说明什么问题。比如我在商品编辑的页面停留时间很长，是因为我不会用这个功能吗？可能就是我打开了这个页面，上传后发现宝贝图片不好看，正在修图。所以一般 B 端产品不会埋这个点。

6）操作路径

操作路径就是跟着业务流程监控用户的操作行为。比如说医生在接诊患者后，是这样的流程：B 端产品如何做好数据埋点？还是这样的流程：B 端产品如何做好数据埋点？我们可以总结出最常用的流程，优化门诊的路径。但操作路径埋点工作量非常大，性价比不高，一般也不做。

3. 常用的埋点工具

1）第三方平台

如果公司没有能力自己做数据埋点，可以采用第三方平台，比如友盟、神策分析、growing IO、腾讯 MTA、百度移动统计。它们采用半自动化埋点的方式，把部分人工的工作进行标准化，做成 SDK，在 App 或 Web 产品中嵌入该段埋点代码。还有一种全自动埋点的方式。不管需不需要，将所有的点都埋了。通常这种埋点也是通过 SDK 实现的，这种 SDK 不需调用，已经直接嵌入 App 或 Web 产品中了。半自动化方式的埋点更加精准一点，B 端产品不建议使用全自动化埋点。

2）内部数据团队

如果公司有自己的数据团队，可以提出需求，让数据组手动或者半自动化地去埋点。这样埋点更加灵活精准，当然成本也比较高。不过我们可以不用一次性把所有的点都埋上，可以按照功能重要性的优先级逐步去埋，这样一举两得。

9.1 跨境电子商务营销实施效果评价体系

9.1.1 营销实施效果评价的定义与主要内容

1. 营销实施效果评价的定义

营销实施效果评价，就是探索营销活动对企业绩效的影响及对营销生产力进行测量，以了解营销活动对企业造成何种影响及这些影响的大小，最终目的是探索营销活动是否会影响企业的财务绩效和企业价值。

2. 营销实施效果评价的主要内容

了解如何评估一个营销计划，主要看它是否达到了可能的最佳效果，可以帮助企业节省资金，并确保企业成长计划的成功。任何评估都应该从回顾营销计划的目标开始，这也是为什么设定营销目标时一定要包含具体的、可衡量的指标。在评价一个营销计划是否成功时，有 5 个维度可以参考。

1）市场反应

竞争对手的行动通常是衡量营销计划成败的晴雨表。如果某个计划被竞争对手竞相效仿，那么说明这个计划影响竞争对手了，它应该是有效的。如果某个营销计划在很大程度上被忽视了，那可能就有问题了，应该立马开始评估工作。

2）顾客反应

各种形式的顾客反应可以帮助确定营销活动所创造的市场反响。客户服务反馈、在线互动和点击率可以揭示客户对营销活动的看法，以及哪些活动或项目带来的影响最大。

3）销售业绩

有效的营销活动应使销售业绩上升。检查这些数字可能是确定计划是否有效的最快和最主要的方法。

4）每获取成本

一流的营销人员都会跟踪一个重要的指标：每获取成本（cost per acquisition，CPA）。每获取成本是决定真正的投资回报的指标，与市场或客户的反应无关，归根结底，如果营销活动没有产生收益，它就不是成功的。

5）投资回报率

当涉及营销费用时，投资回报率（return on investment）是人们最关心的问题。营销投资的最终目标是确定能否带来利润。企业必须衡量花费的金额和带来的收益。

> **课堂小贴士 9-1**
>
> **营销实施效果评价的作用**
>
> （1）营销实施效果评价可以监测市场营销活动实现年度目标的进展情况。
>
> （2）营销实施效果评价可以帮助企业确定营销组合（产品、价格、渠道和促销）中的哪些领域需要修改或改进以提高某些方面的业绩。
>
> （3）营销实施效果评价可以评估企业的产品、服务和理念是否能满足客户和利益相关者的需求。

9.1.2　营销实施效果评价模型

营销活动的成功与否与该项目的目的、目标及期望指标紧密相关。如果对营销活动根本没有一个期望指标（如期望它可以带来多少流量或带来多少销售），单看一个单纯的数值并不好去判断它的运营效果或营销效果怎么样。

为了帮助营销人员对目标进行结构性的思考，可以参考以下这个"5步网络营销效果评估模型"。

（1）确定商业目的。

（2）明确每个目的包含的目标。

（3）确认关键绩效指标（key performance indicators，KPI）。

（4）通过确认目标的各项 KPI 设置成功的指标。

（5）对用户、行为和产出进行细分，从而了解营销计划成功或失败的原因。

第9章 跨境电子商务营销实施效果评价

> **课堂思考 9-1** 你知道一个完整的、优秀的网络营销效果评估模型侧重于营销的哪些关键领域吗？

9.1.3 营销实施效果评价流程

1. 确定网络营销目标

首先确定网络推广目标，设定关键绩效指标网络营销目标必须明确且可以衡量。

2. 计算网络营销目标的价值

确定网络营销目标后，还要计算目标达成时产生的价值。

3. 记录并统计网络营销目标达成的次数

借助网络访问统计系统或者其他方法记录并统计网络营销目标达成的次数，是对网络营销效果进行综合评价的一个基础。记录的工具可以是平台自带的统计系统，也可以是非网站访问统计系统。

4. 计算网络营销目标达成的成本

计算网络营销目标达成成本最容易在 PPC（pay per click）计价模式下实现。这种模式对每次点击的价格、某一时间段的点击费用总额、点击总数都有清晰的记录和统计，并且成本非常容易计算。对有些网络推广手段，则需要根据具体方法进行一定的估算。

9.2 跨境电子商务营销实施效果评价方法与指标

9.2.1 跨境电子商务营销实施效果评价方法

营销实施效果评价方法是指在营销实施效果评价时具体采用的方法，主要从微观角度指导数据分析人员进行数据分析。常见的营销实施效果评价方法有对比分析法、分组分析法、结构分析法、平均分析法、矩阵关联分析法、聚类分析法、时间序列分析法、回归分析法和相关分析法等。

1. 对比分析法

对比分析法也称比较分析法，是对客观事物进行比较，以认识事物的本质和规律，并做出正确的评价的方法。对比分析法通常是对两个相互联系的数据进行比较，从数量上展示和说明数据分析对象的规模大小、水平高低、速度快慢，以及各种关系是否协调。在对比分析中，选择合适的对比标准是十分关键的，只有选择合适的标准才能做出客观的评价，选择不合适的标准可能会得出错误的结论。可以选择不同的维度进行对比分析，常见的对比维度如下。

1）时间维度

时间维度的对比分析以不同时间的指标数值作为对比标准。时间维度是一种很常见的对比维度。根据所要进行对比的时间标准不同，对比分析可分为同比和环比。

2）空间维度

空间维度的对比分析是指可选择不同的空间指标数据进行比较，可以与同级部门、单位、地区进行比较，也可以与行业内的标杆企业、竞争对手或行业平均水平进行比较等。

3）计划目标标准维度

计划目标标准维度的对比分析是指对实际完成进度与目标进度、计划进度进行对比。这类对比在实际应用中是非常普遍的，如公司本季度完成的业绩与目标业绩进行对比，促销活动的实际销售情况与计划销售情况进行对比等。

4）经验与理论标准维度

经验标准是通过对大量历史资料的归纳得到的标准，理论标准则是通过对已知理论进行推理而得到的标准，如衡量居民生活水平的恩格尔系数。

2. 分组分析法

分组分析法是一种重要的数据分析方法，它一般根据数据分析对象的特征，并按照一定的标志，把数据分析对象划分为不同的部分或类型进行研究，以揭示其内在的联系和规律。

分组分析法的关键是分组。那么该如何分？按什么样的规则分？选择不同的分组标志，可以形成不同的分组方法。通常可以按属性标志和数量标志进行分组。

1）属性标志分组分析法

属性标志分组分析法是指按数据分析对象的属性标志来分组，以分析社会经济现象的各种属性特征，从而找出客观事物的发展规律的一种分析方法。

属性标志所代表的数据不能进行运算，只用于说明事物的性质、特征，如人的姓名、所在部门、性别、文化程度等标志。

按属性标志分组一般较简单，分组标志一旦确定，组数、组名、组与组之间的界限也就确定了。例如，人口按性别分为男、女两组，具体到每一个人应该分在哪一组都是很清楚的。

一些复杂问题的分组称为统计分类。统计分类是相对复杂的属性标志分组分析法，需要根据数据分析的目的统一规定分类标准和分类目录。例如，国家工业部门一般先分为采掘业和制造业两大部分，然后分为大类、中类、小类3个层次。

2）数量标志分组分析法

数量标志分组分析法是指将数量标志作为分组依据，将数据总体划分为若干性质不同的部分，以分析数据的分布特征和内部联系。

数量标志所代表的数据能够进行加、减、乘、除等运算，也能说明事物的数量特征，如人的年龄、工资水平、企业的资产等。

根据数量特征，数量标志分组分析法可分为单项式分组和组距式分组。

单项式分组一般适用于数据量不多、变动范围较小的离散型数据。每个数量标志都是一组，有多少个数量标志就分成多少组，如按产品产量、技术级别、员工工龄等标志分组。

组距式分组是指在数据变化幅度较大的条件下，将总体数据划分为若干区间，每个区间作为一组，并保证组内数据性质相同，组与组之间的性质相异。

组距式分组的关键在于确定组数与组距。在组距式分组中，各组的取值界限称为组限。一个组的最小值称为下限，最大值称为上限；上限与下限的差值称为组距；上限值与下限值的平均数称为组中值，它是一组数据的代表值。

3. 结构分析法

结构分析法是指对分析研究总体内的各部分与总体进行对比的分析方法。总体内的各部分占总体的比例属于相对指标，一般某部分所占比例越大，说明其重要程度越高，对总体的影响越大。例如，对国民经济的构成进行分析，可以得到生产、流通、分配和使用各环节占国民经济的比重或是各部门对国民经济的贡献比重，从而揭示各部分之间的联系及变化规律。

结构相对指标（比例）的计算公式为

结构相对指标（比例）=某部分的数值÷总体总量×100%

结构分析法的优点是简单实用，在实际的企业运营分析中，市场占有率就是一个非常典型的运用结构分析法得到的指标。其计算公式为

市场占有率=(某种产品的销售量÷该种产品的市场销售总量)×100%

市场占有率是分析企业在行业中竞争状况的重要指标，也是衡量企业运营状况的综合经济指标。市场占有率高，表明企业运营状况好，竞争能力强，在市场上占据有利地位；反之，则表明企业运营状况差，竞争能力弱，在市场上处于不利地位。

所以，评价一个企业的运营状况是否良好，不仅需要了解该企业的客户数、营业收入等绝对指标是否有所增长，还要了解其市场占有率是否保持稳定或者也在增长。如果其市场占有率下降，就说明竞争对手增长更快，相比较而言，企业就是在退步，对此，企业要提高警惕，出台相应的改进措施。

4. 平均分析法

平均分析法是运用平均指标反映总体在一定时间、地点条件下，某一数量特征的一般水平。平均指标可用于同一现象在不同地区、不同部门或单位间的对比，还可用于同一现象在不同时间的对比。平均分析法的作用主要有以下两个。

（1）利用平均指标对比同一现象在不同地区、不同行业、不同类型单位之间的差异程度，比用总量指标进行对比更具有说服力。

（2）利用平均指标对比同一现象在不同历史时期的变化，更能说明其发展趋势和规律。平均指标有算术平均数、调和平均数、几何平均数、众数和中位数等，其中最常用的是算术平均数，也就是日常所说的平均数或平均值。

算术平均数的计算公式为

算术平均数=总体各单位数值的总和÷总个数

算术平均数是非常重要的基础性指标。平均指标是综合性指标，它的特点是将总体内各单位的数量差异抽象化，但其只能代表总体的一般水平，掩盖了平均数背后各单位的差异。

5. 矩阵关联分析法

矩阵关联分析法是将事物（如产品、服务等）的两个重要属性（指标）作为分析的依

据进行分类关联分析,以解决问题的一种分析方法,也称为矩阵分析法。

矩阵关联分析法的结果直观清晰,使用简便,所以它在营销管理活动中应用广泛,对销售管理起到指导、促进、提高的作用,并且在战略定位、市场定位、产品定位、用户细分、满意度研究等方面都有较多的应用。

6. 聚类分析法

聚类分析法是指将物理对象或抽象对象的集合分组,形成由类似的对象组成的多个类的分析方法。聚类分析的目标是在相似的基础上收集数据并进行分类。聚类技术源于很多领域,包括数学、计算机科学、统计学、生物学和经济学等。在不同的领域,很多聚类技术都得到了很好的应用,这些技术被用于描述数据、衡量不同数据源间的相似性,以及把数据源分到不同的簇中。

聚类分析法是一种探索性的分析方法。在分类的过程中,人们不必事先给出一个分类标准,聚类分析法能够从样本数据出发,自动进行分类。不同的研究者对于同一组数据进行聚类分析,所得到的结论未必一致。

7. 时间序列分析法

时间序列是指按时间顺序进行排列的数字序列。时间序列分析就是应用数理统计方法对相关数列进行处理,以预测未来事物的发展。时间序列分析法是定量预测方法之一,它的基本原理如下:一是承认事物发展的延续性,应用过去的数据就能推测事物的发展趋势;二是考虑到事物发展的随机性,任何事物发展都可能受偶然因素的影响,为此要利用统计分析中的加权平均法对历史数据进行处理。该方法简单易行,便于掌握,但准确性较差,一般只适用于短期预测。时间序列预测一般反映 3 种实际变化规律:趋势变化、周期性变化、随机性变化。

> **课堂小贴士 9-2**
>
> **一个时间序列的组成要素**
>
> (1)趋势:是时间序列在一段较长的时期内呈现的持续向上或持续向下的变动状况。
>
> (2)季节变动:是时间序列在一年内重复出现的周期性波动,它是受气候条件、生产条件、节假日或人们的风俗习惯等各种因素影响的结果。
>
> (3)循环波动:是时间序列呈现的非固定长度的周期性变动;循环波动的周期可能会持续一段时间,但与趋势不同,它不是朝着单一方向的持续变动,而是涨落相同的交替波动。
>
> (4)不规则波动:是时间序列中除去趋势、季节变动和循环波动之后的随机波动;不规则波动通常夹杂在时间序列中,致使时间序列产生一种波浪形或震荡式的变动;不含随机波动的序列也称为平稳序列。

8. 回归分析法

回归分析(regression analysis)法是研究一个随机变量(Y)对另一个随机变量(X)或一组随机变量($X_1, X_2, \cdots, X$)的相依关系的统计分析方法。回归分析法是确定两种或两种以上随机变量间相互依赖的定量关系的一种统计分析方法,其运用十分广泛。回归分析法按照涉及的自变量的多少可分为一元回归分析和多元回归分析;按照自变量和因变量之间的关系类型可分为线性回归分析和非线性回归分析。

> **课堂小贴士 9-3**
> **一般线性回归分析的步骤**
> ①根据预测对象,确定自变量和因变量。②制作散点图,确定回归模型的类型。③估计参数,建立回归模型。④检验回归模型。⑤利用回归模型进行预测。

9. 相关分析法

相关分析(correlation analysis)法研究各种现象之间是否存在某种相关关系,并对相关方向以及相关程度进行探讨。

相关关系是一种非确定性的关系,具有随机性,因为影响现象发生变化的因素不止一个,并且变化总是围绕某些数值的平均数上下波动。

相关分析法是研究两个或两个以上随机变量之间相关关系的方向和密切程度的方法。利用 Excel 数据工具库中的相关分析,能找出变量之间所存在的相关系数。

相关分析类别中最为常用的是直线相关,其中的相关系数是反映变量之间线性关系的强弱程度的指标,一般用 r 表示。当 $-1 \leqslant r < 0$ 时,变量之间线性负相关;当 $0 < r \leqslant 1$ 时,变量之间线性正相关;$r=0$ 时,变量之间无线性关系。

9.2.2 跨境电子商务营销实施效果评价指标

1. 市场大盘数据与营销数据分析

1)市场大盘数据分析

(1)市场行情数据分析。商家可使用生意参谋市场行情工具,了解行业品类数据,确定品类切入方案,了解品类的大盘数据,并根据大盘数据制订合理的品类上新计划,商家可使用市场行情监控看板对相似品牌进行数据监控分析,了解同类目、同层级的商品数据变化情况;而且可根据店铺市场排行,了解行业的销售额情况、店铺在行业的排名、行业趋势数据等。

商家可以根据店铺经营情况、市场线下经营数据、店铺销售数据进行市场行情分析,从而了解市场的变化趋势;还可以通过了解市场行情数据分析了解市场分析的方法,从而提高店铺的经营效率。

企业使用生意参谋市场行情大盘数据分析可以了解整个行业品类数据,了解行业品类数据支付占比,精准获取大盘流量趋势和子类目数据增长情况,从而了解市场数据变化情况。

商家对品类行业数据进行采集,根据细分品类数据的支付排行了解品类下细分类目的支付排名变化情况,再根据品类销售额变化情况进行品类上新布局规划,从而制定出店铺的销售目标。

另外，进行市场子行业分析。商家可根据子行业交易指数、交易增长幅度、支付金额较父行业占比进行品类数据分析，对市场进行进一步分析，了解市场关键词竞争度。商家通过做好细分竞争分析找到店铺可以切入的市场机会，另外，可根据市场细分品类数据安排品类上新拓展，提升品类在店铺的销售额。

商家使用生意参谋分析细分类目的竞争度情况，包括行业卖家分布地区情况。卖家多的地方很有可能就是产业带较成熟的地区，由此商家可以更好地进行产品的调研分析，帮助自己选择更好的供应商，实现供应链优化。

适时通过搜索引擎和新闻媒体查询一些展会信息，也是帮助商家寻找货源的好方法，比如，四川成都每年的春季糖酒会、夏季佛山的小家电展等，商家可以通过中国展会网、中国会展门户等网站，寻找自己关注领域的行业展会。

商家使用市场行情大盘数据分析可以清晰了解行业的店铺排行、商品排行、品牌排行情况，进而了解行业高销量、高流量的店铺和商品并进行数据分析，从而提取大盘市场的数据。

（2）市场大盘数据采集与分析流程。在店铺数据运维过程中商家需要做多方面的准备工作，例如，店铺上新就是其中重要的一项，而分析市场大盘数据是切入一个市场品类必须经历的过程。

不懂怎么做市场大盘数据分析，如不知道目前所处的行业市场容量怎么样、父行业下子行业的占比情况有多少、每年什么季节应该切入什么类目等，商家是很难找到切入点的。

本书以男装为例，介绍市场大盘数据的采集与分析流程。

第一步：确定分析目标及内容框架。例如，要想分析男装子行业的市场品类行业数据，那么目标就是男装行业大盘下各二级类目的市场容量数据。

第二步：数据采集。要了解男装类目下各品类的市场容量，商家可通过对各品类的成交数据、成交数据变化及卖家数占比进行数据分析。

第三步：数据整理。商家可选择生意参谋中周期内 1～12 月份的数据，将细分类目数据复制到 Excel 表格内。

第四步：数据展示。依据全年（1月至12月）支付金额较父类目占比数据，制成簇状柱形图。

第五步：数据分析。将 1～12 月份的数据进行整理后，商家可以做出单个品类在 12 个月内的成交占比数据表，对每月的数据进行趋势分析。商家在分析整体数据的时候，有一点要特别注意，不能单纯地根据某一品类的全年成交占比数据排名靠前，就判定该品类的市场容量大，要进行具体分析。

第六步：周期行业数据对比。商家可对 2019 年与 2020 年的商品类目数据进行收集整理，并用 Excel 做出表格。商家通过对行业数据进行分析，对比 2019 年和 2020 年的品类商品的支付金额占比数据，可以有效地进行品类商品数据规划，提升商家优质品类中的覆盖量，从而提高销售额。

2）市场营销数据分析

市场营销数据分析主要是指根据市场大盘行业关键词数据进行品类数据的分析，不同的搜索行为代表着不同的搜索流量，不同的搜索流量背后是不同的搜索人群，不同的人群包括不同的性别、年龄、地域、喜好、消费能力等。商家通过数据分析可以更好地进行商品布局和营销规划。商家通过使用市场行情搜索数据精准分析类目搜索关键词数据，从而了解品类下的搜索容量情况。

（1）搜索排行数据分析。商家对类目搜索关键词数据和关键词流量数据进行分析，了解细分品类下的关键词搜索排序，然后进行细分类目关键词分析。同时商家可根据市场搜索需求排行，了解细分类目用户搜索需求的方向，再根据搜索需求方向优化店铺商品的上新方向，从而使店铺商品满足市场的需求。

（2）搜索关键词分析。商家对类目搜索关键词数据进行分析，可针对行业细分类目品类进行关键词分析，分析搜索词、长尾词、品牌词、核心词、修饰词的特点，不同的关键词应用场景不同，营销方向也不同；搜索词主要是市场搜索需求词，长尾词是客户精准需求的关键词，品牌词是客户对品牌的认知所产生的关键词，核心词是对搜索词进行分词而产生的属性词，修饰词是针对与主词相关的关键词进行配合使用。商家针对关键词拥有的搜索人气进行市场数据采集分析，进而得出市场搜索容量的数据。

商家使用生意参谋进行市场行情搜索分析，对关键词趋势数据进行对比，从而确定关键词的使用方向。同时，商家根据关键词搜索人气的数据变化，可以进行关键词的布局优化，在关键词替换的时候，需要参考关键词的热搜排名、搜索人气、支付转化率等数据进行分析。商家根据搜索人气的上升和下降，进行关键词替换，可以提升关键词的流量效果；商家对于搜索人气上升的关键词，可以布局到店铺，进行搜索提升；对于搜索人气下降的关键词，可以进行替换。商家主要对比关键词的搜索人气、搜索热度、点击人气、点击热度、点击率、交易指数、支付转化率等数据，分析这个搜索关键词的变化情况。商家根据不同的产品，匹配不同的关键词，才能更好地吸引用户访问，从而提高成交率。

商家使用生意参谋进行市场行情相关搜索词分析，主要是根据热搜的相关词做数据抓取分析，了解相关搜索词数据、了解行业词的关联词，从而可以进一步深挖品类词背后的市场容量数据。

商家通过相关搜索词可了解行业词的容量和竞争度，从而确定市场操作的可行性。商家根据关键词在类目下获取流量的多少分析关键词使用在什么类目可以获取最优质的流量，关键词在哪个类目人气越高，越适合将商品布局到该类目下。

（3）搜索关键词属性分析。商家根据生意参谋的市场热搜排行榜数据，针对细分类目数据进行方向性采集，可得到类目搜索词属性分布数据。

同时，在做此类分析时，要知道历史数据的局限性，如"月饼"这个产品在中秋节前搜索频率和转化率较高，但中秋节过后，整体的搜索和成交量就呈断崖式下降，商家如果只依据高涨的数据就会导致盲目入场，是不明智的选择。

（4）搜索人群分析。商家对类目关键词数据进行对比分析，可以确定关键词的使用方向。关键词数据分析是对市场容量背后的人群数据的进一步了解，同时商家按照时间周期进行关键词数据对比分析，可基于关键词数据变化规律进行关键词的选择。

类目关键词性别对比分析是指商家可查看每个关键词背后的搜索人群特征，根据搜索人群特征决定关键词的使用，从而提升店铺搜索人群的精准度。

如果在关键词搜索人群中男性比例较高，视觉、主图、文案可以适当呈现数量、指标、认证、标准、检验、销量等信息；如果女性比例较高，视觉、主图、文案则倾向于情感、温度、色彩等方面的内容。如果男女比例差别不大，则可以考虑将产品进行分层，将类似的产品一分为二，有的针对男性用户做优化，有的针对女性用户做优化。

类目关键词品牌偏好数据分析是指商家通过查看关键词下的品牌偏好人群数据了解关键词人群品牌的偏好方向，从而店铺在使用关键词的时候可以针对用户偏好品牌进行参考学习，了解背后品牌的商品视觉、客单价，从而进行自身店铺商品视觉、客单价的调整优化。

商家了解关键词购买品牌偏好数据，可以进行关键词品牌偏好分析，了解品牌的商品视觉、营销方法，从而提升自身店铺在关键词下的竞争力，提升自身店铺商品在关键词下的转化率，最终提高销售额。

例如，商家可以根据关键词搜索这个品牌的商品，了解用户对品牌的喜好是什么，还可以用竞争品牌的商品跟自己店铺的商品进行参考对比，避开品牌商品的优势，挖掘自身店铺的商品优势，并且进行关键词营销，从而提升自身店铺在关键词上的竞争力。

类目关键词价格市场分析是指每个关键词背后会有价格分层，不同价格分层会有不同的市场体量和竞争产品，商家可根据店铺商品的利润空间确定自己的商品定价方向，匹配关键词的人群价格区间，以提升流量的精准度。

进行市场关键词分析时，商家会关注关键词的搜索排行数据、搜索人气、交易指数等核心数据。商家通过相关搜索词背后的在线商品数进一步进行市场容量分析，了解热搜词背后的市场情况，最后依据关键词人群特征确定关键词的使用方向，了解市场容量的方向，完成对市场容量的分析。

2. 市场竞争数据分析

1）市场竞争数据分析的概念

市场竞争数据分析主要是指商家对竞争品牌、竞争店铺、竞争商品进行数据采集和分析，主要针对竞争对手的商品结构、流量结构和营销模式进行分析，最后通过数据对比，找到自身店铺提升点的过程。

对于许多中小卖家来说，关注品牌的动向是重要的学习手段，最好的老师往往就是他们的同行，而排名靠前的店铺又具有行业的代表性。通过对这些店铺进行详细的分析，商家便可以充分借鉴行业内的先进经验帮助自己找到正确的方向。

2）市场竞争品牌分析

在市场竞争品牌分析中，把同一行业中企业品牌相似、价格区间相近、目标客户类似的企业称为竞争品牌者。竞争品牌者之间的产品相互替代性较高，因而竞争非常激烈，各企业均以培养客户品牌忠诚度为争夺客户的重要手段。市场竞争品牌分析以品牌数据排名、品牌视觉调性为参考，进行品牌数据采集，找到品牌之间的数据差异，从而进行竞争品牌数据分析。商家通过品牌数据分析可以深入了解品牌营销的方式、方法，能为自身店铺营销提供参考。

商家通过生意参谋市场排行数据，按照时间周期可以了解细分父类目下的子类目的品牌排行数据，进而获得细分类目的品牌排序。商家通过品牌数据排序，可以找到细分类目下的高交易品牌和高流量品牌，这样便可以精准找到和自己品牌相似的品牌进行数据监控和数据分析，获得行业优质品牌的数据运维方法，从而找到自己品牌可以提升的方向。

（1）市场竞争品牌监控分析。市场竞争品牌监控分析是指商家通过生意参谋工具，可以将选中的品牌按时间周期进行数据监控，从行业排名、收藏人气、加购人气、支付转化指数、交易指数等方面进行数据对比分析。商家根据店铺之间流量指数、收藏人气、加购人气数据的不同，找到和竞争店铺存在的差异，从而进行店铺数据的优化提升。

商家使用市场竞争品牌监控分析，可以按照时间周期，了解竞争品牌的数据。商家通过掌握竞争品牌的排名变化、交易指数变化情况，可以及时了解竞争品牌动态，进而了解品牌市场的变化。

（2）市场竞争品牌识别分析。市场竞争品牌识别分析是指商家通过生意参谋，根据店铺品牌定位，按照时间周期、品牌人群价格进行竞争品牌推荐。市场竞争品牌识别分析主要从四个维度进行。

第一个维度是高增长低销量，主要是找到行业增长速度较快的品牌。

第二个维度是高增长高销量，系统会将品牌力相对来说更强一点的品牌推荐给店铺做数据参考。

第三个维度是低增长低销量，这类店铺集中度比较高，销量排名提升比较缓慢，商家可以选择性地找到店铺的类似品牌进行数据分析。

第四个维度是低增长高销量，对于这类销量运维能力强的品牌，商家可以进行品牌分析，了解品牌细分的数据情况。

商家利用竞争店铺竞品识别工具帮助自身店铺从四个维度进行竞争店铺查询，通过品牌店铺之间的对比确定自身店铺的竞争店铺，从而可以对竞争店铺进行数据监控，了解竞争对手的数据变化情况。

（3）市场竞争品牌数据分析。市场竞争品牌数据分析是指商家通过分析竞争品牌的品类结构数据、商品数据，找到竞争品牌的优势所在，然后学习竞争品牌的优势，合理调整并优化自有品牌的营销策略、推广策略，从而提升自身品牌的行业竞争力。

品牌数据对比分析：商家通过数据对比，了解品牌之间的交易指数、流量指数、搜索人气、收藏人气等具体数值的差异，寻找自身店铺提升的方向。通过品牌与品牌之间的对比，商家可以了解竞争品牌数据之间的差距，从而做好数据的提升安排。商家如果想尽快优化店铺流量结构数据，需要优先考虑主搜之外的流量，包括活动、内容、站外等方面的流量。

商品数据对比分析：商家通过了解商品的数据找到店铺的核心品类结构和商品销售结构，从而可以挖掘出竞争品牌的优势，找到自有品牌可以提升数据的方向。品牌对比主要是对比TOP商品的数据，对比内容主要包含交易指数数据、流量指数数据，商家通过这些可以了解竞争品牌的商品交易情况，并与自身店铺热销单品进行数据对比分析。商家通过了解品牌TOP商品的整体流量分布和成交分布情况，能更加具体地找到自有品牌的提升方向。另外，商家通过了解所属店铺商品的交易指数排序，可以了解竞争品牌商品整体的交易指数。

品牌商品店铺交易指数分析：通过品牌商品店铺分布情况，如店铺数量、分销商数量，商家可以了解品牌市场交易指数、销售总额和市场的占比情况。

竞争品牌的关键成交构成分析：通过品牌数据对比分析，商家可以了解竞争品牌的关键成交构成情况、品牌的子类目的支付金额占比情况及竞争品牌核心成交的类目，可以给自身品牌进行品类拓展布局规划提供有效的参考。另外，商家根据竞争品牌支付金额占比较大的类目进行访客定向投放，获取竞争对手优质的类目精准流量，从而可以提升自有品牌的品类销售额。

商家通过竞争品牌价格带支付金额占比情况，分析品牌之间客单价人群分布情况，了解竞争对手的访客成交人群数据分布情况，根据价格带的匹配度和相似度，进行访客定向的付费投放，从而提升自有品牌的访客数据和销售数据。另外，商家可以通过直通车投放竞争品牌的品牌词，使用智钻定向投放竞争品牌店铺，从而获取竞争品牌的访客流量。

3）竞争店铺分析

（1）竞争对手概述。谁是我们的竞争对手？其策略是什么？和其相比我们的优势和劣势在哪儿？这些是我们必须经常面对的问题，竞争对手无处不在。

研究竞争对手有什么意义吗？用一句开玩笑的话来说，当你不知道自己的客户在哪里时，你的竞争对手可以告诉你；当你不知道资源如何投放时，竞争对手可以告诉你；当你不知道如何制定营运策略时，竞争对手同样可以告诉你。

①谁是你的竞争对手。谁是你的竞争对手？就是和你抢夺各种资源的那些人或组织。其中对资源掠夺性最强的人或组织就是你的核心竞争对手。

资源的涵盖范围非常广，包括生产资源、人力资源、顾客资源、资金资源、人脉资源等。角度不同竞争对手就不同。

我们继续从人、货、场以及财四个角度界定你的竞争对手。

a. 从"人"的方面发现竞争对手。总在挖你墙角的那些企业，或者你的员工离职后去得最多的企业，一定是你的竞争对手。说明你们之间的资源有相似性，你们在抢夺同一个类型的人力资源。

从争夺顾客资源的角度找到竞争对手，包括顾客的时间资源、预算资源、身体资源等。现在是一个互联网信息爆炸的时代，网络游戏、微博、微信、各种客户端App都在抢夺用户的碎片化时间，它们之间互为竞争关系。对大多数人来说钱包是有限的，所以每年电子商务活动实际上就是一个抢钱的游戏。

b. 从"货"的方面发现竞争对手。销售同品类商品或服务的为直接竞争对手，这是最大众化意义上的竞争对手，大家常说的同业竞争就是这个意思，也是狭义的竞争对手。耐克和阿迪达斯，肯德基和麦当劳，百事可乐和可口可乐无不是经典的竞争对手。

销售扩大品类的商品或服务，也就是非同品类但是属于可替代，这也构成竞争关系。休闲服的同品类竞争对手是休闲服，它的可替代竞争对手是体育运动服饰，甚至正装等。比如柯达的同品类竞争对手是富士，扩大品类的竞争对手是数码相机公司。

销售互补品类的商品或服务，互补商品指两种产品之间互相依赖，形成互利关系。例如牙刷和牙膏，照相机和胶卷，汽车行业和中石油、中石化都形成互补关系。一般意义的互补商品间不形成竞争关系，但是如果你是生产电动汽车的公司，加油站就是你的隐形竞争对手。如果你是生产数码相机的公司，那么胶卷行业就是你的竞争对手。

c. 从"场"的方面发现竞争对手。主要指卖场商业资源的竞争,如果想开一个服装专卖店,在拓展寻找店铺位置的时候,其他服装品牌、电器手机专卖、餐饮企业、银行等都是你的竞争对手,因为你看重的地方对方也很可能中意,形成了对资源占有的竞争关系。如果想在百货商场的共享空间搞一场大型特价促销活动,那商场内所有品牌可能都是你的竞争对手,因为大家都有促销的需求,需要利用共享空间做促销。

d. 从"财"的方面发现竞争对手。

营销资源的竞争,如果想做广告,在同一时段、同一媒介准备打广告的其他企业就是你的竞争对手。

生产资源的竞争。争夺同一类生产资源的企业间形成竞争关系,如星巴克和所有以咖啡为生产原料的厂家都是竞争关系。

物流资源的竞争。这一点在每年的春节和双十一尤其明显,为了顺利发货,各大厂商使出了浑身解数。对一个企业来说,找到竞争对手不难,找准竞争对手不容易。

课堂小贴示9-4

竞争对手的特点

(1)竞争对手形式呈现多样性,包括直接竞争、间接竞争、替代竞争等。

(2)竞争对手具有地域性。同一个公司在不同的地区,竞争对手很可能是不一样的,所以竞争对手管理需要差异化。包括全球性竞争、全国性竞争、区域性竞争、渠道通路内竞争等。渠道通路的竞争,例如在超市方便面的直接竞争对手是其他方便面,在学校方便面的竞争对手就是食堂和餐厅。

(3)竞争对手非唯一性。对销售部来说同业竞争就是最大的竞争对手,对市场部来说抢夺营销资源的都是竞争对手,对生产部来说抢夺生产资源的都是竞争对手,HR和其他抢夺人力资源的公司也都是竞争关系。

(4)竞争对手具有变化性。现在的竞争对手是A,未来的竞争对手可能是B,是否能及时发现潜在竞争对手也很关键。

② 如何收集竞争对手的数据。

a. 收集什么样的对手数据?简单来说你的公司有什么数据就需要收集对手相对应的数据。不过需要收集的数据实在太多,并且每个部门关注点也不一样,财务部关注利润,生产部关注资源,销售部关注市场,所以整合很关键。企业内部最好建立一个竞争对手数据库,由专门的数据团队维护,由各职能部门和专业的调查公司提供数据,并将每个情报设定保密级别,便于不用的职位查看。

竞争对手数据的搜集可以从不同的角度进行,像媒体数据、工厂数据、组织数据、经营数据、营销数据等不同的方面。搜集媒体数据的时候,可以搜集竞争对手的新闻报告、财务报告、分析报告以及行业报告;搜集竞争对手的工厂数据的时候,可以从以下方面入手:生产计划、工厂数量及布局、研发情况;搜集竞争对手的组织数据的时候,可以搜集其企业及品牌基础数据、员工数据、组织结构以及招聘数据;搜集竞争对手的经营数据的时候,可以从以下几个方面入手:财务数据、销售数据、客户数量、市场份额;搜集竞争对手的营销数据的时候，可以从商品数据、价格数据、促销数据、渠道数据等方面入手。

b. 如何收集竞争对手的数据。竞争对手的情报收集其实就在现实生活中的每一个角落，有的公司员工利用微博汇报每日销售数据，有的员工会把自己公司的数据有意或无意间上传到百度文库。泄露公司情报的行为无处不在，所以收集竞争对手数据也不是那么高深莫测的。美国海军高级情报分析中有句经典的话：情报的95%来自公开资料，4%来自半公开资料，仅1%或更少来自机密资料。

常规的竞争对手情报收集有线上和线下两种途径。线下收集时间成本较大，线上收集比较方便，这种方式越来越受到企业的喜欢。线下渠道主要包括：购买行业分析报告、参加各种论坛、去对方门店观察、购买对手的产品、通过人才流动了解、通过共同的客户了解、通过市场调查获得、委托专业机构调查。线上渠道主要包括上市公司年报、搜索对手的新闻报道、网络关键词搜索、分析对手的招聘广告、线上问卷调查等。

课堂小贴士 9-5

分析竞争对手常用的五款免费工具

（1）百度文库。百度文库是一个供网友在线分享文档的平台。百度文库的文档由网民上传，经百度审核后发布。文库内容包罗万象，专注于教育、PPT、专业文献、应用文书四大领域。文档的上传者包括普通网民、合作伙伴、公司员工、公司前员工……只要变换不同的关键词进行搜索，就能找到很多有价值的资料，其中不乏货真价实的数据。

（2）百度指数。百度指数是用来反映关键词在过去一段时间内网络曝光率和用户关注度的指标。它能形象地反映该关键词每天的变化趋势，它是以百度网页搜索和百度新闻搜索为基础的免费海量数据分析服务，用以反映不同关键词在过去一段时间里的"用户关注度"和"媒体关注度"。竞争对手的公司名称、品牌名称、产品名称、产品品类、关键人物、关键事件等都是情报收集的关键词。由于百度指数来源于用户主动搜索，所以具有很高的参考价值。

（3）新浪微指数。微指数是通过对新浪微博中关键词的热议情况，以及行业/类别的平均影响力反映微博舆情或账号的发展走势。我们可以通过搜索品牌名、企业名称、商品类别等关键词分析自己及竞争对手在微博的热议度、热议走势、用户属性、地区分布等。同时微指数还提供企业类的行业指数分析甚至是现成的分析报告。

（4）淘宝指数。淘宝指数是淘宝官方免费的数据分享平台，通过淘宝指数用户可以根据关键词窥探淘宝购物数据，了解淘宝购物趋势。只要注册大家都可以使用，不仅限于买家和卖家。

（2）竞争店铺数据概述。竞争店铺数据分析有4个核心要点，即竞争店铺抓取、竞争店铺流量结构数据分析、竞争店铺品类结构数据分析和竞争店铺流量数据操作分析。商家根据竞争店铺的数据了解其运营方式，进而可以有效地调整自身店铺的运营方式。

① 竞争店铺抓取。商家通过店铺数据抓取，可以了解从哪些维度寻找自身的竞争店铺。店铺抓取竞争对手的方式有很多，按照关键词、目标人群、产品、价格、所在地、营销活动、视觉拍摄等维度，都可以查找竞争店铺。

通过对竞争店铺视觉拍摄、店铺分类、店铺营销方案等进行分析,商家可以了解竞争店铺的基础数据,主要包括竞争店铺的拍摄方式、详情页设计制作方式、店铺类目分类构成、店铺营销方案、单品营销方案设置、优惠券、满减折扣设置。

通过抓取店铺品牌,商家可以了解竞争店铺是不是原创品牌,店铺是不是多品牌销售,以及店铺风格、店铺人群定位(人群标签)、店铺属性数据(商品适用季节、适用场景、基础风格)等。

通过获取店铺价格、店铺销量、店铺排行情况,商家可以了解竞争店铺商品整体的销量,从而抓取核心商品进行数据对比分析。

② 竞争店铺流量结构数据分析。使用生意参谋的市场行情进行竞争店铺数据分析(监控店铺—竞店识别—竞店分析)是指商家通过对同类型店铺进行销售排行数据监控、竞争店铺品类结构数据分析和核心商品销售数据分析,找到数据差异点,然后针对自身店铺数据弱项进行数据提升和优化的过程。

通过竞争店铺数据监控,商家可以了解竞争店铺实时、7天、30天及周期性的数据,了解竞争店铺流量指数、搜索人气、交易指数、客群指数和行业排名等数据。通过同类型店铺对比,商家可以了解自身店铺数据差异、排名差异,而且可以根据竞争列表数据变化及时了解竞争品牌数据为什么会突然提升、突然下降,是整体下降,还是个别店铺下降,以此帮助店铺更好地了解竞争店铺的数据状态,从而反馈自身店铺存在的问题。

商家使用生意参谋的市场行情进行竞争店铺分析(监控店铺—竞店识别—竞店分析),对竞争店铺进行数据匹配,通过流失竞争店铺识别、高潜力竞争店铺识别,帮助店铺识别优质的竞争店铺。

商家可利用生意参谋工具根据店铺流量指数、支付转化指数、交易指数等,进行趋势数据分析,了解竞争对手数据的增长情况,了解自身店铺与其数据的差异点,从而对数据弱项进行优化提升。

通过生意参谋的市场行情进行竞争店铺分析,商家可以查看流失的店铺和流失的产品,根据系统流失竞争店铺和高潜力竞争店铺情况,了解店铺的流失方向,找到类似店铺并进行数据采集分析,从而了解自身店铺数据提升的方向。

商家使用生意参谋数据分析监控潜在的优质竞争对手,通过各种维度找到优质店铺并进行学习参考,再通过店铺监控,寻找和自己店铺类似或者商品流量结构类似的店铺进行数据对比分析,从而找到差异点并进行数据提升优化处理。

商家利用生意参谋的市场行情做竞争店铺的竞店对比分析,根据时间周期进行店铺数据对比分析,了解竞争店铺在年周期下的数据变化情况,从而更好地了解店铺的成长过程并且从中找到店铺的优势和亮点,然后对自身店铺进行数据优化处理。

商家使用生意参谋的市场行情,点击"竞争店铺—竞店对比—关键指标"进行分析,对比时间上的差异和增长点的不同,同时商家可以了解在一定时间周期内交易指数、流量指数、搜索人气、收藏人气、加购指数等维度的数据差异,从而进行自身数据的优化提升。

③ 竞争店铺品类结构数据分析。商家使用生意参谋的市场行情,点击"竞争店铺—竞店分析—品类销售额"进行分析,根据时间周期了解竞争店铺按年、月的品类交易构成数据、类目支付金额占比数据、类目支付金额占比排名情况,了解自身店铺和竞争店铺在类

目布局和品类销售额方面的差距，从而可以进行品类布局的优化和提升。

根据竞争店铺交易构成数据，商家可了解自身店铺核心类目支付金额占比，竞争店铺核心类目金额占比，从而可以对比出两个店铺的优势类目、成交类目、访客集中类目。商家可利用竞争店铺品类数据分析，根据竞争店铺类型品类销售情况，并依据自己的供应链、利润情况，酌情进行店铺上新，以提升店铺的流量和销售额。

商家可以参照比自身店铺优秀的店铺进行品类数据优化，提升店铺类目的销售量，也要思考自己店铺类目是否有缺失，店铺类目是否丰富等问题，帮助店铺更好地优化品类结构。

商家通过使用生意参谋的市场行情，点击"竞争店铺—竞店分析—竞争店铺价格带"进行分析，对比价格人群，从而确定广告投放策略，同时可以根据竞争店铺客单价分布情况，进行店铺产品客单价的提升。需要强调的是，竞争对手的价格带可以作为我们的参考，但不同来源的产品的质量、成本都不一样，特定的利润空间也不一样，不能简单地参考同行的。其实无所谓贵贱，每个价格区间都有对应的消费者，不是贵了就一定好，重要的是，能让你的目标客户认为你的商品足够好。

④ 竞争店铺流量数据操作分析。商家利用生意参谋的市场行情，点击"竞争店铺—竞店分析—竞争店铺"进行分析，对竞争店铺流量结构分布进行对比，商家可查看竞争店铺入店来源，从流量指数、客群指数、支付转化指数、交易指数，对竞争店铺的流量数据进行采集，了解竞争店铺的流量结构，找到自身店铺流量的缺失之处，然后进行流量布局的优化。

商家要根据竞争店铺流量对比找到自身数据弱的地方，进行数据提升处理。

竞争店铺流量数据分析是指针对竞争店铺进行流量结构、流量数据对比，流量玩法分析，商家可以找到与竞争店铺的数据差距和自身店铺提升的方向，从而帮助自身店铺进行流量数据的提升。商家可以通过细分流量数据对比分析，进行流量玩法参考学习。商家通过分析竞争店铺的流量结构组成情况，可以了解竞争店铺的搜索流量访客数占比、直通车访客数占比，从而有针对性地帮助店铺进行流量提升。

通过竞争店铺流量数据分析，商家可以针对竞争对手的品类结构、流量结构、访客数占比，找到自身店铺的优化方向和新流量玩法，使店铺清楚自身的问题，从而找到解决的方法。

通过对比竞争店铺流量结构数据，商家可以了解竞争店铺的数据，例如，竞争店铺手淘搜索、淘内免费其他流量数据较多。商家可以通过了解竞争店铺的流量结构数据进行分析，思考自身店铺是否适用这样的玩法，从而提升店铺的数据流量。

（3）撰写营销分析报告。营销分析报告区别于日常报告的一个重要特点是，营销分析报告是围绕某个特定领域展开小而精的深入研究，而日常报告则侧重于某个周期大而全的概要分析。

营销分析报告的结构如下。

① 封皮和封底。每个公司都有自己的封皮和封底模板。

② 摘要页。摘要页是对报告中内容的概述，方便领导层直接了解报告内容而无须阅读整个报告。

③ 目录页。如果报告内容过多，则需要通过目录页告诉阅读者本报告包括哪些内容。

④ 说明页。关于报告中数据时间、数据粒度、数据维度、数据定义、数据计算方法和相关模型等内容的特殊说明，目的是增强报告的可理解性。

⑤ 正文页。正文页是报告的核心，通常使用总—分—总的思路撰写报告。作为日常报告，除了数据陈列，一定要有数据结论；而对于数据结论的挖掘，可根据阅读者的需求自行安排并酌情添加。

⑥ 附录。如果报告存在外部数据引用、原始数据、数据模型解释等，建议作为附录放在报告最后。

4）竞争商品数据分析

竞争商品数据分析是指围绕竞争商品的数据进行数据对比分析，从而了解行业优质商品的数据、流量结构和流量玩法，商家可以通过对竞争商品的数据采集，发现学习优质商品的流量玩法，从而找到自身店铺单品数据的提升方法。

商家可根据商品类目、商品视觉和商品价格进行竞争商品数据采集对比分析，了解同类目、同类型产品的数据的差异点，找到商品数据可以优化提升的地方。

（1）竞争商品数据监控分析。商家可通过生意参谋进行竞争商品数据监控分析，了解同类目下的商品行业排名、搜索人气、流量指数、收藏人气、加购人气、支付转化指数和交易指数数据的变化情况，从而进行竞争商品数据分析。

竞争商品周期数据分析：商家通过生意参谋市场行情"竞争商品—监控商品"，按照时间周期（实时、7 天或 30 天），查看竞争商品的流量数据变化，并且根据竞争商品的流量结构了解竞争商品的流量提升过程，并进行商品流量数据采集，形成竞争商品流量结构表，找到流量提升的方法。

商家根据竞争商品的周期流量数据，通过对商品的搜索人气、流量指数、收藏人气、加购人气等进行数据分析找到影响流量提升的核心数据点，其中加购人气和收藏人气的数据直接影响商品交易指数和流量指数的数据。商家通过对比优质商品数据找出差异，然后进行自身商品数据优化，实现自身商品流量和销售额的提升。

顾客流失竞品数据分析：商家可通过生意参谋市场行情"竞争商品—竞品识别"，查看商品实时数据，并进行周期数据监控（7 天或 30 天），同时抓取同类型产品的数据。商家可通过店铺顾客流失竞品推荐，查看流失金额、流失人数等数据，对推荐细分类目流失金额大的商品进行抓取，帮助商家更好地去做竞争流失分析，同时可参考流失商品的主图、详情、营销方式，帮助店铺实现数据提升。

竞争商品数据监控分析：商家通过生意参谋市场行情"竞争商品—竞品分析"，查看产品实时数据，然后根据系统推荐进行竞争商品数据监控。目前只能监控 120 个商品，监控的商品可以进行替换或删除，这样可以更好地做竞争商品监控调整方案。

（2）竞争商品流量数据分析。商家利用市场行情，点击"竞争商品—竞品分析—入店来源"查看商品流量数据，可通过商品流量来源数据进行数据对比分析，了解自身商品与竞品之间的数据差异，分析竞争对手的流量构成情况，从而得出其获得流量的主要方法。

商家可通过生意参谋进行竞争商品关键指标监控，了解类目行业下的竞品数据变化情况，从而进行竞争商品数据分析。本店商品从流量指数、交易指数、搜索人气、收藏人气、加购人气等几方面与竞品进行数据对比，在流量指数接近的情况下，对比搜索人气，可以知道商品搜索流量出现的问题，而收藏人气、加购人气的差距可以反馈出商品价值方面的问题，商家可以针对商品流量价值进行优化，或者重新选款进行推广营销活动。商家要达到竞争商品的销售和排名，就需要提升自身商品的流量指数、收藏人气和加购人气数据，提升商品在行业中的排名。

另外，对比竞争店铺商品的引流关键词效果和成交关键词效果，可以有效地优化店铺的关键词流量结构。

3. 市场人群数据分析

1）市场人群数据分析的概念

市场人群数据分析是指商家要了解这个行业中历史消费者的固有特征，如性别比例、年龄层次、消费习惯、消费能力等要素，并能结合店铺商品定位设计具有针对性的营销活动，逐渐塑造店铺的风格，从而提升店铺的盈利能力。

2）品类人群数据分析

商家使用生意参谋市场分析的行业客群工具做人群数据分析，可以针对类目进行客群趋势数据分析。客群趋势主要是根据时间变化分析细分类目下的支付转化指数、客群指数和交易指数等数据，一般商家会采集最近7天或30天的数据，按日、周、月查询数据，以了解类目的数据变化情况。

商家对于更新比较频繁的产品，如服饰类需要经常跟踪数据变化；对于更新相对缓慢的产品，如电器、工艺品等，跟踪数据变化时间可以适当延长。另外，此处的数据应当与直通车和钻展方面的人群分析数据结合起来使用。

商家可使用生意参谋市场分析客群洞察工具，针对类目人群进行属性画像数据分析。这样商家便可以了解类目背后的人群属性，包括性别、年龄、地域属性，从而可以有针对性地进行营销活动。

商家使用生意参谋客群洞察工具，针对类目进行品牌购买偏好数据和类目偏好数据分析，按月进行数据采集分析，可了解细分类目下品牌偏好和类目偏好数据的变化情况。商家通常会进行品牌关键词搜索，了解市场下的品牌产品，进行市场数据分析，分析品牌商品的属性、客单价、视觉、详情，从品牌商品中找到自身店铺的类目优势，然后进行提升放大，从而提升自身品牌商品的竞争力。

查看类目下单及支付时段偏好中的搜索词偏好数据、属性偏好数据，商家便可以通过按月采集数据对店铺进行类目推广和上新数据优化，同时可根据类目的支付买家数的时间变化情况，调整推广费用的时间比例，从而把握广告营销的精准度。

商家可使用生意参谋客群透视工具进行多维度分析，包括年龄段和性别组合的数据分析、年龄段和城市级别组合的数据分析，分析指标包括客群的客群指数、交易指数及支付转化率。商家获取客群组合数据的差异变化情况，便可以有效地进行品类商品的调整。

3）关键词人群数据分析

商家通过使用生意参谋搜索人群工具做数据分析，以查看类目客群属性画像数据，从而了解关键词人群的购买偏好，精准获取店铺人群标签流量，进而优化店铺转化率、提升店铺的销售数据。

商家按照时间进行关键词数据对比，了解关键词最近 7 天或 30 天的数据变化情况，按日、周、月查询关键词的人群数据，对比关键词属性画像下搜索人气、搜索人数占比、点击人气、点击人数占比、点击率、交易指数、支付转化率的数据，明确关键词使用的方向和购买人群，从而能够精准使用符合人群画像的关键词。

商家通过对类目客群年龄数据进行分析，了解关键词背后的人群数据分布情况，便可以结合自身店铺人群定位和产品定位确定和商品匹配的关键词。例如，如果店铺商品是适合年轻人的"连帽卫衣"，那么商家便可以使用这个关键词进行商品人群流量的获取。

商家在生意参谋中使用关键词搜索成交人群，可以了解省份和城市的分布情况，了解关键词背后的类目客群城市分布数据，并且可以根据关键词进行营销推广优化、投放地域优化，从而提高关键词流量获取的精准度。

商家通过使用生意参谋中关键词的品牌购买偏好工具可了解类目客群的品牌偏好人数，从而进行竞争品牌数据分析。商家通过关键词类目偏好数据分析把握关键词使用类目人群方向，从而精准获取类目人群流量。

复习与思考

1. 简述营销实施效果评价的定义。
2. 简述营销实施效果评价的主要内容。
3. 简述营销实施效果评价模型。
4. 简述营销实施效果评价流程。
5. 简述跨境电子商务营销实施效果评价方法。
6. 简述跨境电子商务营销实施效果评价指标。

参考文献

[1] 陈志浩. 网络营销[M]. 武汉：华中科技大学出版社，2010.

[2] 陈晴光. 电子商务基础与应用[M]. 北京：清华大学出版社，2010.

[3] 邓顺国. 电子商务运营管理[M]. 北京：科学出版社，2011.

[4] 冯英健. 网络营销基础与实践[M]. 2版. 北京：清华大学出版社，2004.

[5] 林景新. 实战网络营销[M]. 广州：暨南大学出版社，2009.

[6] 刘业政，姜元春，张结魁. 网络消费者行为：理论方法及应用[M]. 北京：科学出版社，2011.

[7] 刘希平，刘安平. 网络营销实战[M]. 北京：电子工业出版社，2004.

[8] 秦成德，王汝林. 电子商务法高级教程[M]. 北京：对外经济贸易大学出版社，2010.

[9] 瞿彭志. 网络营销[M]. 2版. 北京：高等教育出版社，2008.

[10] 尚晓春. 网络营销策划[M]. 南京：东南大学出版社，2002.

[11] 石榴红，王万山. 网络价格[M]. 西安：西安交通大学出版社，2011.

[12] 王学东. 电子商务管理[M]. 北京：电子工业出版社，2011.